STAN STEINER

DER UNTERGANG DES WEISSEN MANNES?

Übersetzt von
Elke Herzog und Mingnon Scanzoni

1. Auflage, München 1980
c der deutschen Ausgabe: Trikont Verlag, München
c der amerikanischen Ausgabe: Stan Steiner, 1976
erschienen bei: Harper Colophon Books, 1977
Übersetzt von: Elke Herzog und Mingnon Scanzoni
Umschlag + Innendruck, buchbinderische Verarbeitung:
Fa. Boss Druck, Kleve
Umschlag + Buchgestaltung: Michael Keller, München

INHALT

Die Weissagungen eines „technologischen" Hopis.

Manifest von Alvin Dashee, stellvertretender Vorsitzender des Hopi-Stammes.

Inmitten von Beifuß und Wüstensand, den es die alten Dorfstraßen hinunterwehte, stand auf den vom Wind blankgewetzten Steinen der Mesas ein voll klimatisiertes, mit Teppichböden ausgestattetes, elektrisch beheiztes Gebäude mit Neonbeleuchtung. Es sah aus wie die Zweigstelle einer Bank im Vorort einer Stadt. Dem war jedoch nicht so — es handelte sich vielmehr um die Stammeszentrale der Hopis, eines der traditionsreichsten und religiösesten Stämme im ganzen Land.

In einem Dorf, dessen Häuser aus Stein und Lehm gebaut waren, machte sich dieses Gebäude recht widerspruchsvoll und unwirklich aus. Das einzige Zeichen vom Einfluß der Hopis war an den überlebensgroßen 'Kachinas' (Anm.: Kachinas sind regenbringende und lebensspendende Geister) zu bemerken, die man an die Wände neben die Glastüren gemalt hatte.

In seinem Plastik-Büro saß, hinter einem überdimensionalen Schreibtisch, der junge Beauftragte des Hopi-Stammes. Er trug einen Bürstenhaarschnitt und legte das barsche Gehabe eines ehemaligen Mitglieds des Marinekorps an den Tag – was er einst ja auch gewesen war. Wie er sagte, war er als Marineinfantrist ein Jahrzehnt "weg gewesen" und erst kürzlich ins Dorf zurückgekehrt. In "der Welt draußen" war er "Fachmann für Elektronik" geworden, und ebenso wie er sich in seinem Büro zu Hause fühlte, fühlte er sich in seinem 'Kiva' heimisch (Anm.: Kivas sind unterirdische Zeremonialkammern zur Abhaltung heiliger Rituale), meinte er.

Alvin Dashee war das jüngste jemals von den Hopis in den Stammesrat gewählte Mitglied. Er war 31 und damit in den Augen der Hopis noch ein Knabe.

"Laß mich erzählen, was ich glaube, warum sie mich gewählt haben," sagte er. "Ich gehöre nämlich dem 'Sonne-und-Adler' - Klan an, und deshalb wurde ich, glaube ich, gewählt. Die Zeit ist gekommen, da sich die Prophezeiungen der Ältesten erfüllen werden. Und wie ich meine, sind sie gerade im Begriff in Erfüllung zu gehen. Die Menschen auf den Straßen im Dorf fühlen, daß wir Krieger in der Stammeszentrale brauchen. Deshalb wählten die Leute mich – denn ich gehöre zum 'Sonne-und-Adler' - Klan und bin Marineinfantrist. Ich glaube nicht, daß es Zufall war, daß sie mich wählten."

"Das war also der Grund – und der Vorsitzende, der mit mir zusammen gewählt wurde, gehört auch dem 'Sonne-und-Adler'-Klan an. Unser Klan ist der Vollstrecker des Gesetzes."

Wollte er mir damit sagen, daß er wirklich an die Prophezeiung glaubte? Er war kein alter Mann. Er trug kein Stirnband. Er hatte die Großstädte der Welt gesehen. Er wußte, wie wichtig der technische Fortschritt für seinen armen Stamm war. Er war ein Elektronikfachmann.

"Ja", meinte er lächelnd. "Aber die Technologie hat die Prophezeiung nicht widerlegt. Die Technologie hat das Versprechen dieser Prophezeiung beschleunigt und eingelöst."

Hier ist, was er mir mitzuteilen wußte:

Es heißt, daß der Weiße Mann kommen und gehen wird. Sie sagen das! Wir Hopis besitzen Prophezeiungen über das, was in der Zukunft geschehen wird und was jetzt ist. Sie sagen, daß diese Prophezeiungen wie richtungsweisende Punkte in der Geschichte seien. Sie sagen, daß sich diese Prophezeiungen erfüllen werden, weil wir schon einmal in anderen, in anderen hohen Kulturen gelebt haben, wo sie sich auch erfüllten. Sie sagen, diese Weissagungen seien die Merkmale der Geschichte. Alles, was die damit in Wirklichkeit sagen, ist, daß sich die Geschichte wiederholt: der Weiße Mann wird kommen und gehen. Ich glaube, das ist, was sie sagen. Deshalb kann ich, glaube ich, die Verbindung herstellen zwischen dem, was im Augenblick geschieht und dem, wovon sie reden. Und ich kann es verstehen.

Es gibt eine Prophezeiung, die besagt, daß die Straßen bis in den Himmel gebaut werden. Und das ist ja auch schon in Erfüllung gegangen. Und zwar sind das die Flugrouten der Düsenflugzeuge am Himmel. Das ist es wohl, wovon sie reden. Und ich meine, daß die Leute in unserem Dorf dem zustimmen werden.

Es gibt eine Prophezeiung, die besagt, daß Pfeile vom Himmel regnen werden. Ich glaube, daß damit die Bombenflugzeuge gemeint waren. Und die hatten wir ja.

Es gibt eine Prophezeiung, die besagt, daß sich unsere Regierung, unsere politischen Führer in einem Spinnennetz verfangen werden. Und ich sehe gerade, wie unsere Regierung zum jetzigen Zeitpunkt tatsächlich im Spinnennetz hängt. Ich meine damit Watergate!

Es gibt eine Prophezeiung, die besagt, daß die Führer ihr Volk betrügen werden; daß ein Zeichen davon der Ehebruch sein wird, daß zuerst die Männer ihre Frauen und dann die Frauen ihre Männer betrügen werden. So daß es kein Moralgefühl mehr geben wird, nur noch Selbstsucht. Und das ist ja genau das, was im Augenblick passiert – und ich habe Angst davor.

Es gibt eine Prophezeiung, die diese Energiekrise vorhersagt. Es ist jetzt ungefähr 5 Jahre her, daß unsere Ältesten bei ihrer Zusammenkunft sagten, daß wir dieser Energiekrise entgegengehen, daß die Energie des Weißen Mannes zu Ende geht, daß wir eine Hungersnot haben werden, daß wir uns wieder der Erde zuwenden müssen. Die Mutter Erde wird uns wieder nähren müssen. Als Präsident Nixon diese Energiekrise erkannte, war sie für ihn nichts Neues mehr.

Und dann existiert da eine Weissagung über den Untergang der Welt ...

Und eine Weissagung von Grandmother Spider (Großmutter Spinne). Sie ist eine kluge alte Frau, die zwei Enkelsöhne hat, die wie die beiden Kriegsgötter aussehen. Sie sorgen dafür, daß sich die Erde um ihre Achse dreht. Der eine von ihnen ist im Besitz der Sprache, der andere im Besitz des Windes.

Das Netz der Grandmother Spider versorgt die Welt mit Energie. Es heißt, daß all die Annehmlichkeiten unseres Lebens aus dem Netz der Grandmother Spider kommen. Sie sagen, daß ihr Netz die Flugzeuge sind, die über uns hinwegfliegen, ebenso das Erdgas, das unter unseren Füßen in Röhren entlangläuft, die Highways, die elektrischen Übertragungsleitungen des Stromnetzes, die Kommunikationssysteme, wie z.B. Rundfunk- und Fernsehwellen – alles das Netz der Grandmother Spider. Sie sagen, daß sie in dieses Loch blickten und ihnen war, als würden sie auf einen Bildschirm sehen. Sie sagen, daß sie noch einmal hinschauten und es brennen sahen. Sie sagen, daß das Netz der Grandmother Spider, unsere ganze Energie, in Flammen aufging!

Ob das Netz von richtigen Flammen verbrannt wurde, weiß ich nicht; das ist eine Frage der Interpretation. Vielleicht hat es auch von innen her gebrannt. So wie viele Menschen innerlich verbrennen. Es kann sein, daß sie das meinen. Auf alle Fälle interpretiere ich dieses Brennen als ein Feuer, das wirklich stattfinden wird. Genau so sehe ich es. Genau das wird es sein, was diese alte Mutter Erde tun wird. Sie wird in Flammen aufgehen.

Und wenn dies in Erfüllung gehen wird, wird es das Ende allen Lebens auf dieser Erde bedeuten. Schon zuvor, in anderen Welten, haben die Menschen sich und ihre Kulturen zerstört. Wir wissen, daß sich diese Dinge in der Vergangenheit zugetragen haben. Als sie sagten, daß sich dies zutragen würde, sprachen sie vom 20. Jahrhundert, aber unsere Vorfahren haben schon im 17. Jahrhundert davon erfahren. Und die Weissagungen haben sich erfüllt, obwohl ich damit nicht sage, daß unser Leben morgen enden wird. Nein, nicht in der Denkweise und dem Zeitbegriff, den die Hopis haben – es wird noch Jahre dauern. Aber dieser Reichtum an materiellen Gütern wird enden. Für Geld kann man nichts kaufen. Deshalb erfreut sich das Geld bei den Hopis keiner großen Wertschätzung. Ein Hopi schätzt es gering.

Alles wird enden. Diese materialistisch ausgerichtete Zivilisation befindet sich auf dem Weg der Selbstzerstörung. Ich glaube, es ist ganz offensichtlich, daß wir uns in diese Richtung bewegen. Und ich mache mir wirklich Sorgen deshalb.

Aber ich glaube, daß die Hopis etwas vorzuschlagen haben ... Wenn man von den Weissagungen spricht, dann sagen die Ältesten: Da habt ihrs! Jahrein, jahraus haben die Hopis diese Ereignisse vorausgesagt, aber niemand hat zugehört. Jetzt werden wir doch auf die Ältesten hören.

In unserer Gesellschaft haben wir viele Denker und Philosophen, die uns diese Dinge gesagt haben, und sie haben sich das nicht einfach zusammengereimt. Sie wußten es, bevor wir auf diesen Planeten, auf diese Welt kamen. Sie wußten es in anderen Welten. Dies ist der Plan des Lebens. Dies ist Geschichte. Deshalb glaube ich an die Weissagung. Ich kann mich nicht abwenden und nein sagen. Ein viel zu großer Teil der Weissagungen hat sich schon erfüllt.

Wir sind darauf vorbereitet. Wenn diese Woche in den Geschäften und Supermärkten der Städte die Waren ausgingen, so würde das den Hopis nichts ausmachen. Wir sind bereit ! In den Dörfern haben viele der Familien einen Nahrungsvorrat, der für 2 Jahre ausreicht. Die Ältesten sagen, daß es, wenn die Krise da ist, wahrscheinlich in den Läden keine Nahrungsmittel mehr geben wird, keinen Strom in den elektrischen Leitungen, keinen Treibstoff für unsere Kutschen, unsere Autos. Deshalb haben wir Mais, Kürbis, Bohnen und Früchte in der Sonne getrocknet. Wie in vergangenen Zeiten. Wir haben Nahrungsmittel getrocknet und gelagert.

Wir haben die Geheimnisse des Überlebens schon vor langer Zeit gelehrt. Hier in diesem Land regnet es ungefähr 20-25 cm im Jahr, deshalb müssen wir ausgezeichnete Farmer sein. Unsere Feldfrüchte bauen wir in einer Tiefe von mindestens einem halben Meter an, im Abstand von 5 - 6 Schritten. Würden wir so anbauen, wie es der Weiße Mann tut, dann würde unser Getreide wohl am Anfang kerzengerade aus dem Boden schießen, dann aber umsinken und kaputtgehen. Deshalb haben wir gelernt, jedes kleine Regenrinnsal, das von den Mesas herunterkommt, zu nutzen, um Wasser zu bekommen. Im Herbst pflügen wir unsere Felder, dann bedecken wir sie mit Gras, um damit die oberste Erdschicht vor dem Wind zu schützen. Und wenn es schneit, dann wird durch das Gras Wasser gespeichert. Dieses Wasser bleibt bis zum Frühjahr gefroren in der Erde, und wenn es taut, dann haben wir genug Wasser für die Frühsommermonate, wenn es in der Wüste am heißesten ist und kein Regen fällt. Auf diese Weise können wir anbauen, was sonst niemand vermag.

Deshalb wird uns auch die Energiekrise nicht viel anhaben können. Viele unserer Leute sind nicht von Elektrizität oder Gas abhängig. Unser Land wird nicht von riesigen Energieleitungen durchkreuzt. Wir brauchen nur eine einzige kleine, die unsere Stammesverwaltungsgebäude und unser öffentliches Krankenhaus versorgt. Die meisten unsrer Leute im Dorf heizen noch auf die althergebrachte Art und Weise, indem sie Holz und Kohle verwenden, und indem sie Holzöfen benutzen. Das ist Kraft. Das ist Energie. Das ist Wärme. Das ist Licht. Das ist Freisein.

Es stimmt, daß unsere Autos vom Benzin abhängig sind, und daß nur wenig von den alten Wagen übriggeblieben sind. Aber wir haben ja immer noch unsere Pferde. In den Weissagungen der Hopis heißt es, daß unsere Kutschen bald nutzlos werden. Es heißt, daß sie damit unsere Autos gemeint haben. Wir wissen das, und wir rechnen damit.

Das ist der Grund, weshalb wir nicht so sehr auf Maschinen, Industrie oder Technologie aus waren – weil ihre Wirksamkeit nämlich beschränkt ist.

Die Maschinen werden mehr und mehr die Kontrolle über den Menschen übernehmen, genauso wie all die anderen

Dinge, die sein kühner Verstand erdacht hat, und diese Dinge werden ihm schließlich und endlich seine Lebensart aufdiktieren. Und ich denke, das ist das, was sie meinen, wenn sie heutzutage von Computern reden. Computer können sowohl gut als auch schlecht sein. Aber ich glaube, wir nähern uns den Zeiten, wo wir von den Computern herumbefohlen werden. Möglicherweise ist der Zeitpunkt verfrüht um es auszusprechen. Wir leben hier von der Welt da draußen isoliert, deshalb weiß ich nicht, was für Computer sie da draußen haben. Aber jedenfalls ist das meine Meinung. Die Leute wollen keine Industrie vor ihrer Türschwelle. Oder in der Nähe ihrer Dörfer. Oder auf den Mesas. Wir haben nicht viel Industrie im Reservat. Tatsächlich haben wir überhaupt keine. Unsere Überlieferung sagt uns nämlich, daß wir, wenn wir welche haben, von der Welt der Elektronik und Mechanik abhängig werden. Und wir werden so abhängig werden, daß wir beginnen, unsere Werte zu verlieren.

Deshalb werden wir uns nur an die Dinge halten, die der Mensch mit seinen eigenen Händen erschaffen hat.

Und ich glaube, das ist es, worum es den Hopis geht. Wir werden sonst nicht mehr imstande sein, unsere eigenen Fertigkeiten zu nutzen. Wir werden nicht mehr imstande sein, die Dinge zu gebrauchen, die uns der Schöpfer zum Gebrauch gab. Und er schenkte uns auch tatsächlich einen Verstand, einen wachen Verstand, mit dem man Entscheidungen fällen kann, aber er meinte damit nicht, daß wir all die Dinge tun sollten, die uns allmählich zerstören würden.

Das ist nicht die Lebensart der Hopis!

Bei uns ist der höchste Wert der menschliche Wert, der Wert eines Menschenwesens, und der hat keinen Preis, niemand kann seinen Wert in Dollars abwiegen. Niemand vermag abzuschätzen, was die Seele des Menschen, was menschliche Qualitäten wert sind, was Freundschaft wert ist und Liebe. Das ist die Lebensanschauung der Hopis.

Wir versuchen nur, uns zu finden. Wir gehen nicht herum und predigen. Das ist nicht unsere Art. Es wird auch nicht die Weissagungen ändern. Das ist Geschichte. Und ich glaube, daß die Geschichte ihren Part zu Ende spielen wird. Es gibt kein Zurück. Wir werden die Folgen tragen müssen für das, was wir getan haben und wie wir gelebt haben.

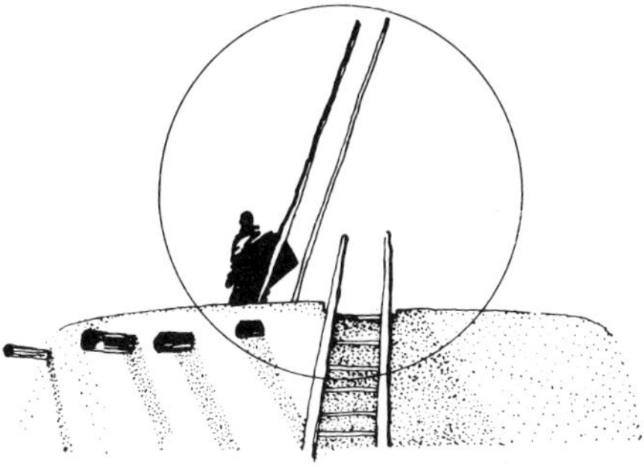

Der Tausendjährige Mensch

Irgendwo auf der Erde gab es einen Platz, wo der Horizont so endlos schien. Der Himmel war überall. Wenn man auf einem Bergkamm stand und sich im Kreis drehte, drehte sich der Horizont mit einem. Zeit existierte nicht, nur Raum. Im ganzen Land lebte kein Mensch so nahe bei der Sonne. Die Dörfer der Hopis standen am Rand der Erde.

Auf dem Lehmboden eines Steinhauses im 1000-jährigen Dorf Shungopavi in Nordarizona saßen auf Holzbänken die Kikmongwis (Anm.: Dorfhäuptlinge) mit gebeugtem Haupt, als wären sie ins Gebet versunken. Aber sie beteten nicht. Sie dachten über die Auswirkungen nach, die die Berichte von der Energiekrise des Weißen Mannes auf ihre Dörfer haben würden. Was werden wir tun, wenn Kraftwerke und Kohle-Tagebauwerke auf dem Black Mesa (Anm.: Tafelberge in New Mexiko; heilige Stätten der Indianer) die Sonne verdunkeln, den Himmel schwärzen und unsere Kornfelder austrocknen? fragten sich diese heiligen Männer gegenseitig. Wohin wird uns das führen?

"Wir sind früher auch schon weitergezogen," seufzte ein

alter Mann. "Wenn es also sein muß, dann werden wir es wieder tun." "Das war aber vor tausend Jahren," sagte ich. "Ja, das ist wahr, wir leben hier vielleicht seit tausend Jahren", meinte der alte Mann und nickte. "Vielleicht auch länger." Manche behaupteten, daß das Dorf Oraibi auf der nahegelegenen Mesa das älteste Dorf in den Vereinigten Staaten und schon seit einem Jahrtausend bewohnt sei. Der alte Mann verneinte höflich. Er erinnerte sich, daß sein Dorf Shungopavi bereits vorher gegründet worden war. "Mein Volk kam vielleicht so um das Jahr 800 hierher. Ich erinnere mich an ungefähr so etwas", sagte der alte Mann.

"Erinnern? Du erinnerst dich?"

Auf seinen gealterten, trockenen Lippen zeigte sich ein verschmitztes Lächeln. Er genoß es, dem gelehrten Weißen Mann, der ihn da besuchte, Dinge zu erzählen, die jedes Kind wußte und dabei so tun zu können, als würde es sich um Weisheiten handeln.

"Der Mensch ist nicht der einzige, der sich zu erinnern vermag. Die Steine erinnern sich. Die Erde erinnert sich. Wenn du es verstehst zuzuhören, werden sie dir viele Dinge erzählen", sagte er tadelnd.

Tausend Jahre war der Mann nicht alt, obwohl er aus so uralten Zeiten zu stammen schien wie der Lehm auf dem Dach seines Hauses. Er war der Kikmongwi von Shungopavi, der Häuptling des Dorfes. Claude Kuwanijuama war ein Mann mit unerschütterlichem Humor; er hatte die Gestalt eines Bären, war kräftig und untersetzt und trug ein würdevolles Stirnband in seinem langen grauen Haar. Die Autorität der Geschichte sprach aus ihm. Und jeder hörte zu, wenn er sprach, aber er sprach selten, und er sprach leise.

Er war aus dem Kiva gekommen, um an dieser Energiekonferenz teilzunehmen. Für die Dorfbewohner war es die Zeit der Reinigungsriten, des Schlangentanzes. . . Aber der Energiebedarf des Weißen Mannes hatte ihnen die Bulldozer gebracht, die jetzt im Tageabbau die geheiligten Stätten auf dem Black Mesa untergruben. Und jetzt war dies auch zu einer wichtigen Angelegenheit geworden, die der Reinigung bedurfte.

Zahlreiche Anführer des Klans waren aus dem Kiva mit ihm gekommen. Und nun saßen sie in dem uralten Haus im Kreis und beratschlagten, was mit der Energiekrise des Weißen Mannes zu tun sei.

Auf dem Black Mesa hatte der 'bahana', der Weiße Mann, die erste seiner zahlreichen Tagebauminen angelegt, die bald darauf die Kohle des Westens zu Tage befördern sollten. Die Energiegesellschaften hatten sich damit gebrüstet, daß es sich hierbei um "das größte Energieprojekt der Welt" handle. Sechs Kraftwerke waren geplant, die die in der Kohle gespeicherte Energie von Sonne und Erde in 14 Millionen Kilowatt Elektrizität umwandeln sollten. In den großen Städten wie Los Angeles, Phoenix und Las Vegas hatte der bahana keine Energie mehr übrig. Er hatte sie alle verschwendet. Deshalb war er in die Dörfer der Hopis gegangen, um die Kohle zu fordern, die man dort schon seit Hunderten von Jahren abbaute. Der alte Stammesrat hatte sie ihm gegeben.

Später sagten dann die heiligen Männer, daß die Unterzeichnung des zwischen Regierung und Peabody Coal Company bestehenden Vertrags über den Kohleabbau von seiten des Stammesrates wider ihr Gesetz verlaufen sei. Von 16 Abgeordneten des Rates seien 7 nicht anwesend gewesen, und einige von ihnen seien nie von den Dorfhäuptlingen in ihrem Amt bestätigt worden, wie es in der Verfassung der Hopis gefordert wird. Auf diese Weise hatten nur 7 Abgeordnete rechtmäßig ihre Stimme für den Kohleabbau gegeben. Aber jetzt war es zu spät.

Schon in einem kleinen Areal des Energieprojekts, bekannt als die 'Four Corners', gab es Tagebauwerke und Stromkraftwerke, die die Sonne mit mehr grauem Smog, Schwefelsäure und Stickstoffoxyden verdunkelten, als sie jemals auf Los Angeles und New York zusammen niederrieseln lassen konnten. Es hieß, daß diese von Menschen erzeugte Dunkelheit das einzige von Menschenhand erzeugte Produkt sei, das die Astronauten vom Weltraum aus sehen konnten.

"Und wenn sie das tun, wird sich die Sonne verfinstern", warnte Herbert Talahaftewa, der Führer des Bären-Klans. "Dann wird es keine Sonne mehr geben. Die Sonne wird schwarz sein."

"Es ist uns geweissagt worden", sagte David Monongye, ein heiliger Mann aus dem Dorf Hotevilla. "Vor langer Zeit wurde uns geweissagt, daß der bahana die Erde zerstören würde, die Luft zerstören würde, sich selbst zerstören würde. Wir haben also schon damit gerechnet."

Über dem Dorfplatz stand die Sonne still, und sie nahm den Himmel gänzlich ein. Es war später Nachmittag an einem Sommertag auf den High Mesas. Und die Hitze, die von den Strahlen der Sonne ausging, war allmächtig: sie erfüllte den Himmel mit Raum. In dem tausendjährigen Haus schien die Zeit stillzustehen, denn dort, wo die Geschichte gegenwärtig war, war die Vergangenheit Gegenwart. Somit war unser Gespräch über die Weissagungen der Hopis so aktuell wie die neuesten Nachrichten über die Energiekrise. Die Stimmen der heiligen Männer waren ruhig, sanft und geduldig.

Auf dem Lehmboden hatten die Enkel – oder waren es Urenkel – des Kikomongwis von Shungopavi unter der Bank, auf der er saß, zwischen seinen Knien gespielt. Er scherzte mit ihnen. Während der ganzen Zeit, in der die heiligen Männer vom Energie-Armageddon geredet hatten, das auf sie zukam, rannten zu ihren Füßen die Kinder herum und spielten. Sie verhielten sich ruhig und ehrerbietig und sprachen kaum ein Wort. Aber auch die Ältesten sagten nie ein zorniges Wort zu ihnen oder forderten sie auf, das Zimmer zu verlassen.

In einer Ecke des Hauses waren die Frauen damit beschäftigt, für den in Bälde stattfindenden Schlangentanz ein Festmahl aus Bohnen und Mais zuzubereiten. Sie schienen miteinander zu schwatzen, mit den Augen aber folgten sie dem, was die Männer besprachen.

Eine ältere Frau mit schütterem Haar saß auf einer Bank in der Nähe und nickte zu dem, was die Männer sagten, entweder zustimmend oder ablehnend mit dem Kopf. Sie sprach nie ein einziges Wort. Dennoch wurden ihre durch ihr Kopfnicken zum Ausdruck gebrachten Auffassungen von den Männern mit sichtlicher Aufmerksamkeit verfolgt. Sie saß da, wie es vielleicht eine Großmutter tun würde oder eine Matriarchin.

Eines der Kinder begann zu weinen, es hatte sich den Kopf an einer der Bänke angestoßen. Der alte Kikmongwi hob es auf seinen Schoß, um es zu trösten. Das Gespräch der heiligen Männer ging jedoch ungehindert weiter, bis das Kind, nun wieder lächelnd, auf den Boden zurückkrabbelte und zu spielen begann.

Bei dem Problem des Energiehaushaltes der Wüsten und Mesas ging es für die Dörfer um Leben und Tod. War dies der Grund, weshalb die gesamte Familie in die Konferenz einbezogen war?

In den Wüsten war der Kreislauf der Natur äußerst empfindlich gegenüber eventuellen Störungen. Schon 2 1/2 cm weniger Niederschlag als normal konnte dieses sensible Gleichgewicht stören; und dann konnte es zur Hungernot kommen. Ein einziges Fehlmanöver der Planierraupen und Schleppkräne in diesen Bergwerken vermochte das Leben jedes einzelnen Hopi in Mitleidenschaft zu ziehen. Der bahana geriet höchstens in Sorge darüber, die Temperatur in seinem Haus eventuell um 4 Grad senken zu müssen; hier jedoch konnte es den Tod ganzer Dörfer bedeuten.

Indessen, wenn ich versuchte, mir eine einigermaßen humane Konferenz in den Chefetagen der Peabody Coal oder den Büros des Innenministeriums vorzustellen, in denen die Verträge über den Kohleabbau aufgesetzt und genehmigt worden waren, dann reichte meine Phantasie nicht aus. Einer der leitenden Angestellten von Peabody hatte mir erzählt, daß, als seine Firma, eine Tochtergesellschaft von Kennecott Copper, den Vertrag aushandelte, niemand von ihnen darauf gekommen sei, "daß es da draußen Indianer gab."

In ihrer Bergbau-Zeitung wurde den Bergarbeitern versichert, daß man da höchstens "ein paar Schafe, Koyoten und Indianer" zu befürchten habe.

"So wie wir euch kennengelernt haben, ihr Weißen Männer, wart ihr immer Kannibalen", sagte Talahaftewa. "Alles auf der Erde habt ihr immer nur euch selbst einverleibt. Selbst Menschen und Tiere, und sogar die Erde. Ihr habt niemals Respekt vor irgendetwas oder irgendjemand auf der Erde gehabt." Der Häuptling des Bären-Klans war mir gegenüber mißtrauisch und unerbittlich. Er entschuldigte sich, mit solcher Heftigkeit geredet zu haben. "Warum läßt uns der bahana nicht in Ruhe?" fragte er.

Diese Frage war der Grund, weshalb ich zu den Hopis gekommen war, antwortete ich. Gute Freunde von mir drehten soeben einen Fernsehdokumentarfilm, in dem die Hopis und auch die Navajos Gelegenheit erhalten sollten, dem ganzen Land zu erzählen, was sie vom Kohleabbau auf dem Black Mesa hielten. Millionen von Leuten würden den Film sehen. Die National Science Foundation, National Educational Television und die Fordstiftung finanzierten den Film. Das könnte wichtig sein, sagte ich.

Es schien die heiligen Männer von Shungopavi jedoch nicht zu beeindrucken. Selten, wenn überhaupt, hatten sie den Weißen Mann eingeladen, ihre Dörfer zu filmen.

"In der Vergangenheit brachte uns der Weiße Mann seine Krankheiten. Und dann brachte er uns seine Hospitäler, um seine Krankheiten wieder zu heilen," sagte Talahaftewa höhnisch. "Jetzt bringt uns der Weiße Mann seine Umweltverschmutzung. Und nun kommt ihr daher und sagt, ihr würdet diese Umweltverschmutzung beseitigen, die ihr uns da gebracht habt."

"Wir trauen euch nicht!" meinte der Häuptling des Bären-Klans anklagend. "Sag mir, warum sollten wir einem Weißen Mann Glauben schenken?"

"Ich würde euch gerne trauen," sagte er, "aber kann ich das denn?"

Die Sonne am Himmel verfinsterte sich allmählich. Wir hatten viele Stunden lang geredet. Die heiligen Männer der Hopis hatten aber immer noch nicht entschieden, was sie sagen wollten. Sie wußten, daß der Weiße Mann auf nichts von dem was sie sagten, hören würde. Es war schon immer so gewesen. Wir saßen und schwiegen.

An jenem Morgen war ich früh ins Dorf New Oraibi gekommen, um nach Thomas Banyacya, dem Dolmetscher und Sprecher der traditionellen Häuptlinge zu suchen, und die Erlaubnis für die Dreharbeiten des Films einzuholen. Banyacya war nicht zu Hause.

Seine Frau öffnete die Eingangstür mit dem Fliegengitter davor, lächelte liebenswürdig und ließ mich eintreten. Unmittelbar darauf wandte sie mir den Rücken zu, um an dem Yucca-Korb, den sie gerade flocht, weiterzuarbeiten. Auf den über den Küchentisch ausgebreiteten Zeitungen lagen Garben langer, dünner Yucca-Blätter. Mit geschickten Fingern flocht sie die faserige Pflanze, die zuvor in Wasser getaucht worden war um ihr die Zähigkeit zu nehmen, zu einem Kranz von Schönheit.

"Thomas hat dich erwartet," sagte sie.

Eine seltsame Bemerkung war das. Niemand wußte, daß ich kommen würde; ich hatte es niemandem erzählt. Die traditionellen Hopis hatten kein Telephon. Und ich hatte Banyacya niemals zuvor getroffen.

Während ich am Küchentisch saß und den schwarzen Kaffee schlürfte, den sie mir angeboten hatte, erzählte ich Frau Banyacya von dem fürs Unterrichts-Fernsehen geplanten Film. Ich erzählte ihr, daß ich meinte, daß der Film nützlich für die Hopis sein könnte. Ich erzählte ihr, daß ich meinte, daß der Regisseur ein guter Mann sei, weil er nichts von Indianern verstand und auch nicht darauf aus war, sie zu 'erretten'. Ich erzählte ihr, daß er Filme über Adler und Koyoten machte, die er sehr liebte, aber daß er sehr wenig von Menschen verstand . . . Somit sei er auch frei von den Mythen der Weißen.

Sie wandte sich mir zu, während sie lachte. "Das ist aber wirklich ein herzerfrischender Gedanke", sagte sie.

So viele Ökologen, Wohltäter, Universitätsstudenten und Professoren, Schriftsteller, Freunde und Sympathisanten waren schon gekommen, um den Hopis zu helfen, daß die Banyacyas das Haus hinter ihrem eigenen in eine "Art Wohnheim" für "die Weißen Freunde, die zu uns auf Besuch kamen", verwandelt hatten. Sogar ein Herd war drin zu finden, auf dem diese Besucher kochen konnten.

"Sie sagen alle, daß sie uns helfen wollen", meinte sie trocken. An dem einen Ende des Küchentisches saß ein alter langhaariger Mann. Er sagte nichts, während wir miteinander redeten. Ich glaube, daß er blind war, da seine Augen hinter den dicken Brillengläsern trüb waren. Gleichzeitig beobachtete und beurteilte er mich jedoch mit allen seinen Sinnen. Erst später erfuhr ich, daß es sich bei dem alten Mann um David Monongye gehandelt hatte, einen der heiligen Männer von Hotevilla, wo angeblich die geheiligten Steine der Weissagung im Verborgenen aufbewahrt wurden.

Nach ungefähr einer Stunde erhob sich der alte Mann.

"Ich werde dich hinführen", sagte er.

"Wohin?"

"Zum Kikmongwi, damit du ihm von diesem Filmprojekt deiner Freunde erzählen kannst. Und dann werden wir sehen, was wir draus machen." Der alte Mann führte mich, und nicht ich ihn an der Hand in den Hof hinaus, wo mein Auto stand. "Du fährst", sagte er. "Meine Augen sind nicht sehr gut; sie sind beinahe blind", meinte er entschuldigend. "Aber ich kenne den Weg, und ich werde dich führen."

Auf diese Weise fuhren wir los um dem Kikmongwi von Shungopavi zu begegnen. Der alte Mann kannte den Weg kreuz und quer durch die Berge, aber ich hatte Angst.

Der alte Mann sagte, um mich zu beruhigen, "Ich sehe den Weg. Als ich jung war, ritten wir hier mit unseren Pferden."

Auf den Bergkämmen sah man, wie sich die dünne Asphaltlinie auf beinahe unheimliche Art und Weise an den Rändern der Mesa festklammerte. Die Berge waren an manchen Stellen über 6000 Meter hoch, und die Straße war Wahnsinn. Sie erhob sich zur Sonne hoch und verschwand dann im Raum. Wie Pegasus stürzte sie daraufhin wieder hernieder.

In den Canyons und Wüsten unter uns wirkten die Pinien und Baumwollsträucher so klein wie trockene Grasklumpen. Wie es wohl war, auf dem Gipfel der Erde zu leben? In den Anden der Inkas? In der Raumkapsel der Astronauten? In den Dörfern der Hopis? Die Mesas waren die Finger einer Faust aus Gestein, die sich von der Handfläche des Black Mesa aus erstreckten. Und diese Finger schienen in den Himmel zu deuten, zur Sonne.

Die Dörfer lagen am äußersten Ende der Mesas.

Es schien, als hätten vor 1000 Jahren ihre Erbauer danach gestrebt, der Sonne so nahe zu kommen, wie es ein Mensch nur wagen konnte. Die Häuser auf diesen Felsgipfeln waren aus Lehm und Stein. Aus der Entfernung wirkten sie, perfekt getarnt, wie die Erde selbst.

Als wir dann Shungopavi erreicht hatten, eilte die Nachricht von unserer Ankunft schnell durch das Gewirr enger Gassen und uralter Häuser. Wenige Augenblicke später kam der Kikmongwi aus seinem Kiva gerannt. Er ging nicht, er rannte, nach alter Hopimanier.

Er begrüßte uns mit einem großzügigen Lächeln, wie ein freundlicher Bär. Und daraufhin hatte dann die Energiekonferenz begonnen, die einen ganzen Tag währen sollte.

Niemand wußte besser Bescheid über die Erhaltung der Energiereserven der Wüste im Südwesten als die Dorf-Häuptlinge und die heiligen Männer der Hopis. Jahrhunderte hatten sie schon auf diesen trockenen, ausgedorrten Mesas überlebt. In einem Land, wo sich der jährliche Niederschlag auf knappe 15 cm belief, und wo es kaum Flüsse oder Quellen gab, mußte jedes Gramm Energie aus dem Wasser oder der Erde sparsam und mit Verstand genutzt werden. In all den Jahrhunderten, in denen die Menschen die Kohle des Black Mesa abgebaut hatten, hatten sie der Erde in ökologischer Hinsicht keinen Schaden zugefügt.

“Unsere Leute verwendeten die Kohle schon Hunderte von Jahren vor den Europäern”, sagte Alvin Dashee. “Wenn du dir die alten Ruinen der Behausungen ansiehst, in denen unsere Leute vor Tausenden von Jahren lebten, wirst du bemerken, daß sie damals schon Kohle verbrannten.”

“In jedem Dorf haben die Leute ihre eigene Kohlengrube, wo sie schon immer ihre Kohle abgebaut haben, ohne jedoch dabei unsere Mutter Erde im Tagebau auszubeuten”, erklärte Dashee.

“In unseren Klans haben wir gute Techniker. Vielleicht könnten sie euch etwas beibringen?”

Und trotzdem wurden diese Bergarbeiter aus den Stämmen nicht ein einziges Mal von den bahanas in den Tagebauwerken nach ihrer Meinung gefragt. Keiner der Weißen

Männer glaubte, daß die Hopis irgendetwas wissen könnten, sagten die heiligen Männer.

"Sie scheinen zu meinen, daß wir tumbe Indianer sind", sagte Herbert Talaheftewa.

Einmal waren die heiligen Männer zu den Bergwerken gefahren und hatten Maismehl um Planierraupen und Schlepper gestreut, um sie damit in Harmonie mit der Natur zu bringen und sie davon abzuhalten, Übles zu tun. Ein Steiger hatte dann gesagt, daß das heilige Maismehl "den Raupenfahrern eine Todesangst eingejagt hätte". Sie haben geglaubt, die heiligen Männer verstreuten Sprengpulver.

"Warum begreift denn der Weiße Mann nicht? Er meint, wir versuchten ihm die Energie wegzunehmen, die er doch von uns stiehlt. Er merkt nicht, daß wir versuchen, ihm beizubringen, wie er Energie sparen kann", sagte der Häuptling der Bären-Klans.

"Er ist blind", sprach der alte blinde Mann. Deshalb zerstört er sich, indem er versucht, sich am Leben zu erhalten.

Verärgert und enttäuscht reichten die heiligen Männer beim Gerichtshof in Washington D.C. eine Klage ein, um damit der Ausbeutung der Mutter Erde Einhalt zu gebieten und die Harmonie der Natur wiederherzustellen. Sie beschuldigten den Innenminister, Rogers C.B. Morton und die Peabody Coal Company, gegen die göttlichen Gesetze zu verstoßen. "Black Mesa zu zerstückeln durch einen Vorgang, der als Kohletagebau bekannt ist, bedeutet eine Entweihung, ein Frevel und das genaue Gegenteil zu den Weisungen des Großen Geistes", stand im Schriftsatz des Gerichts. Diese Gebiete "sind die geistigen Mittelpunkte des Universums. Es ist geweissagt, daß die Welt untergehen wird, wenn (diese) Gebiete zerstört werden."

Die Welt wird untergehen! Die Welt wird untergehen!

Und nichts tat sich. Der Schriftsatz der Heiligen Männer geriet beim Gericht in Vergessenheit. Die Ökologie-Anwälte waren wütend. Die heiligen Männer zuckten mit den Schultern.

Es spielte keine Rolle. Vor langer Zeit hatten die weisen Männer der Hopis den Untergang des Weißen Mannes vorausgesagt. Und wenn die Zeit reif war, würde das Netz von Gas- und Ölpipelines, Straßen und Autobahnen, elektrischen Leitungen und die Kondensstreifen der Düsenmaschinen am Himmel allmählich verschwinden, leer und nutzlos werden. Die Energiekrise würde kommen. Und wenn die Zeit reif war, müßten die Menschen wieder von der Mutter Erde genährt werden, weil es in den Läden keine Nahrungsmittel mehr geben würde. Die Rückkehr zur Natur würde einsetzen.

"Wir rechnen damit", sagte David Monongye. "Es ist uns geweissagt worden, und es geht in Erfüllung."

"Und du meinst, daß ein Dokumentarfilm den Weißen Mann retten wird", sagte Talaheftewa. Er lachte. "Wer wird den Film produzieren? Weiße Männer?"

"Vielleicht wird er ein wenig Gutes bewirken, wahrscheinlich aber doch nicht", fuhr er fort.

Zuguterletzt stand die Entscheidung fest. Falls es den Hopis gelingen sollte, den Kohletagebau auf dem Black Mesa zum Stillstand zu bringen, würden im Laufe der Zeit so viele Ökologen, Langhaarige und Regierungsabgeordnete in den Dörfern auftauchen, um zu fragen, wie sie denn das gemacht hätten, daß dies letztendlich schlimmer sein würde als der Kohleabbau.

Sie meinten, daß es besser sei, wenn der Film schlecht werden würde. Aber wenn er von einem Weißen Mann gemacht würde, würde das ja wahrscheinlich ohnehin der Fall sein. Er wußte ja nicht, was es hieß, vor der Mutter Erde Achtung zu haben. Er verstand die Weissagung nicht. Er hörte nicht zu. Er würde niemanden überzeugen. Er würde nichts Schlechtes, aber auch nichts Gutes bewirken. Und wenn dies der Fall war, dann konnte es vielleicht ganz interessant sein, die Einwilligung zur Herstellung des Films zu geben.

"Laßt sie kommen und ihre Filmkameras mitbringen. Und wir werden sehen, was passiert", sagte David Monongye. "Das ist, was wir uns dazu überlegt haben."

Auf dem langen Heimweg von den Hopis zu meinem Haus in Santa Fe fragte ich mich, was ich dem Produzenten und den anderen Leuten des Fernsehteams, die auf den Beschluß des Stammesrates warteten, erzählen sollte. Ich hielt es für das Klügste, ihnen die Wahrheit zu sagen.

Wir trafen uns unter dem Portal im Schatten der Sommersonne. Laßt mich erzählen, was die Kikmongwis mir gesagt haben, zuvor jedoch muß ich euch die Gründe mitteilen, warum sie zugestimmt haben:

Weil ihr einen schlechten Film drehen werdet.

Weil er nichts Gutes bewirken wird.

Weil, selbst wenn er gut wird, niemand zuhören wird.

Weil, selbst wenn die Leute zuhören werden, sie doch nichts verstehen werden.

Weil der Weiße Mann den Sinn des Lebens nicht begreift und den Kreislauf der Natur mißachtet, wird er die Mutter Erde, die heilig und die Quelle allen Lebens ist, zerstören; und in seinem Versuch zu überleben, wird er sich selbst zerstören.

Weil dies geweissagt wurde.

Deshalb erlauben sie euch mit euren Fernsehkameras in ihre Dörfer zu kommen und euren Film zu drehen. Sie werden euch dabei helfen. Das ist, was sie mir sagten.

Einer der Männer, die zugehört hatten, sah auf und schüttelte den Kopf. "Diese verdammten Indianer sind doch verrückt", meinte er.

Und der Fernsehproduzent war entrüstet. "Wir werden ihnen beweisen, daß sie nicht recht haben. Ich bin davon überzeugt, daß die Leute zuhören werden."

Das war vor einigen Jahren. Der Film war in der Zwischenzeit fertiggestellt worden und 10 Millionen sahen ihn. Doch niemand hörte auf die heiligen Männer. Alles, was der Kikmongwi und die Führer der Klans vorausgesagt hatten, traf ein. Die Energiekrise traf ein. Die Ölkrise traf ein. Die Benzinkrise traf ein. Die Nahrungsmittelkrise traf ein.

Und was sich auf dem Black Mesa zugetragen hatte, würde sich bald im gesamten Westen ereignen – wie die Hopis es geweissagt hatten.

Der Mensch erschafft nichts

Manifest von Frank Di Luzio, ehemaliger Direktor der Wissenschaftlichen Laboratorien Los Alamos, Atomenergie-Kommission.

In den zerklüfteten Bergen Nordmexikos, auf einer entfernten, abseits gelegenen High Mesa, die von Stacheldrahtzäunen umgeben und von bewaffneten Wachposten bewacht war, hatte die Regierung ein geheimes Laboratorium eingerichtet, das unter dem Namen Los Alamos bekannt war, und in dem Atombomben hergestellt werden sollten. Wissenschaftler hatten die Spaltung des Atoms entdeckt und in einem Sprengkopf "mehr Energie (freigesetzt), als die Menschheit jemals zuvor gekannt oder besessen hatte". So manch einer glaubte, daß der Mensch nun beinahe schon gottähnlich geworden sei; er besaß die Macht über Leben und Tod. Einer der damaligen Zeit schrieb, daß sich der Mensch mit dieser "göttlichen Macht" in der Tat selbst zerstören könne.

Einer der nach Los Alamos versetzten Männer war ein, wie

er sich selbst titulierte, Humanist und Verehrer der “Lebensenergie”. Er war von Beruf Bauingenieur und begeisterter Anhänger der Wissenschaftstechnologie. Frank Di Luzio war niemals zuvor in einem Gebirge in der Wüste gewesen. Er hatte niemals zuvor einen Indianer gekannt.

Als Junge hatte er den Wunsch, Priester zu werden. Anstatt dessen war er Tiefbauingenieur im amerikanischen Pionierkorps geworden. Das Gotteskreuz war somit durch den Rechenschieber des Götzen Geld ersetzt worden. Für ewige Zeiten sollte sich jedoch Di Luzio Sorgen machen über des Menschen “gute und schlechte Nutzung der Energiequellen” und “Verantwortung der Wissenschaften”.

In kürzester Zeit wurde dieser energievolle junge Mann technischer Leiter und schließlich Direktor des Operationsfeldes der Atomenergiekommission in Los Alamos.

Wissenschaft war und ist sein Lebensinhalt – “mein ganzer Lebensinhalt”, sagte er. Aber die Jahre hatten ihn gelehrt, dem “wieviel der Mensch weiß” Achtung zu zollen und zu bezweifeln, wieviel “der Mensch in Wirklichkeit versteht”.

Jetzt war er älter und vielleicht weiser. Sein spärliches Haar war grau geworden, sein angespanntes Gesicht von tiefen Falten durchzogen und getragen von einer Mischung aus Vitalität und Enttäuschung. Er redete wie ein Schnellfeuergewehr und einer seiner Lieblingsaussprüche war: “Es ist paradox”.

Was war paradox? Das Leben oder die Wissenschaft? Er sagte, “Beides!” Nach einem Leben der Hingabe an Wissenschaft und Technologie war er ganz “philosophisch” über des “Menschen Weisheit, oder seinen Mangel daran” geworden. Er war, wie er sagte, zum “energiestrotzenden amerikanischen Einzelgänger” geworden, zum “Advokaten des Teufels”, zu jemand, der “denen die Wahrheit beibringen mußte, die sie nicht hören wollen”, nämlich den Wissenschaftlern und Technologen, mit denen und für die er sein ganzes Leben lang gearbeitet hatte.

“Jemand muß es tun”, sagte er. “Weißt du, die Pragmatiker machen sich nichts aus Philosophen.”

Falls es das Schreckensbild der Toten von Hiroshima war,

das über Frank Di Luzios philosophischem Unbehagen schwebte, so erwähnte er mir gegenüber nie "die Bombe". Niemand in Los Alamos mochte über sie reden.

In alten Zeiten grasten die Schafe spanischer Farmer auf der grasbewachsenen Hochebene von Los Alamos. Die religiösen Heiligtümer der in der Nähe lebenden Pueblo-Indianer waren in den Canyons verborgen. Manche sind es immer noch. 'Die Pappeln', was die Übersetzung des spanischen 'Los Alamos' ist, war ein Ort der Ruhe – der klare Himmel und die Berge der Indianer wurden nur von einer Farm für Touristen und einer Jungenschule für die Söhne reicher Eltern aus den Oststaaten unterbrochen.

Jetzt waren die Schafe von den Weiden von Los Alamos verschwunden. Aber die Berge, der Himmel und die Indianer hatten sich nur wenig verändert.

Jetzt war auch das geheime Labor kein Geheimnis mehr. Dic Atombombe erfuhr keine Lobpreisung mehr wie früher. Man glaubte nicht mehr daran, mit der "göttlichen Macht" des Menschen den Sieg über die Natur errungen zu haben.

Und Di Luzio fragte sich häufig, was die "Errungenschaften" von Wissenschaft und Technologie in Wirklichkeit für die Menschheit erreicht hatten. Was an Positivem? Was an Negativem?

Hier ist, was er mir zu sagen wußte:

Der Mensch erschafft nichts.

Energie wird nicht vom Menschen erschaffen. Er nutzt sie. Er wandelt sie von einer Energieform in eine andere um. Er selbst ist eine Form der Energie. Aber er ist nicht der Erschaffer von Energie, und er kann sie nicht zerstören. Weshalb glauben dann manche Leute, daß wir Energie herstellen? Wir sind arrogant.

Es ist die Arroganz der Technologie, die Arroganz der Wissenschaften, die Arroganz der Doktoren und die Arroganz des Menschen.

Wenn ein Mensch eine Dissertation schreibt und dabei zum Experten für das rechte Bein der Hummel wird, was weiß er dann schon über deren linkes Bein, oder ihren Flügel oder den Honig – oder die Blume? Nichts! Das heißt, daß er sich auf das, was er weiß, etwas einbildet und auf allen anderen Gebieten dumm bleibt.

Wenn ein Mensch vier Mal promoviert, dann wird er vier Mal so eingebildet und vier Mal so dumm.

Einer der Gründe für diese Energiekrise liegt darin, daß wir meinen, alles und jedes, was wir gerade so wollen, machen zu können. Wir glauben, wir könnten die ganze Energie, die wir haben möchten, aufbrauchen und verschwenden und dabei immer mehr herstellen. Aber um Energie herzustellen, ist Energie notwendig. Manchmal verbrauchen wir bei der Herstellung von Energie mehr Energie als wir letztendlich gewinnen.

In einer "Erklärung der Energiepolitik" der westlichen Regierungskonferenz sagten wir Folgendes: "Bei der Herstellung von Energie benötigt man für Mensch und Maschine so viel Energie, daß möglicherweise die Gefahr eines Nettoverlustes entsteht. Deshalb sollte zum Beispiel die Überlegung angestellt werden, ob vielleicht der Bau einer Gaspipeline, die vom Polarkreis bis in die Vereinigten Staaten reicht, nicht mehr an auf Rohöl basierender Energie verschlingt, als letztendlich an Energie aus der neuen Quelle herüberflösse."

Eine Studie zeigt, daß es eventuell mehr Energie gekostet hat, das Erz zu fördern, den Stahl herzustellen, die Röhren anzufertigen und die Pipeline nach Alaska zu bauen, als durch eben jene Pipeline während der ersten beiden Jahre nach ihrer Inbetriebnahme an Energie fließen wird. Und dabei wurde noch nicht einmal die Energie miteinberechnet, die während dieser beiden Jahre notwendig ist, um das Öl hochzupumpen.

Und das ist nicht sehr klug.

Der Mensch wird seine gesamte Einstellung zur Natur ändern müssen. Wir sehen nur die Energie, die wir direkt aus der Natur erhalten. Wir beachten aber nicht die Energie, die wir beim Kohletagebau und Raffinieren, beim Transport und der Verwendung dieser Energie verbrauchen; Nicht nur die Energie, die für die Maschinen verwendet wird, sondern auch die Energie, die die Männer – und deren Familien – brauchen, die die Maschinen entwerfen, herstellen und bedienen.

Wir müssen anfangen, den gesamten Kreislauf zu sehen. Wir haben uns etwas auf unseren Intellekt eingebildet. Damit müssen wir aufhören und überlegen, was wir angerichtet haben.

Mein ganzes Leben lang war ich mit der Verwaltung von Wissenschaft und Technologie beschäftigt. Mir war aber immer bewußt, daß der Wissenschaft und Technologie viel zu viel Ehrfurcht entgegengebracht wurde. Dem Menschen und der Gesellschaft wurde aber nicht genug Sorge getragen.

Wenn ich mir jetzt anschaue, was mit der Wissenschaft und Technologie geschehen ist, sehe ich zweierlei:

Unser Leben wurde ohne unsere Zustimmung einfach geändert, und Wissenschaftler und Technologen wurden auf Grund einer Fehleinschätzung ihrer Fähigkeiten auf ein Podest gehoben.

Der Wissenschaft und Technologie wurde zugetraut, daß sie alles und jedes lösen könne. Und der Mensch könne so gedankenlos und gleichgültig mit der Natur und den natürlichen Energiequellen umgehen, wie er nur wollte, da ihm die Wissenschaft ja stets zu Hilfe eilen und ihm durch eine magische Formel seinen Kopf wieder aus der Schlinge ziehen würde.

Ich habe das ungute Gefühl im Bauch, daß diese Rechnung nicht aufgeht. So manches von dem, was sich die Menschen untereinander und der Erde antun, werden sie selbst nicht mehr mit Hilfe der Wissenschaft oder Technologie rückgängig machen können. Wenn der Mensch 'seine' natürlichen Energiereserven aufbraucht, wenn er seine Umwelt noch mehr verschmutzt, dann werden ihn eines Tages auch Wissenschaft und Technologie nicht mehr retten können. Auch können Technologie und Wissenschaft ihn nicht aus diesen lebensfeindlichen Handlungsweisen herausholen, weil sie eben diese Lebensfeindlichkeit finanziell so attraktiv für die Wirtschaft gemacht haben, daß ich mich manchmal frage, was ursprünglich überhaupt vorrangig gewesen war. Deshalb habe ich vor Dingen, wie zum Beispiel der totalen Manipulation des Menschen mittels Chemikalien gewarnt. Die Zerstörung der natürlichen Umwelt durch eben diese Chemikalien kann so stark werden, daß es uns möglicherweise nie mehr gelingen wird, zu dieser natürlichen Umwelt zurückzufinden, um uns darin als Menschen weiterzuentwickeln. Der Eingriff in unsere Nahrungsketten und Naturkreisläufe mit Hilfe von Chemikalien hat vielleicht schon unsere ganzen Entwicklungsmuster und genetischen Strukturen verändert.

Jedesmal wenn ich jedoch davon geredet habe, wurde ich der Angstmacherei bezichtigt. Aber diese Dinge bereiten mir wirklich Sorgen.

Es kann sein, daß der Mensch eines Tages einfach zu weit gehen wird. Aber selbst wenn wir wissen, wie wir den Menschen ändern, wer zum Teufel setzt die Norm dafür? Wer wird bestimmen, wie der Mensch sein sollte? Wer kann voraussagen, ob eine Beeinflussung der genetischen Strukturen des Menschen nicht nur für gute sondern auch für üble Zwecke benutzt wird?

Sobald wir den Aufbau des Menschen und seiner Erbmasse verändern können, stellen wir uns auf eine Stufe mit Gott. Ich frage mich, wer weise genug ist, die Richtlinien für diese Experimente festzulegen. Von Wissenschaftlern in England kommt die dringende Aufforderung, diese Experimente zu stoppen. Was ist der Grund dafür? Möglicherweise werden dabei die genetischen Eigenschaften des Menschen so stark verändert, daß dabei eine völlig neue Biologie des Menschen entsteht, neue Virusarten, neue Krankheiten, über die wir nichts wissen, und die wir auch nicht unter Kontrolle bringen können.

Das Schlimmste, was meiner Ansicht nach passieren könnte, wäre, die Regierung mit dieser Art von Wissenschaftlern und Technologen zu besetzen. Wie sähe es dann mit unserer Verantwortung gegenüber der Gesellschaft aus, mit unserem ethischen und philosophischen Gerüst! Mein Gefühl sagt mir, daß, wenn Gott den Menschen nach seinem Bilde geschaffen hat, es auch in seiner Absicht gelegen haben muß, ihn zu göttlicher Sittlichkeit aufsteigen zu lassen. Er gab dem Menschen den Verstand dafür. Deshalb sollte der Mensch auch nach diesem Ziel streben.

Die Ironie dabei ist, daß das Christentum dem Menschen das Vorrecht bietet, eine richtige oder eine falsche Wahl zu treffen. Manchmal trifft er die falsche. Aber wenn der Mensch danach strebt, Gott ähnlich zu werden – und ich glaube, daß wir von unseren Anlagen dazu prädestiniert sind – dann ist alles (einschließlich der Wissenschaft), was dem Menschen Schaden zufügt und sein Wachsen verhindert, falsch. Auf der ganzen Welt gibt es keine Rechtfertigung dafür, die Menschheit zu schädigen.

Deshalb finde ich auch die Art von Wissenschaftlern und Technologen fürchterlich, die die ganze Energiefrage von einem abstrakten Standpunkt aus betrachten, so daß dabei der Mensch in Vergessenheit gerät. Ein altes indianisches Sprichwort sagt, "Niemand kann auf allen Beerdigungen weinen"; aber die erste Sorge des Menschen muß doch der Mensch sein.

Für mich persönlich ist der Mensch das Wichtigste, für das wir Sorge tragen sollten. Mein Ansatz gegenüber der Wissenschaft ist humanistisch ausgerichtet, was wiederum in gewisser Hinsicht religiös ist.

Der Mensch kann sich nicht von der Natur ablösen. Er ist Teil von ihr. Er muß Teil von ihr sein.

Und das ist der Grund, weshalb ich die Lebensanschauungen der amerikanischen Indianer im Gegensatz zu denen der Westeuropäer hoch schätze. Ein Indianer wird zum Beispiel einem schäumenden Bach lauschen, der sanft an seinem Ohr klingt, und er wird von diesen wundervollen Klängen erzählen. Er wird dem Wind lauschen, wie er in den Bäumen rauscht, und ihn mit herrlichen Worten beschreiben – und das wird seine Philosophie sein.

Der Weiße Mann wird sich zwar diesen schäumenden Bach auch ansehen, das erste, was er dabei jedoch überlegen wird, ist, wie er dieses verdammte Wasser für sich zum Arbeiten bringen kann. Er wird einen Damm bauen wollen und einige Turbinen erstellen.

Der Weiße Mann betrachtet sich nicht als Teil der Natur. Er bildet sich vielmehr etwas auf seine Religion ein. Diese Äußerung von mir beschimpften manche Leute als gotteslästerlich, aber ich bin darauf gekommen, daß manche Jesuiten und viele christliche Theologen dasselbe sagen; nämlich daß das Christentum den Menschen gegenüber der Natur hochmütig gemacht hat, weil er dadurch plötzlich gemeint hat, daß, wenn er tatsächlich nach dem Bilde Gottes geschaffen wurde und alles auf der Erde zu seiner Verfügung bereitgestellt wurde, es auch sein Recht ist, diese Erde auszubeuten.

Kein einziger Indianer würde einen Fluß oder eine andere natürliche Energiequelle auf diese Art und Weise ausbeuten. Es mag sein, daß ihn seine Lebensanschauung davon abhält, die Natur so auszunützen. Im Augenblick beginnen wir uns zu fragen, ob er vielleicht recht und wir unrecht haben.

Das Gefühl für die Schönheit der Natur haben wir verloren. Mit unserer Lebensanschauung meinen wir, daß alles auf der Erde nur zu unserem Vergnügen bereitgestellt wurde. Wir denken uns nichts dabei, wenn wir sie rücksichtslos in unsere Dienste stellen.

Aber was tun wir eigenartigerweise, wenn wir versuchen, diese Schönheit, die wir verloren haben, wiederzufinden, wenn wir in den Ruhestand treten, wenn wir alt genug sind, ein paar Bücher über Philosophie zu lesen? Wir ziehen uns in den Wald zurück, wir kaufen ein Haus auf dem Land, wir ziehen nach Florida, oder Kalifornien oder Oregon, um die Dinge wiederzuerlangen, die wir zuvor in unseren eigenen Gärten zerstört haben.

Es mag uns zwar eigenartig anmuten, aber es handelt sich dabei ebenfalls um einen Kreislauf des Lebens.

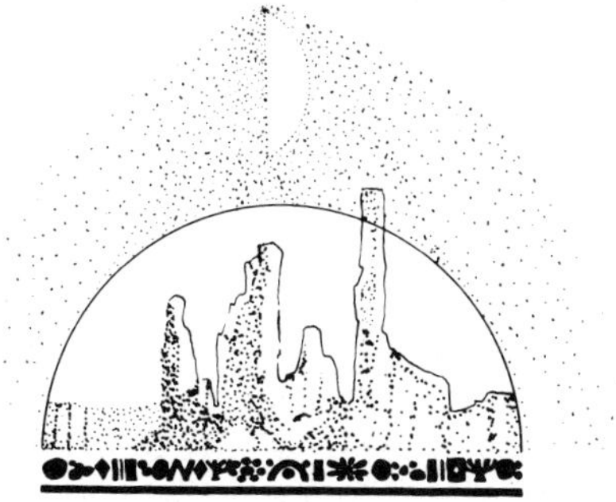

Die Sonne verdunkelt sich allmählich

In seiner Hand wurde aus dem Stück Silber ein Ring. Auf seinem Finger erblühte es zu einer Blume aus Türkisen. Loloma, ein Hopi-Künstler und Schmuckhersteller saß an seiner Werkbank. Er deutete auf einen sonnenbeschienenen Felshang auf der anderen Seite des Canyons. “Siehst du die Sonne?”, sagte er, während er auf den Felsen zeigte. “Was siehst du? Manchmal wenn ich schaue, dann sehe ich die Sonne in den Felsen, und ich sehe sie unterschiedlich an unterschiedlichen Felsen, an unterschiedlichen Tagen. Und ich versuche zu sehen, was die Sonne gerade sagt.”

“Manchmal sagen die Leute, daß die Sonne nicht blind sei. Es sind die Menschen, die blind sind. Die Sonne ist nicht stumm, sie kann zu uns sprechen. Die Menschen sind taub; sie können es nicht hören.”

Wollte er damit sagen, daß die Sonne zu ihm sprach?

“Sie spricht zu jedem, nur zu jedem anders. Manchmal sitzen hier an der Werkbank zwei Leute beieinander, schauen auf die Sonne auf dem Mesa und sehen unterschiedliche Dinge. Die Sonne schickt auf verschiedene Arten Botschaften aus. Warum? Weil sie mehr Energien hat als die Menschen wissen oder verstehen. Die Menschen können nicht alles erkennen, was ihnen die Sonne sagt. Die Menschen können nicht all die Dinge sehen, die die Sonne sieht."

Die Sonne wäre älter und weiser als die Menschen. Sie wäre älter als die Erde. Die Sonne wisse mehr als wir, weil sie mehr Weisheit besäße, mehr Energie, mehr Kraft, mehr Wissen, mehr Leben als wir. Die Sonne erzähle uns von Dingen, für die wir noch zu kindisch seien, um sie zu sehen oder zu wissen oder zu verstehen. Die Sonne trüge große Energien und großes Wissen in sich.

Loloma sagte plötzlich, "Warum hast du mich das gefragt?" Obwohl wir gute alte Freunde waren, sahen wir uns selten, weil wir in zwei verschiedenen Welten lebten. Und von meiner Welt im Flußtal zu seiner Welt auf dem Berg war es ein weiter Weg. Loloma fragte mich, "Warum bist du gekommen?"

Um die Sonne zu sehen. Um die Berge zu sehen. Um diese Dinge zu schreiben, gab ich ihm zur Antwort.

"Die Zeit ist genau richtig dafür," meinte er. "Jeden Tag nehme ich mehr Botschaften von den Bergen und von der Sonne wahr."

Was sah er dabei?

"Die Sonne wird allmählich dunkler", sagte Loloma. "Das Licht wird jeden Tag weniger."

Und er erzählte mir folgende Geschichte: Vor einigen Jahren war er zu einer Zusammenkunft indianischer Wissenschaftler an der Universität von Princeton eingeladen gewesen. Alle erhoben sich, um lange akademische Reden über die Probleme der Indianer und die Zukunft Amerikas zu halten. Er aber hatte das Gefühl, daß sie dabei das eigentliche Problem übersahen.

"Ich stand auf. Und alles, was ich zu sagen hatte, sagte ich mit sieben Worten," erinnerte sich Loloma lächelnd.

Sieben Worte?

" 'Im Osten gibt es keine Sonne!' ('In the East there is no sun!'), sagte ich, und setzte mich wieder. Zuerst war es ganz ruhig, dann applaudierten sie alle," erzählte mir Loloma mit dem Anflug eines Lächelns auf seinem lebhaften Gesicht. Er wußte, daß auch im Westen die Sonne schon begonnen hatte, sich zu verdunkeln.

Wie Dr. Melvin Goodwin, Direktor der staatlichen Gesundheitsplanungsbehörde, geschätzt hatte, war auf dem heiligen Berg der Hopis, in der Nähe von Flagstaff, Arizona, "15 % weniger Sonnenlicht" zu verzeichnen. Die Finsternis rührte von Hunderte von Meilen entfernten Kraftwerken her, die die Erde ausbrannten, um Elektrizität für Städte zu erzeugen, die Tausende von Meilen weit weg waren. Und dadurch wurde die Sonne allmählich immer dunkler.

Der Mensch hatte den Himmel jahrhundertelang verfinstert. Im Zeitraum von 100 Jahren, von 1860 - 1960, war die Erde vom Menschen auf der Suche nach Energie wahllos und blind in Hochöfen und Fabriken ausgebrannt worden, so daß der Kohlendioxydgehalt der Luft um 15% zunahm. Klimatologen, wie zum Beispiel Dr. Reid Bryson von der Universität in Wisconsin, waren der Ansicht, daß der Schmutz und Staub, den der Mensch in den Himmel blies, "mehr und mehr Sonnenlicht" daran hinderte, die Erde zu erreichen. Die Finsternis könnte katastrophale Folgen haben. Falls nämlich 1% weniger Sonnenlicht auf die Erde fällt, könnte, wie Klimatologen vermuten, eine neue Eiszeit über die Menschheit hereinbrechen. Manche meinten, daß sie schon begonnen hätte.

Die Erde wurde nicht nur dunkler, sondern auch kälter. Seit den 40iger Jahren des 20. Jahrhunderts war die Temperatur weltweit um schätzungsweise 2,7 Grad gefallen. Die Eiskappe am Nordpol dehnte sich beständig aus. Der Klimatologe Dr. George J. Kulja vom geologischen Observatorium der Universität Columbia, entdeckte bei seinen Wetteruntersuchungen mit Hilfe von Satelliten, daß in der nördlichen Hemisphäre die Schnee- und Eisregion seit 1970 um 12% zugenommen hatte. Jahr um Jahr schien die Erde kälter zu werden.

Manche glaubten, daß dies alles von Sonnenflecken herrühre. Andere meinten, daß es sich hier um ein sich beständig wiederholendes Klimamuster handle. Wieder andere aber waren davon überzeugt, daß der Mensch selbst die Sonne und den Himmel verfinstere, indem er auf vollkommen unverantwortliche Art und Weise Abfallenergie in den Himmel hinaufblies. In den alten Dörfern der Hopis, wo die knappen Energievorkommen der Wüsten wie das Leben selbst gehegt und gepflegt wurden, betrachtete man diese Gedanken als Frevel. Die Art, mit der der Mensch die Sonne verfinstere, war entweder "Selbstmord" oder "Mord", sagte Loloma – "vielleicht auch beides."

Und trotzdem hielt der englische Physiker Freeman Dyson die ganze Angelegenheit für ein kosmisches Gesetz: denn überall sah er wie "im Universum sämtliche Energiereserven blind verglühen", und es unerbittlich auf den Zustand endgültiger Reglosigkeit zutrieb, der mit viel Phantasie von Olaf Stapleton folgendermaßen beschrieben wurde: "Jetzt war nichts mehr im ganzen Kosmos übriggeblieben außer Dunkelheit und dunkle Wolken aus Staub, die einst Galaxien gewesen waren." Der Unterschied zur Erde bestand jedoch darin, daß die Dunkelheit nicht blind geschah, sondern daß sie von Menschen gemacht war.

Morgen um Morgen hatte Loloma auf seinem Berg an den ständig blasser werdenden Farben der Morgendämmerung bemerkt, wie die Sonne allmählich dunkler wurde. Seine Augen hatten diesen Vorgang so empfindlich wie ein wissenschaftliches Gerät registriert. Die Dorfältesten hatten dies schon vor langer Zeit gesehen. Genau diese Dunkelheit hatten sie vor Hunderten von Jahren in den Weissagungen der Ältesten vorausgesehen.

Sie zog sich nun durch den gesamten Westen. Der Wüstenhimmel der Papagos und Apachen war von Kupfer und Schwefel dunkelrot und gelb verbrannt. Bald würde der Berghimmel der Cheyenne in Montana, der Lakotas in der goldenen Prärie und der Wind-River-Leute schwarzgefärbt von Kohle sein. Im Bereich des Himmels, wo der Weiße Mann in Städten lebte, war die Luft schon grau. Bei den Osage hieß es, daß sich einst "die Sonne auf die Erde legte", so wie es ein Liebhaber tun würde, und daß sie auf diese Weise "Leben aus der Erde" brachte. Wenn sich nun der Himmel Stück um

Stück verdunkelte, würde die Erde ungeliebt und verlassen sein. Alles Leben auf der Erde würde dahinwelken und aussterben. Und der Morgen würde nie wieder von neuem geboren werden. Tahirussawichi meinte bei einem hako * der Pawness, daß deshalb auch die Morgendämmerung eines jeden Tages "etwas sehr Geheimnisvolles" sei, "obwohl sie täglich stattfindet". Sie bedeutete das Erwachen des Menschen aus seinem Hineingleiten ins 'Nichts' des Chaos, das Schlaf heißt. "Sie war das Wunder der 'täglichen' Wiedergeburt". Mit den Worten der Navajos war die ganze Welt ein "Haus, das aus der Morgendämmerung gemacht war" und in dem die Menschen lebten; ohne die Sonne gäbe es niemanden, nichts, keine Welt.

Der Tag wurde durch die aufgehende Sonne erschaffen, und genauso war es mit dem Leben. In der zutiefst heiligen Zeremonie der Apachen, bei der ein Mädchen im Pubertätsritual zur Frau wird, kommen die "Jünglinge der Morgendämmerung" mit der Morgensonne herbei, um die neugeborenen Frauen mit ihrem Licht zu salben, das ihre Energie ist. Und die Apachen besingen die Strahlen der Sonne:

"Sie kommen in gelben Schuhen ans Sonnenlicht. Sie tanzen auf den Strahlen der Sonne herab." Der Schoß der Frau wird wie der Schoß der Erde von der Energie der Sonne und nicht der des Mannes befruchtet. Der Mensch erschafft nicht das Leben; er hilft lediglich dabei, zu gebären, was die Sonne erschaffen hat. Diese Auffassung, nach der die Energie der Ursprung des Lebens ist, ist zugleich bescheidener und mächtiger, einfacher und tiefgründiger als die Auffassung derer, die meinen, daß sie die Energie und damit ihr Leben selbst erschaffen oder hergestellt hätten.

Das Lied der Apachen enthält das Wissen, daß uns das "Licht (der Sonne) Gestalt und Farbe" gibt in einem klar "abgrenzbaren Raum" und einen Platz im Kosmos des "Zeit-

* hako = Pfeifen-Federstab-Zeremonie, bei der der heilige Tabak geraucht wird und Gebete gesprochen werden.

flusses". Die Energie der Sonne ist sowohl außer- als auch innerhalb unseres Seins, so daß, wie Hartley Burr Alexander in 'The World's Rim' schrieb, diese "Wirklichkeit der Naturvölker der Einstein' schen Naturlehre in nichts nachstand."

Wenn ein Kind auf die Welt kam, hoben es die Zuni dem Vater Sonne entgegen, von dem der Lebensgeist ausgegangen war. Die Zuni sangen dazu:

Der Tag ist gekommen
unser neues Kind,
an dem du aufrecht
ins Tageslicht hineinwandern wirst.

"Manche Leute behaupten, wir seien Anhänger des Sonnenkultes. In der Weise, wie sie dies verstehen, trifft es aber nicht zu," sagte der Hopi-Stammesführer Alvin Dashee. "Ich gaube, sie sagen das nur, weil sie der Ansicht sind, daß das Gebet an die Sonne eine Philosophie des Aberglaubens ist. Dem ist jedoch nicht so. Die Hopis glauben an den Schöpfer, der die Sonne erschaffen hat. Und die Sonne ist die mächtigste und die unverkennbarste seiner Schöpfungen. Dessen werden wir gewahr. Dessen sind wir uns sicher. Deshalb respektieren wir es auch und haben Ehrfurcht davor. Wir wissen, daß die Sonne nicht Gott ist. Die Sonne ist die Spenderin des Lichts. Die Sonne spendet Leben. Wenn wir die Sonne anbeten, dann beten wir zum Leben. Und deshalb ist das alles nicht ein Aberglaube der Hopis; vielmehr handelt es sich dabei um eine wissenschaftlich nachweisbare Wahrheit."

Es stimmte, was er da sagte. Jahrhundertelang hatte man die Sonnenverehrung ins Lächerliche gezogen oder als "primitiven" Aberglauben "vorsintflutlicher" Stammesangehöriger romantisiert. Der deutsche Philosoph Oswald Spengler hatte diesen europäischen Hochmut sehr gut gekennzeichnet, als er den "Primitiven" verunglimpfte, der wie "ein Kind" kein "wirkliches Wissen von der Geschichte oder der Natur" habe, weil er nämlich "zu innig" mit den Elementen verwoben und, wie die Sonne, Teil von ihnen war. Wie es schien, schrieb er, war Ägypten ein "reiner Zufall" in der Geschichte.

Jene philosophisch angehauchten Bürokraten des "Bureau of Indian Affairs" (Büro für indianische Angelegenheiten) drückten es im 19. Jahrhundert weitaus moralistischer und drastischer aus. Im Jahre 1882 wurde der mit indianischen Angelegenheiten beauftragte J.H. Fleming ausgesandt, um sich mit dem Stamm der Hopis zu befassen – einer er ersten überhaupt. Über den Sonnentanz der Hopis schrieb er nach Washington: "Die dunklen abergläubischen Vorstellungen und unheiligen, heidnischen Riten, die so anstößig sind wie die indischen und zentralafrikanischen, vergiften sie immer noch mit diesem heimtückischen Gift, das ihnen, wenn nicht die christliche Zivilisation an seine Stelle tritt, die Lebensenergie aus den Adern saugen wird."

Das war vor hundert Jahren; und er sollte nicht recht damit haben. Im selben Jahr verfluchte im Pine Ridge Reservat der Ogallalas der Indianerbeauftragte V.T. McGullycuddy den Sonnentanz der Lakotas: "Das Tanzen wird weniger, und ich vertraue darauf, daß die heidnische Zeremonie, die sie den Sonnentanz nennen, bald der Vergangenheit angehören wird."

Und er hatte genauso unrecht damit.

Irgendwie hatten die Stämme gelernt, der Energie der Sonne ihre Ehre zu bezeugen, und der Art und Weise, wie diese Energie floß. Durch die Beobachtungen und das wissenschaftliche Denken vieler Generationen wußten sie um die Quellen des Lebens, die im Grün eines Blattes, der dunklen Schwere der Erde, einer Kornähre, im leuchtenden Blick des Geliebten, oder dem roten Blut von Geburt und Tod zu finden waren. Wissen und nicht Aberglaube war es, der die Gelehrten des Stammes und die heiligen Männer der Sonne gegenüber so demütig machten. Die Sonne wurde nicht aus Unwissenheit, sondern aus Weisheit verehrt.

Und sie wurde somit auch gefürchtet. Sie war kein Geschenk, das der Himmel den Menschen gemacht hatte, sondern sie war wie das Feuer gleichzeitig eine Kraft von Leben und von Tod. Die Kwakiutl sagten: Die Sonne ist durch das Dunkel des Todes gewandert, um zu Licht zu werden. Und die Witoto: Wir sind aus dem Nichts gemacht.

Wenn die Sonne die Quelle allen Lebens war, dann mußte sie auch die Quelle des Todes sein. Auf der Erde wurde alles Leben aus dem Tod geboren, ein Grashalm ebenso wie ein Kind. Die Pawnees sagten: Die Dämmerung ist "das Kind des Geistes von Licht und Dunkelheit". Denn das Leben und der Tod sind als Liebende vereint. Die Auffassung von einem positiven und einem negativen Energiestrom, die jedoch in einem Lebewesen vereint sind, ist sicherlich genauso tiefgründig wie ein von der modernen Physik entwickeltes Konzept.

Wie viele andere Indianer auch, bemalten die Osage die Körper ihrer Krieger mit "der roten Farbe, die der Geist des Tages ausgeschüttet hatte", so daß sie "frei von Tod" seien. Rot war die Farbe des Lebens, und somit war rot auch die Farbe des Todes. Bei vielen Stämmen wurden die Toten rot bemalt.

Im hako der Osage hieß es:

Denkt daran, denkt daran
das Leben der großen Sonne
haucht der Erde Leben ein.

Diese Energie der Sonne ist so mächtig, daß sie kein Mensch kennen oder sich vorstellen kann. Wissenschaftler haben die Strahlung, die von den Sonnenfeuern ausgeht, auf "konstante" 350 Billionen-Trillionen Kilowatt geschätzt, eine Zahl, die so gigantisch ist, daß sie sinnlos erscheint: 350 000 000 000 000 000 000 000. Jährlich erleuchtet das Licht dieses brennenden Himmelskörpers die Erde mit gleichermaßen unvorstellbaren 1.500 000 000 000 000 000 'Pferdestärken-Stunden' an Energie (1 Pferdestärke = O75 Kilowatt). Wie Luther Standing Bear gesagt hatte, handelt es sich hier um "das große Geheimnis". Im hako der Ossage hieß es auch:

Denkt daran, denkt daran
Winde heiligen Feuers
erschaffen den Tag und die Nacht.

Die Feuer der Sonne brennen so heftig, daß manche Leute glauben, daß die Zahlen der Wissenschaftler zu zurückhaltend und irdisch seien. Felix Pasteur sagte, daß die Sonnenenergie, die jährlich ungenutzt auf die Wüste Sahara niedergeht, tausendmal soviel an Energie ist, wie man bekäme, würde man alle Kohlereserven der Erde auf einmal verbrennen! In 'Solar Energy' schrieb der deutsche Wissenschaftsautor Hans Rau dazu: "Wenn wir nur den eintausendsten Teil des Saharagebietes mit Solarspiegeln bedecken würden, könnten wir dabei theoretisch genug Sonnenenergie erhalten, um uns damit von der Kohle unabhängig zu machen."

Wenn wir nur 65/100 Meilen eines Gebietes in der Wüste Neu-Mexikos mit Sonnenspiegeln bedecken würden, deren minimale Nutzleistung 10% beträgt, würde damit genug Energie produziert "um den gesamten Energiebedarf der Vereinigten Staaten zu decken", schrieb Rau. Der Kohleabbau im Westen könnte damit eingestellt werden. Der Zerstörung der wilden Berge, zur Gewinnung von Ölschiefer könnte somit ebenfalls Einhalt geboten werden. Ebenso dieser Schändung der Landschaft durch Kraftwerke. Ebenso der Verfinsterung des Himmels.

Im hako der Pawnees hieß es:

Jetzt, Mutter Erde,
Jetzt, atme Leben,
Jetzt, erwecke die Nacht,
Jetzt, ist das Licht geboren.

Jahrtausende bevor die Wissenschaftler Europas entdeckten, daß die Sonne und nicht der Mensch der Mittelpunkt unseres Universums war, wußten das schon unsere Urahnen. Es war universelles Wissen. Über Jahrtausende hinweg hatten die Stammesgesellschaften Wissen über die Energie der Sonne, ihre Bedeutung und ihre Verwendung gesammelt und weitergegeben. Diese Wissenschaft von der Sonne wurde in den alten Sonnenkalendern der Mayas und Azteken aufgezeichnet; den Observatorien der Inkas in den Anden, den auf Steintafeln aufgezeichneten astrologischen Beobachtungen der Ägypter und Assyrer; den genau berechneten Steinkreisen im englischen Stonehenge; dem Mondkalender des "Medicine Wheel" in Sheridan, Wyoming; und die geheimnisvollen Berechnungen der Sonnen- und Mondfinsternisse sind uns ebenfalls in den Einkerbungen im Great Kiva im Chaco Canyon Pueblo in Neu-Mexiko erhalten geblieben, der jedoch im 14. Jahrhundert verlassen wurde. Wie Hartley Burr Alexander einemal schrieb, "gehören solche Denkkonzepte zu den alten Ägyptern, Babyloniern und Griechen, zu allen Stammesgesellschaften, zu den Skandinaviern und Mongolen, und ebensogut auch zu den Menschen in Amerika."

Als im alten Ägypten der Pharao Tut-anch-amon (Regierungszeit von 1361-1352 v. Chr.) während der 18. Dynastie "die Verehrung von Re-Aton, der Sonne, wieder eingeführt hatte", entwickelten seine priesterlichen Astronomen ein ausgefeiltes und kompliziertes System an Wissen über die Zeugungskraft der Sonne bei der Erschaffung und der Entwicklung unseres Sonnensystems und unserer Erde. Sie schrieben über die Auswirkungen der Sonnenenergie auf den "Gang der Zeit" und die Jahreszeiten, auf Ebbe und Flut und die seismischen Tätigkeiten der Erde.

Sie kannten die Wirkung der Sonne auf das Grünwerden der Blätter und das Wachstum von Samen, selbst im Mutterleib; "Sonne, du gibst in den Frauen neuem Leben Gestalt und erschufst in den Männern den Samen." Bei den Ägyptern hieß es, daß das Neugeborene die Luft atme, die von der Sonne hervorgebracht wurde. Sie wußten, wie auch die Zuni, daß alles Leben aus dem Licht entstand:

Am Tage der Geburt,
wenn das Kind
aus dem Mutterleib herauskommt
öffnest du, Sonne, ihm den Mund
und schenkst ihm Leben.

Die Sonne war orgasmisch. Ihre Berührung hatte genausoviel Heilkraft wie ein Liebesakt. In einem Lied an Osiris baten die Ägypter darum, "in den Flammenstrahlen, die es aus dem Bug des Sonnen-Schiffes herausspie", gebadet zu werden:

Oh, dürfte ich die Strahlen auffangen,
wie ein schreiender Mensch
die Sonne empfängt.

Im Lande der Kleopatra besangen die Liebespaare Isis, die Göttin des goldenen Lichts, die gleichzeitig auch Göttin der Liebe war. Ein ägyptischer Dichter sandte folgendes Gebet an die Sonne: "Bei ihrem Anblick werde ich geheilt werden. Laßt sie mir die Augen öffnen." Das Licht der Sonne "ist ein besseres Heilmittel als alle anderen."

Die Heilkundigen der Navajos beschwören bis zum heutigen Tage die heilende Energie der Sonne herauf. Und in der 'Wind Chant'-Zeremonie ist vorgeschrieben, daß man "dem Kranken die Sonne auf die Brust malt". Auf diese Weise "reinigt" und stärkt die heilende Kraft der Sonne die Lebensgeister der Sonnentänzer der Lakotas, der Arapahos und der Cheyenne.

In der "Hymne an die Sonne" im Graben des Pharaonen Ay, dem Nachfolger von Tut-anch-amon, wurde versucht, den Ursprung der Sonnenkraft, so wie ihn sich die ägyptischen Astronomen vorstellten, darzulegen. Bei einem wissenschaftlichen Vergleich mit der Genesis des Alten Testaments enthüllt sich die von den Sonnenanbetern erzählte Geschichte als die Schöpfungsgeschichte. Die priesterlichen Astronomen schrieben:

Oh du leibhaftige Sonne, du warst das erste, was lebte. . .
Deine Strahlen umarmen alles Land bis an die äußersten Grenzen
von allem, was du erschaffen hast. . .
Sonne, du erschufst die gesamte Erde allein aus deiner eigenen Energie. . .

Bei den Grabinschriften des Pharaonen Ay finden sich keine Schriftzeichen für Ionen positiver oder negativer Ladung oder Energieeinheiten und ultraviolette Strahlen. Es kann aber durchaus sein, daß Symbole dafür existierten. Die Ägypter wußten, daß die Energie der Sonne in "Millionen unterschiedlicher Gestalten", die sich dem Wissen und dem menschlichen Fassungsvermögen entziehen, zu uns kommt.

Sonne, wenn du in der Gestalt der leibhaftigen Sonne aufgehst. . . dann bildest du aus deiner eigenen Gestalt Millionen andere. Ein ägyptischer Astronom schrieb, daß die Sonne zu Beginn gar kein männlicher Gott war, sondern in den Schöpfungskreis der Göttin des Lichts, Isis, eingewoben war. "Die Sonne" hatte sich "aus sich selbst heraus erschaffen". Isis wurde nämlich nicht nur als die Gattin Re-Atons dargestellt, sondern auch als Tochter und Schwester der Sonne. Die verschiedenen sexuellen Beziehungen dabei waren so komplex wie die Energie selbst; sie wirkten auf die Anhänger einfacherer Glaubensformen sehr verwirrend, da sie nie daran zweifelten, daß ihr höchster Gott männlichen Geschlechts sei. Aber denjenigen, die an die Energie der Sonne glaubten, erschien es klar, daß diese Quelle allen Lebens auch alles Leben in sich vereinigte.

Deshalb nahm man auch an, daß in der Sonne sowohl das männliche als auch das weibliche Prinzip verkörpert war. Sie war sowohl der Vater als auch die Mutter der Erde. Bei den Azteken war sie der "Gott der Zweiheit", der die gesamte Schöpfung, die verschiedenen Geschlechter und sämtliche kosmischen Energien in sich vereinigte. Der "alte Gott" der Azteken war sowohl 'in Tonan, in Tota' – "unsere Mutter, unser Vater" – als auch 'in Teteu inan', 'in Teteu ita' – "Mutter und Vater der Götter" das heißt in einer einzigen Schöpfung vereinigt. In allen ihren Gebeten drückten die Azteken dies aus, so auch in einem Klagelied um eine Frau, die bei der Geburt ihres Kindes gestorben war:

Erhebe dich, kleide dich an, stelle dich auf die Füße,
nehme teil an den Freuden dieses Ortes der Schönheit,
der Heimat deiner Mutter, deines Vaters, der Sonne.

Der spanische Inquisitor Juan de Torquemada, den man nach Mexiko gesandt hatte, um den Indianern diese Gotteslästerungen auszutreiben, war von so etwas verständlicherweise verwirrt. "Man könnte behaupten, daß sich bei den Indianern zwei Götter, die Mann und Frau sind, die göttliche Natur teilen," schrieb er. Miguel Leon-Portilla verwies in seinem 'Aztec Thought and Culture' (Kultur und Denkweise der Azteken) auf dieses Konzept als "den Höhepunkt abstrakten Denkens". Nicht nur, daß die Sonne die "Erfinderin des Menschen" war, sondern sie hatte sich selbst erfunden. Ometeotl, der der Schöpfer des Lebens war, "der zweiheitliche Gott, der in Omeyocan (dem Universum), dem übersinnlichen Ort der Dualität herrschte, hatte sich aus sich selbst heraus geschaffen." Wenn dem so war, war dann nicht die Sonne "ein Wesen, in dem sich das Männliche und das Weibliche vereinigten", und das aus seiner eigenen inneren Energie heraus geboren ward?

"Das Licht wurde aus dem Licht geboren" heißt es bei den Stämmen Israels im Talmud. Die weisen Männer der Maori-Stämme in Neuseeland drückten es folgendermaßen aus: "Aus dem Nichts entsteht Erschaffung", so wie "aus der Erinnerung das Begehren kam", und als "die Sonne zum Vorschein kam", begann das Leben, und aus dem "Nichts" wurde das "Licht". Bei den Maori heißt es, daß in der Sonne das "oberste Auge des Himmels" sei. Im indischen Rig-Veda (1500 - 1200 v. Chr.) wird die Sonne wesentlich sinnenfreudiger als "Geist, der wie Wein ist" beschrieben, und ihre "Bewegungen sind das Gesetz" der Erde: "Somit schwillt das Meer mit dem Lied der Sonne an. Somit ist die Sonne die Erde. Somit ist die Sonne die reine Luft." Zu Anfang war nichts außer dem, was "ohne Atem atmete", aus seiner eigenen Kraft heraus. Und aus dem "Begehren" wurde das Feuer der Sonne, das Karma des Lebens, geboren.

Im 'Bardo Thodol', dem 'Tibetanischen Totenbuch', heißt es, daß ein hell leuchtendes, vollendet "Klares Licht" zum "Heiligen Guru", zur "lehrenden Gottheit", wurde, die ein "Vater-Mutter-Guru" war. Im Tode öffnete sich der Schoß zur Wiedergeburt dann, wenn "Bilder von Männern und Frauen in Vereinigung" im "Klaren Licht" erschienen, dieser intensiven Form von Lebensenergie, die "jenseits des Lichtes der Sonne" war.

Der Stamm der Passamaquoddy in den Wäldern des Staates Maine drückte es einfacher aus, obwohl der zugrundeliegende Gedanke tiefen Sinn enthielt: Das Licht schenkt uns "unsere Stimme":

Deshalb stimmen wir in den Gesang des Lichts mit ein.
Deshalb sind wir Vögel aus Feuer!

Und im I Ging, dem alten chinesischen Buch der Weissagungen steht geschrieben: "Das, was hell ist, erhebt sich zwei Mal: das Sinnbild dafür ist das 'Feuer'! Indem der großartige Mensch diese Helligkeit immer weitertrug, erleuchtete er die '4 Erdviertel' mit der Energie des Lichtes."

Das Licht wurde nicht vom Menschen erschaffen. Vielmehr erschuf das Licht den Menschen. Er erschuf auch nicht die Energie. Er wurde von ihr erschaffen.

Am Anfang war dies allen Menschen bekannt. Jeder Volksstamm wußte es und hatte es auf seine Weise ausgedrückt. Der Untergang der Stammesgemeinschaften führte unweigerlich dazu, daß das Wissen über die Energie der Sonne als Quelle des Lebens verloren ging. Dies war ebenfalls auf der ganzen Welt gleich.

All dieses Wissen sollte in Vergessenheit geraten. Mit dem Aufkommen griechischer Wissenschaftsphilosophien und jüdisch-christlicher Religionen traten die Sonnenanbeter mehr und mehr ins Dunkel zurück. Beim Übergang zu den Stadtstaaten begannen die Semiten und Griechen, sowie viele andere Stämme, ihren Glauben an die schöpferische Kraft der Sonne zugunsten eines neuen Glaubens an einen menschenähnlichen Schöpfer aufzugeben. Er war nach Menschengestalt erschaffen worden, und er erschuf den Menschen nach seinem Bilde. Auf alle Fälle war es aber der Mensch, der die Stadt erschuf, obwohl er natürlich niemals die Sonne erschuf. Deshalb wurde der Mensch in den Städten gottähnlich. In himmlischen Sphären regierten dagegen Zeus und Jehova als allmächtige und selbstherrliche Herrscher. Dem allgemeingültigen, demokratischen Herrschaftsbereich der Sonne wurde ein Ende gesetzt. "Und Gott sprach, es werde Licht, und es ward Licht." Und die Sonne wurde die Dienerin des Menschengottes.

In der Naturlehre der Griechen wird die Sonne kaum erwähnt, höchstens als Mythos. Das Universum eines Aristoteles bestand aus den "Vier Elementen" – Feuer, Erde, Wasser, Luft – und nicht aus den "Millionen verschiedener Gestalten" der Sonnenenergie, die unsere Vorfahren aus lange vergangenen Zeiten kannten. Der Mensch kannte diese in ihrer Vielfalt geschmolzene Welt durch seine "vier Sinne", und durch die in der "Physis" dargestellten Ursachen, die er beobachten konnte.

(Ganz melancholisch klagte der Hl. Paulus, "In der Natur gibt es keine Götter".) Wenn der Mensch der Mittelpunkt des Wissens geworden war, dann wurde die Erde "der Mittelpunkt des Universums", sagte Aristoteles. Die Sonne drehte sich um den Menschen. Und was war mit dem Universum, das jenseits davon lag? Wenn die vier Sinne des Menschen nicht ausreichten, um das Unbekannte zu beobachten und zu kennen (Aristoteles sagte, "Wir können das Jenseits nicht benennen"), dann würde das Universum so lange im Dunkel liegen, bis es vom menschlichen Wissen "erhellt" würde.*

Das von Aristoteles prophezeite "dunkle Zeitalter" traf mit der Feudalherrschaft in Europa ein, und zwar mit derselben Gewißheit wie auf den Tag die Nacht folgt. Es sollte bis zum Anbruch der Renaissance dauern, bis Europa mit den zukunftsweisenden Gelehrten Galilei, Kopernikus und Kepler die Sonne wiederentdeckte. Aber selbst dann sollte es noch Jahrhunderte dauern, bis man fähig war, die Lehren von weisen Stammesmitgliedern nicht mehr nur auf mechanistische Art und Weise zu begreifen – wenn überhaupt.

"Im Herzen allen Existierenden sitzt die Sonne", schrieb Kopernikus in seinem 'De revolutionibus orbium coelestium'. "Ganz zu Recht nennen manche die Sonne die Laterne des Universums, andere nennen sie die Seele, und wieder andere die Herrscherin . . . Und die Sonne herrscht wahrhaftig über die Sterne, die um sie kreisen . . . Darüber hinaus wird die Erde

* Wenn die Menschen in den Städten glauben, daß "die Sonne still steht", dann liegt das an den Hochhäusern, schrieb der Wirtschaftswissenschaftler Stuart Chase vor einigen Jahren. Ihretwegen sehen sie die Sonne "nie auf- und untergehen."

von der Sonne befruchtet und angereichert durch den jährlichen Ertrag an Licht." Dies alles hielt er nur für ganz "natürlich".

Kopernikus hätte Ägypter oder Hopi sein können. Es scheint, daß er mehr als nur einfache wissenschaftliche Sachverhalte wieder in Erfahrung gebracht hatte, die einst schon den Astronomen der Volksstämme klar gewesen waren. Nach seiner Auffassung vom Universum war die Großartigkeit der Sonne der Beweis dafür, wie niedrig und klein der Mensch war.

"Es war wohl kein Zufall", schrieb Lewis Mumford in seinem Aufsatz 'Return of the Sun God', "daß in der Geschichte die 'Entdeckung' Amerikas und die 'Wiederentdeckung' der Sonne zeitlich übereinschneiden." Im Zeitalter der Entdecker wurde die Sonne bei der Unterwerfung einzelner Volksstämme zum Leitstern Europas: "Dabei wurde sie nicht mehr nur in der Gefolgschaft des Menschen oder als dessen dienstbarer Geist angesehen, sondern als Herr und Meister menschlicher Existenz schlechthin." Wie es immer bei Gesellschaften der Neuzeit der Fall war, wurde die Sonne zum Symbol kaiserlicher Herrschaft. "Wenn sich die Geschichte auf dem Vormarsch befindet, steht der Rang der Sonne dank Königen, Helden und Kaiserreichen am höchsten", hatte Mircea Eliade einmal gesagt.

Dieser "Herrschaftseinfluß des Gottes Sonne" bewirkte nicht nur eine neue "Priesterschaft der Wissenschaft", sondern auch eine "neue Ideologie" der Herrschaft. König Ludwig XIV von Frankreich nannte sich 'Le Roi Soleil', der Sonnenkönig, und am Hofe von Elisabeth I. war die Vorstellung von einer "Majestät von Himmelsgnaden" die beliebteste unter allen elisabethanischen Gemeinplätzen". In diesem Jahrhundert war "die aufgehende Sonne" Japans nicht das einzige Kaisertum, das die Sonne für sich beanspruchte und verkündete, wie dies England schon getan hatte, daß die Sonne hier auf ihrem irdischen Herrschaftsbereich niemals untergehen würde.

Der Mensch hatte die Sonne den himmlischen Gefilden

zurückgegeben, war aber mit ihr zusammen hochgestiegen. Er trachtete danach, die Sonne nach seinem Bilde neu zu erschaffen, wie er es zuvor schon mit Gott getan hatte. Wenn er die Kraft der Sonne in der Hand hatte, würde er dann nicht so mächtig wie die Sonne selbst werden? Die von Lewis Mumford bezeichnete "neue Religion der Sonne" diente dem Menschen bei der Bewältigung seiner Umwelt als Werkzeug. Und die Energie des Menschen, nicht die der Sonne, wurde zum Gott erhoben. Jene Energie hieß Elektrizität - ein Wort, das, aus dem griechischen 'elektron' abgeleitet, soviel wie das "Leuchten der Sonne" bedeutet. Mit den Worten Matthew Boultons ausgedrückt, in dessen Londoner Fabrik die Dampfmaschine von James Watt hergestellt wurde, heißt das, daß die Menschheit, die zuvor "vernarrt in Dampfmühlen" war, jetzt "ganz verrückt auf Elektrizität" wurde. "Sir, ich verkaufe hier, wonach die ganze Welt verlangt - Energie/ Macht(?)" (im englischen Text 'Power'), sagte Boulton.

'The Male Attitude' (Das männliche Verhalten) wurde, wie von Charles Ferguson in seiner historischen Abhandlung über die Männlichkeit vermerkt, mehr und mehr zu einer Haltung der Arroganz und Egozentrik. Er schrieb: "Es scheint mir, als würde in unseren Tagen und in unserer Denkweise die Gottheit zu einer Art Edison im Himmel gemacht."

Denn der Mensch hatte etwas zustande gebracht, was die Sonne nicht konnte. Er hielt sich für den Schöpfer des ewigen Tageslichts, und er war überzeugt, alleinig die Dunkelheit der Nacht vertrieben zu haben. Wenn der Mensch also fähig war, die Energie der Sonne in Form einer Maschine oder einer mathematischen Gleichung selbst zu erschaffen und sie zu beherrschen, war er dann nicht genauso großartig wie die Sonne? Bald würde er Raum und Zeit des Weltalls erobern, genauso wie er das Licht erobert hatte – so glaubte er. Die Sonnenenergie war "zur Sklavin des Menschen unserer Zeit" geworden, schrieben die Wissenschaftsautoren Lawrence Rocks und Richard Runyon in the 'Energy Crisis'. Sie war "unsere stumme Dienerin, die sich nie beklagte."

Die Sonne war entthront und vom Gott zur Sklavin gemacht worden, und der Mensch hatte sich zum Sklavenhalter des Universums gemacht.

Und dann hieß es, daß der Weiße Mann vor der Energie der Sonne Achtung haben und sie erhalten müsse. Er verbrannte nämlich restlos alle Energie, die die Sonne in der Erde gespeichert hatte, und bald würde nichts mehr davon da sein. Deshalb hatte er gelernt, in dieser Richtung Angst zu entwickeln; Angst vor seiner "Energiekrise".

Nun gingen Wissenschaftler daran zu behaupten, daß ihre Kraftwerke, in denen die Energien der Sonne und Erde verbrannt wurden, um die Elektrizität zu gewinnen, mehr Energie verschwendeten als sie produzierten. Sie schufen zwar Licht, aber ebensoviel Dunkelheit. "Bei der Umwandlung in Elektrizität gehen zwei Drittel des Energiegehalts unserer Brennstoffe verloren", behauptete S. David Freeman, früherer stellvertretender Direktor des "President's Office of Science and Technology for Energy". "Der größte Energieverschwender sind die Einrichtungen der Energieunternehmen, mit denen Energie erzeugt werden soll", sagt Frank Di Lucio, Energieberater des Gouverneurs von Neu-Mexiko und früherer Abgeordneter der Atomenergiekommission. "Wie können wir denn Energie konservieren, wenn wir mehr Energie verschwenden als wir herstellen?" lauteten die beunruhigenden Gedanken.

(Vor langer Zeit war es die Energieindustrie selbst, die ihren eigenen verschwenderischen Umgang mit der Energie verurteilte. In einer Publikation für die Industrie 'Gas Age Record', schrieb vor mehr als vierzig Jahren der Herausgeber F. W. Parson, empört: "Die Geschichte der Entwicklung von Leben und Industrie in Amerika ist wohl die erstaunlichste Beschreibung der Verschwendung von Reichtum durch das gedankenloseste und leichtsinnigste Volk, das je auf der Welt war"; es hatte "unserem jungfräulichen Land so viel von seiner Fruchtbarkeit geraubt, daß in vielen Gebieten der Beruf des Farmers ebenso der Vergangenheit angehört wie das Spinnrad." Dies wurde noch in einer Zeit geschrieben, bevor die Angehörigen der Industrie begannen, ihrer eigenen Öffentlichkeitsarbeit Glauben zu schenken.)

Wieder einmal erhoben die Menschen ihre Augen zur Sonne – diesmal um von ihr errettet zu werden. Beim 39. Kongreß gab es eine Flut von nicht weniger als 40 Gesetzesentwürfen zur Solarenergie. "Die Energie der Sonne währt bis in alle Ewigkeit. Und sie ist kostenlos!" hieß es in der Werbung einer Energiegesellschaft.

"DIE ENERGIEKNAPPHEIT DER ERDE IST ES, DIE DIE FORSCHUNG AUF DEM GEBIET DER BESCHAFFUNG UND NUTZBARMACHUNG VON SONNENSTRAHLEN VORANTREIBT" verkündete die Schlagzeile eines Wall Street Journals; der Untertitel lautete: "Der alte Traum von der Nutzbarmachung der Sonnenenergie 'erhält neue Aufmerksamkeit."

Solarheizungen, Solaruhren, Solarhonig, Solarbrot, Solarbadeöl, Solarparfum, Solarlippenstift, Solardeodorants tauchten auf den Regalen der Supermärkte auf. Auf der Madison Avenue in New York bot ein besonders schickes Herrengeschäft eine exclusive "Solaruhr" für 500 Dollar an, die speziell so angefertigt war, daß man sie "unter einer Höhensonne wieder aufladen konnte."

Und die Pawnees sangen:

Oh, Geist der Sonne, blicke auf uns hernieder,
und alles wird durch das Licht zum Leben erweckt ...

Für manche sah es so aus, daß die Sonnenenergie "mit einem Gefühl von Religiosität, wie bei den Inkas, wenn sie den Sonnengott anbeteten" betrachtet würde, meinte Dr. Robert Hirsch von der 'Federal Energy Research and Development Administration' (ERDA). Nicht jedoch in Washington D.C. Von den 100 der von ERDA für Demonstrationszwecke von Solarobjekten für notwendig erklärten 300 Millionen Dollar bewilligte der Kongreß in seinem 'Solar Heating and Cooling Demonstration Act' aus dem Jahre 1975 nur 5 Millionen. Und das Institut zur Erforschung von Sonnenenergie, das ein Budget von 48 Millionen Dollar und 630 Mitarbeiter gefordert hatte, wurde vom Weißen Haus auf einen Bruchteil davon, nämlich ein Zehntel reduziert, das bedeutet weniger als 5/1000 eines Prozents des gesamten Staatshaushaltes. In der Hoffnung, aus der Vermarktung des Sonnenlichts Kapital schlagen zu können, gründeten die Energiegesellschaften ein Institut zur Erforschung elektrischer Energie. Der Direktor, Pete Bos, äußerte sich jedoch skeptisch über den Absatz von Sonnenenergie. Er sagte: "Unser Programm lautet: Was kann uns die Solarenergie nützen?"

Der Ausverkauf von Sonnenenergie war jedoch noch schlimmer als frevelhaft, er war horrend. Nichtsdestoweniger spiegelte er die Überzeugung wieder, daß die Sonne für den Menschen da sei, damit er sie für seine Zwecke benutzen könne und weniger, daß der Mensch für die Sonne existiere.

Kaum hatten die Menschen die Sonnenenergie wiederentdeckt, da begannen sie zu streiten, wer die Kontrolle über sie ausüben dürfe. Wem "gehörte" das Sonnenlicht? Sofort wurde diese Frage zu einem Rechtsstreit erklärt, der von der höchsten Wissenschaftsbehörde entschieden werden sollte. Die "Besitzrechte für den Himmel", hieß es in einer von Daniel Dawes an der juristischen Fakultät UCLA vorbereiteten Wissenschaftsstudie, basieren auf einer "doctrine of ancient light", die, im Jahre 1189, unter der Herrschaft Richard I. entstanden festmacht, daß "ein unveräußerliches Recht auf Licht, Luft und freien Ausblick" bestand.

Und stand nicht im römischen Recht geschrieben: "Cuius est solum, ejus est usque soleum et ad inferos": "Der, dem der Boden gehört, hat auch das Recht auf den Himmel darüber und das Erdreich darunter."

Das mag wohl in den Bädern des antiken Roms gut und schön gewesen sein, sagte William Thomas von der American Bar Association, die Frage war jedoch, ob es in einer Welt der Eigentumswohnungen und Wolkenkratzer ebenfalls rechtlich haltbar war. "Das Gesetz in den Vereinigten Staaten räumt dem Besitzer eines Stück Landes das Recht ein, Licht aus dem Bereich des Himmels zu benutzen, der direkt über seinem Besitz liegt, nicht jedoch, sich Licht zu holen, das über dem Land seiner Nachbarn liegt." Um Sonnenenergie "schrägwinklig" genießen zu dürfen, bedürfte es wahrscheinlich erst neuer Flächenaufteilungsbestimmungen und Gerichtsurteile.

Es mag wohl sein, daß der Mensch das Recht auf die Sonne "besitzt", er besitzt jedoch nicht das eigentliche Licht. Aber jedenfalls war es eindeutig eine Angelegeneheit, die der oberste Gerichtshof regeln mußte.

Angstvoll hatten der Weiße Mann und seine Wissenschaft damit begonnen, die Bedeutung der Sonne erneut zu untersuchen, erneut zu definieren und zu überprüfen. Jedoch konnte er nicht umhin, sie weiterhin sehr einseitig wahrzunehmen und zu begreifen – nämlich nur im Hinblick darauf, wie er seinen Nutzen aus ihr ziehen könnte. Der Begriff Energie ließe sich "weniger dadurch erklären, was sie sei, sondern durch das, was sie bewirke," erklärte ein Wissenschaftsbericht des amerikanischen 'Petroleum Institute'. "Und sie kann etwas bewirken"; das heißt, "wirken" im Dienste des Menschen. Unsere Gesellschaft definiert Energie "präzise in Maßeinheiten, die die Menge an 'nutzbringendem' Energiefluß angeben, schrieb Dr. Howard Odum, ein führender Energiewissenschaftler in 'Environment, Power and Society'; der Begriff nutzbringend ist hier in der Bedeutung von 'Nutzen für den Menschen' gemeint." Im 'Webster' ist der Begriff Energie definiert als die Fähigkeit, Arbeit zu leisten", schrieben H. Landsberg und S. Schurr in 'Energy in the United States', einer Abhandlung über Energiequellen der Zukunft, die unter der Schirmherrschaft von Laurence Rockefeller, Robert O. Anderson von Atlantic Richfield und anderen ähnlichen Energieproduzenten stand. Die obengenannte Definition bedeutet, daß die Energie "Arbeit leistet", und zwar für den Menschen.

Der Gedanke, daß die Energie vom Menschen und für den Menschen erschaffen wurde, ist engstirnig und unwissenschaftlich. Er war so unsinnig wie der Verbalkrieg zwischen jenen, die behaupteten, daß die Energie am wichtigsten sei, und anderen, die behaupteten, daß es die Umwelt sei. Es handelte sich dabei um eine Vorstellung, die so in der Natur nicht existiert. Energie ist Umwelt und Umwelt ist Energie. Keines von beiden existiert ohne das andere; und der Mensch ist Teil dieser Energie der Umwelt; was immer der Mensch dem einen zufügte, fügte er auch dem anderen zu: ähnlich der Tatsache, daß man nicht Blut aus dem Körper abzapfen kann, ohne es auch gleichzeitig aus dem Kopf abzuzapfen.

So betrachtet ist die Energie der Erde die Erde selbst. Sie kann nicht getrennt von der Erde betrachtet werden. Genausowenig wie es im eigentlichen Sinne zu einem Widerstreit zwischen dem Gebrauch von Solarenergie und dem Gebrauch von Kohle und Öl kommen könnte; denn Kohle und Öl waren ursprünglich ja Solarenergie.

Der Mensch benutzte die Energie von Erde und Sonne, und verschwendete bei diesem Vorgang das meiste davon. Dies sollte ihn jedoch nicht daran hindern, weiterhin eigensinnig auf der Meinung zu beharren, daß er es sei, der sie "herstellte"; daß er sie "entwickelte", daß er sie "besaß". Denn es lag nur an ihm, sie so zu benutzen, wie er es eben in seiner "Energiepolitik" entschied.

Und so begannen die Menschen um die Energie zu kämpfen wie in früheren Zeiten um das Gold.

Einer der staatlichen Energieadministratoren verkündete in einer Sprache, wie sie schon von seinen Vorgängern bekannt war und auch von seinen Nachfolgern übernommen werden sollte, daß diese, seine Nation "seine eigene Energie ganz selbständig entwickeln" könne. Was er damit sagen wollte war: "Wir wollen uns daran machen, die einheimische Kohle abzubauen." Das hieße, daß eine "Lösung der Energiefrage" dadurch erfolgen sollte, daß man Energie als Gebrauchsgegenstand aufwertete, damit man in "Fragen der Energie unabhängig" sei.

Überall, vom Weißen Haus bis zum kleinsten Parlamentsgebäude, herrschte die feste Überzeugung, daß es vollkommen in der Hand des Menschen liege, mit den Energien der Natur zu machen, was man wolle. Die "Nutzen und Gewinne der Energieproduktion" gehören uns allen, meinte der Gouverneur Jerry Apodaca, in seiner Funktion als Vorsitzender der regionalen Energiebehörde der Gouverneure der Weststaaten Amerikas, er forderte "eine Neuregelung der nationalen Energiepolitik", die Gewinnanteile an der "Energieproduktion" zusicherten, die die Energiegesellschaften aus den östlichen Bundesstaaten Amerikas in den Weststaaten erzielten.

Diese Leute, die als Verkünder der offiziellen Meinung

über die Energiequellen in Erscheinung traten, schienen nicht das geringste darüber zu wissen, wie und weshalb die Energie überhaupt erschaffen wurde. Dabei ging es ja gar nicht darum, soviel Weisheit und Tiefsinnigkeit wie die Ägypter oder die Hopis zu entwickeln, sondern nur um die einfachste Art des Begreifens. Kein Wunder, daß die Energiegesellschaften und Politiker häufig so kindisch und unwissend klangen, wenn sie geschwollene Reden über die Notwendigkeit, mehr Energie zu "produzieren", vom Stapel ließen.

Würde man ihren immer wieder aufs neue geschriebenen Mythen Glauben schenken, dann käme man zu dem Schluß, daß diese Energiezaren aus der Welt der Technologie nie und nimmer das Problem der 'Energiekrise' lösen könnten; sie verschärften es nur. Ihre politischen Schachzüge waren nur erneute Versuche, der Erde noch mehr Energie, die aus der Sonne stammt, zu entreißen, und noch mehr von der Erde zu verwüsten. Keine der Regierungen der Energie-"produzierenden" oder Energie-"konsumierenden" Länder schien zu begreifen, was Energie eigentlich war, woher sie kam, und warum sie der Erde die Energie zurückgeben mußten, die sie von ihr genommen hatten – nicht um damit das Überleben der Erde zu sichern, sondern ihr eigenes.

Vor fünfzig Jahren schrieb H.H. Bancroft, ein großartiger westlicher Historiker in einer weit vorausblickenden Beurteilung der Situation: "Wenn wir könnten, würden wir am liebsten von der Erde abhauen, um die Sonne, den Mond und die Sterne in Besitz zu nehmen ... (da) unsere Gier grenzenlos ist."

Auf ihren Bergen, die der Sonne gehörten, sitzend, lachten die Ältesten der Hopis darüber, obwohl es sie eigentlich betrübte. Es schien ihnen, daß der Weiße Mann immer noch nicht begriffen hatte, was die Sonne bedeutete. Er glaubte noch immer, daß er es war, der in seinen Kraftwerken die Energie, die in Öl, Gas, Kohle und den Atomen der Erde steckte, "erschuf". Er glaubte, daß er, wenn er nur imstande war, stärkere Maschinen herzustellen, auch mehr Energie herstellen könne. Er glaubte, daß er, wenn er mehr Energie herstellen könne, mehr Macht erwerben könne. Das war seine Art zu leben und zu denken.

"Tief in seinem Herzen weiß der Weiße Mann wohl, daß die Dinge anders liegen, aber er hält trotzdem an seinen Meinungen fest," sagte einer der Hopi-Ältesten zu mir. "Weil der Weiße Mann nämlich glaubt, das Zentrum des Universums zu sein. Deshalb glaubt er auch das, von dem er weiß, daß es eigentlich anders ist."

"Galilei muß ein Hopi gewesen sein," sagte er. Diese Männer der weißen Wissenschaft schienen ihre eigene Wissenschaft nicht zu verstehen.

Wenn sich der Mensch von der Sonne Energie lieh, dann mußte er sie auch wieder zurückgeben. Um dabei den natürlichen Kreislauf des Lebens nicht zu unterbrechen, mußte er von seiner eigenen Energie ein Geschenk anbieten, das als Entschädigung galt für das Geschenk, das ihn zuvor stützte und am Leben erhielt. Die Energie des Menschen war dabei nur eine Form der Energie, die aus Sonne, Himmel und Erde kommt. War dies nicht der Grund, weshalb die Zunis ihre Neugeborenen der Sonne im Gebet darbrachten? War dies nicht die Bedeutung der Menschenopfer bei den Sonnentänzern der Lakotas, war dies nicht der Grund, weshalb die Läufer von Taos Pueblo bei den Sonnenrennen am San Geronimo Tag die Energie ihres Laufes, ihren Schweiß und ihren Atem der Sonne opferten; "Damit die Sonne wieder aufgehen kann."

Aber der Weiße Mann gab nie etwas zurück. Er wußte nicht, wie man das machte. Und darin lag seine wirkliche Energiekrise. Einige der Weißen Männer glaubten selbst heutzutage noch, daß es sich bei der Energiekrise nur um diese fragwürdige "Benzinknappheit" handle. Sobald diese vorbei gewesen war, hatte damals das Magazin von 'Time' pathetisch verkündet, daß "die Energiekrise überstanden sei."

"Warum kann der Weiße Mann nicht etwas lernen, das er nicht kennt?", fragte ein Hopi-Ältester. "Er mag vielleicht über etwas wie Kilowatt Bescheid wissen, aber er weiß nicht, woher das Leben der Sonne kommt. Nein, darüber weiß er nicht Bescheid."

"Manchmal heißt es", sagte der Hopi-Traditionalist Banyacya, "der Weiße Mann sei wie ein Kind. Verhält er sich nicht wie ein Kind, wenn er meint, die ganze Welt sei nur für ihn da, wenn er nichts von dem weiß, was er nicht wissen kann, wenn er nichts von dem sieht, was er nicht sehen kann? In dieser Hinsicht ist der Weiße Mann wirklich wie ein Kind – er will einfach nicht lernen, daß nicht die Sonne für ihn, sondern er für die Sonne existiert. Deshalb folgen wir dem Kreislauf der Spiritualität," sagte Banyacya. "Er wird niemals enden."

Es war nicht der Mensch, der das Licht erfand, das Licht erfand den Menschen. Es war nicht der Mensch, der Energie erschuf, die Energie erschuf den Menschen.

Die Sonne war die Dunkelheit. Und das Licht. Die Sonne war das Leben. Und der Tod. Die Sonne war der Anfang der Erde. Und sie würde ihr Ende sein. Dies war, was die Ältesten der Hopis sagten.

Wir erschaffen die Erde

Manifest von Albert Caskey, Steiger in der Big Sky Mine in Colstrip, Montana:

Es hat noch nicht viele Leute gegeben, die in der Grube einer Kohlentageabbaumine herumgelaufen sind, und ich selbst war dort auch zum ersten Mal.

In dem riesigen Kohlencanyon waren die Erdwände tot. Es war vom Menschen gemacht und deshalb ohne Leben und ohne Farbe. Im Gegensatz zu den natürlichen Canyons, in denen die Erde und die Felsen bisweilen so farbig gestreift sind wie ein Regenbogen, ist hier alles grau und schwarz. In einem Bergwerk bekommt man oft Angst und manchmal auch das Gefühl, von etwas Geheimnisvollem umgeben zu sein. Aber in einer Tageabbaumine fühlt man sich wie in einem offenen Grab.

"Wirklich schön!", sagte er voller Stolz, während seine Augen über die Grube streiften. "Ist das nicht ein wunderschöner Einschnitt?" "Hm", war alles, was ich darauf antworten konnte. Ich war ziemlich verunsichert. In seinem weißen Helm sah er aus wie ein Jockey, und ebenso selbstsicher fuhr er auch auf seinem kleinen Wagen in der Mine herum. Der Boden war dort unten mit großen Kohlenstücken bedeckt, aber Caskey bewegte sich wie auf einem Spielplatz. Der Wagen hielt neben einem tiefen Einschnitt in den Berg, an einer Stelle, an der das Gesicht der Kohle durch einen großen überhängenden Felsen verborgen war.

Am Rande dieses Kliffs stand eine riesenhafte Schaufelmaschine. Wenn man von unten zu ihr heraufblickte, wirkte sie überdimensional groß.

"Komm her", sagte Albert Caskey zu mir, "wenn du sehen willst, wie die Kohle abgebaut wird, dann mußt du zum Berg hingehen. Der Berg wird nicht zu dir kommen."

Wir standen nebeneinander in der Grube, und ich versuchte ständig mein Unbehagen zu verbergen. Caskey lachte. "Hier ist es ganz sicher". Mit seiner Hand tätschelte er den Felsen wie einen Hund. In der Kohlengrube fühlte er sich wie zu Hause.

Er schob sich den Helm aus dem Gesicht. Sein Körper war klein und kompakt und von der Seite hatte er das Profil eines alten Indianers mit den Augen eines Spürhundes. Die Haut um seine Augen war vom Wind faltig und vernarbt.

Als Steiger bei der Peabody Kohlengesellschaft Big Sky Mine hatte er einen harten Job – vor allem jetzt – während des "ökologischen Krieges". Aber darüber verlor er kaum ein Wort.

Man erzählte sich von ihm, daß er überhaupt nicht gerne viel redete. Aber der eigentliche Grund seiner Verschlossenheit war ein anderer. "Durch Reden läßt sich keine Kohle abbauen", erklärte er mir.

Dennoch schien es ihm zu gefallen, über den Kohlenabbau zu sprechen. Er tat dies mit der Selbstverständlichkeit eines Seemanns, der von seinem Schiff erzählt. Das war auch nicht allzu verwunderlich, denn schon seit Jugend an war er als Minenarbeiter tätig gewesen.

Auf der Straße zur Big Sky Mine kam man an einem Reservat der Nördlichen Cheyenne vorbei. Es hieß, daß die Kohlengesellschaft einige der Indianer als Arbeiter angeworben hatte, aber sie waren nirgends zu sehen. Und Caskey erwähnte sie auch nicht. Von Indianern wußte er nur wenig, sagte er zu mir. "Ursprünglich komme ich aus Missouri. 1970 haben sie mich hierhin versetzt." Er war also ein Neuling in Montana und wußte wenig Bescheid über die Bevölkerung. Sein Wissen bezog sich hauptsächlich darauf, wie man Kohle abbaut.

Und im folgenden gebe ich wieder, was er mir während unserer Besichtigung erzählte:

Verletzt der Kohlentageabbau die Erde? Ich glaube nicht. Wir erschaffen die Erde. Wir machen aus ihr etwas Besseres als sie es vorher war. Ja wirklich – wir machen sie schöner und ebener! Das ist die Wahrheit!

An einigen Stellen schauen die Felsen raus. Die sprengen wir weg und dann werden sie zu Sand. Nach den Sprengungen haben wir eine ganz saubere Sandoberfläche anstatt der harten Felsen. Wir werden einen besseren Boden haben als vorher. Wir machen ihn urbar zum Bepflanzen. Die Menschen, die unsere Urbarmachung sehen, sind stolz darauf. Die Kritiker bemerken sie einfach nicht. Ich stelle immer wieder fest, daß sie eigentlich gar nicht genau wissen, was wir eigentlich tun. Wenn sie hierher kommen und sich das Ganze einmal richtig anschauen würden, bin ich davon überzeugt, daß auch sie unserer Meinung wären.

Siehst du den Mann dort auf der Planierraupe? Er gibt den Hügeln wieder genau dieselbe Form, die sie hatten, bevor wir kamen. Und er bepflanzt den Boden.

Ich habe keine Ahnung, was dort angepflanzt wird. Er weiß es. Irgendwelche Samen. Vielleicht von Disteln? Nein, die weht es ohnehin hierher. Salbeibüsche sind das. Die wachsen hier oben wirklich sehr gut.

Jetzt gibt es ja Gesetze, die die Urbarmachung regeln. Sie schreiben uns ganz genau vor, was wir hier zu tun haben. Bis zu einem gewissen Grad sind wir da von den Politikern hineingedrängt worden. Wegen dieser ganzen Vorschriften können wir manchmal gar nicht mehr effektiv handeln. Ich denke dabei an den Kohlenabbau und das Wegschaffen des Staubs. Wahrscheinlich ist das der Einfluß dieser Umweltschützer in den Städten.

Die haben ja überhaupt keine Ahnung davon, daß es genau

diese Umwelt ist, die abends ihre Wohnzimmer erleuchtet. Jedesmal wenn sie das Licht einschalten, verbrennen sie die Umwelt. Wollen Sie ohne Elektrizität auskommen? Ich glaube nicht. Sie möchten bestimmt nicht zu den Kerzen zurückkehren. Sie wollen nicht in der Dunkelheit leben. Außerdem leben Sie sowieso nicht hier in dieser Umwelt.

Diese Leute in der Stadt wissen nicht, wovon sie reden. Die Farmer haben allerdings nichts von diesem Kohlentageabbau. Ihre Gefühle kann ich verstehen. Nur die Regierung und die Bahngesellschaften, die das Land verpachtet oder verkauft haben und die Rechte über die Mineralien besitzen. Der Farmer hat keine Rechte. Alles was er hat, ist die Erdoberfläche. Er bekommt nichts. Die Städte bekommen die Kohle.

Hier in Big Sky fördern wir im Monat 180 000 Tonnen Kohle, das sind etwa 2 Millionen Tonnen pro Jahr. Im nächsten Jahr werden wir den Ertrag noch erhöhen. Und mit unserem neuen Frontladesystem können wir einen ganzen Eisenbahnzug in 2 Stunden und zwanzig Minuten mit Kohle anfüllen. Jeder Zug enthält 10 000 Tonnen Kohle, und jede Woche fahren vier solcher Züge in die Städte. Die Leute in den Städten, die sich ständig über den Kohlentageabbau beschweren, scheinen nicht damit aufzuhören, diese Kohle weiterhin zu verwenden. Irgendjemand verbraucht sie jedenfalls.

Also ich mach mir wenig Gedanken über die nationale Kontroverse über den Kohlentageabbau.

Darüber sollen sich die da oben den Kopf zerbrechen. Wir machen inzwischen weiter unseren Job und fördern die Kohle.

Die heilige und die entweihte Erde I

Die Erde, unsere Mutter, der Himmel, unser Vater. Zu diesen beiden sandten wir unsere Gebete. Und wir folgten ihnen auf ihrem Weg und das Leben blieb uns auf diese Weise erhalten. Seit Anbeginn unseres Lebens waren wir am allermeisten auf die Erde angewiesen. Deshalb weinen wir jetzt darüber, wie unsere Mutter zerstört wird. Die Erde. Wir sagen 'Nein!' Ich sage 'Nein!' Das ist meine Art, darüber zu reden.

Dies sagte 'The Woman who Had Squaw Dance'.

Die alten Frauen saßen, in ihre Shawls gehüllt, mit gebeugtem Kopf und lauschten auf jedes Wort. Und die alten Männer saßen ungeachtet der Kälte des Raumes in Hemdsärmeln, angespannt und mißtrauisch wie junge Männer, und lauschten auf die Worte, die niemand sprach – Worte, die Harmonie und Schönheit ausdrückten; aber sie fanden keine.

An jenem Winterabend waren die alten Schafhirten vom 'Female Mountain' (Anm.: heilige Stätte der Indianer), der dem Weißen Mann unter dem Namen 'Black Mesa' bekannt war, im Versammlungshaus ihres Stammes zusammengekommen, um über diejenigen zu reden, die gekommen waren, um in der Mutter Erde herumzugraben. Die gekommen waren, trugen den Namen "Peabody" auf ihren Schutzhelmen. Einige von ihnen sagten, daß sie "Bergarbeiter" seien; aber zu dieser Zeit wußten nur wenige, was das wirklich bedeutete. Und den Alten kam zu Ohren, was gerade vor sich ging. Am Anfang redeten nur wenige. Sie saßen schweigend da. Sie saßen auf Kohle im Werte einer Dreiviertel Billion Dollar, aber sie glaubten es nicht.

Keiner der Alten wußte oder hätte wissen können, daß die Erde über dem Female Mountain nur wie eine Haut über einem riesigen Kohlevorkommen lag, das unter dem Westen des Kontinents ruhte und sich bis zum Polarkreis erstreckte. Es war wie ein dunkler Schoß aus zu Stein gewordener Energie, unterhalb dieser Canyons und Prärien, von den Wüsten im Südwesten bis zur Hudson Bay reichend. Einige behaupteten, daß es das größte Kohlevorkommen der Erde sei.

Von 'Fortune' wurde es hoffnungsvoll "der persische Kohlegolfstrom" getauft. Das Business-Magazin verkündete im Westen ein "neues Kohlezeitalter", von dem die Finanzpropheten glaubten, daß es nicht zehn oder zwanzig, sondern Hunderte von Billionen von Dollars wert sei. Das war allerdings ebenso unglaublich.

In jener Nacht war es im Schnee des Female Mountain so kalt, daß die Leute sagten, die Bäume würden vor Kälte zittern und die Sterne seien gefroren. Dazu heulten die Kojoten zum Gebrüll der seltsamen neuen Tiere – den Bulldozern.

Die Witwe des verstorbenen Mr. Lokaisikai sprach die Gedanken aus, die viele andere auch hatten: "Wir haben das Gefühl, daß sich in Wirklichkeit niemand über unsere Lage Gedanken macht; und so war es seit eh und je." Denn niemand wußte um die Sorgen unserer Alten; und niemand wußte etwas von der "Energiekrise". Man schrieb den 14. Februar 1970, als diese Ereignisse auf dem Female Mountain in Gang kamen.

Einiges von dem Gespräch klang traurig, und einiges mehr und mehr zornig.

Ein alter Mann mit dem Namen Yazzi erinnerte sich, wie er mit den Fäusten gegen die Bulldozer gekämpft hatte. Die Straße, die zu der Kohlemine führte, sollte so breit wie eine bundesstaatliche Autobahn quer durch sein Hogan (Anm.: Blockhaus mit kuppelförmigem Dach) gegraben werden. "Vor einiger Zeit fand ich plötzlich das Gebiet vor meinem Haus mit roten Fahnen abgesteckt," sagte er. "Das sollte die Straße werden." Der alte Mann bat höflich darum, die Straße doch woanders zu bauen. Aber keiner hörte ihm zu. Eines Morgens wurde er vom Geräusch eines Bulldozers geweckt, der geradewegs auf sein Hogan zukam. Der alte Mann rannte hinaus, und wie er sagte, stand er da und drohte dieser riesigen Maschine mit den Fäusten, bis sie umkehrte und wieder wegfuhr.

"Ich frage mich immer noch," sagte er, "was gewesen wäre, wenn ich nichts gesagt hätte!"

Viele erzählten, daß die Gebeine ihrer Toten von den Bulldozern aus der Erde gewühlt worden waren. Dazu wußte die Frau namens Crank, "ich kenne ein Grab, das zerstört wurde. Daraufhin kamen die Archäologen von der Universität. Sie hatten von der Kohlegesellschaft ein 'Forschungsstipendium' erhalten. Sie sammelten die Gebeine der Toten auf und trugen sie in Plastikbeuteln weg. Einer der Archäologen hatte einen jungenhaften Bart und freundliche Augen. Ich fragte ihn daraufhin, "stimmt es, daß ihr den Bulldozern mit Plastiktüten nachlauft?" Er fühlte sich durch das, was ich gesagt hatte, beleidigt und zog schmollend von dannen. Einige Zeit später wurde von diesen Wissenschaftlern ein Buch über "Archäologische Funde" herausgegeben."

"Das Grab meiner Mutter gibt es nicht mehr," erzählte mir eine alte Frau. "Ihre Gebeine sind verschwunden."

Auf dem Female Mountain lebte eine alte Frau. Man kannte sie unter dem Namen Kee Shelton's Mother. Aber das war nicht ihr richtiger Name. Sie sagte: "In der Sprache der Navajos heißte ich Asa Bazhonoondah, "The Woman who Had Squaw Dance". Ich bin 83 Jahre alt. Ich stamme ursprünglich aus dem Gebiet des Black Mesa, des Female Mountain. Ich wurde dort geboren und aufgezogen. Meine Eltern und Großeltern kommen ebenfalls alle aus dem gleichen Gebiet. Ich wurde in einem Hogan geboren, der das letzte Mal, als ich ihn sah, immer noch stand. Aber ich weiß nicht, ob er immer noch steht, vielleicht haben sie ihn auch abgerissen. Es wurde mir erzählt, daß meine Eltern direkt an der Kohlemine wohnten, als meine Mutter schwanger mit mir ging. Als meine Geburt nahte, zogen sie ostwärts. Meine Mutter starb und wurde dort begraben."

The Woman who Had Squaw Dance sagte: "Selbst wenn wir noch klein sind, wird schon unsere Wiege aus den Dingen hergestellt, die wir von der Mutter Erde erhalten. Wenn wir sterben, gehen wir zurück zur Mutter Erde."

The Woman who Had Squaw Dance sagte: "Die Erde ist unsere Mutter. Der Weiße Mann zerstört unsere Mutter."

Voll Gram sagte dies am 28. Mai 1971 die alte Frau zu den Weißen Männern des Komitees für Innere Angelegenheiten des U.S. Senats des 92. Kongresses bevor die Hearings stattfanden zum Thema "Umweltprobleme in Verbindung mit der Produktion von elektrischer Energie mittels Kohlekraftwerken im 'Four Corner-Gebiet' im Südwesten der USA". Senator Paul Fannin aus Arizona war das einzige Mitglied des Komitees, das anwesend war. Er hörte ihr aufmerksam zu. Aber die alte Frau fragte sich, ob er wußte, daß die Mutter Erde auch seine Mutter war. Sie versuchte den Senator so sanft, wie es eine Großmutter tun würde, Dinge zu lehren, die er wissen sollte.

The Woman who Had Squaw Dance sagte: "Unser Gebet umfaßt alles. Unser Gesang an den Berg umfaßt alles. Bisher hatten wir ein gutes Leben gelebt, aber in diesem Sommer ging es uns wirklich schlecht. Alles ist verkehrt."

Ein alter Hogan von einer der Familien wurde von einem Bulldozer dem Erdboden gleichgemacht. Das gleiche passierte mit einem der heiligen Schwitzhäuser. Das Erdreservoir, das sich einer der Männer mit bloßen Händen gebaut hatte, wurde einfach eingeebnet. "Und keiner dieser Leute wurde jemals von den "Bulldozer-Leuten" gefragt," erzählte Cecil Yazzie. "Man ignorierte uns einfach. Wir haben niemanden, der uns zuhört."

" 'Ni hideneetaa!' Unsere Leute sind betrogen worden," sagte Calvin Atcitty. "Wir hatten zwar eingewilligt, daß sie das Land vermessen konnten, aber ein Kohleabbau sollte erst beginnen, nachdem man die Leute um ihre Erlaubnis gefragt hatte." Sie hielten sich jedoch nicht daran, was bedeutet, daß wir niemals unsere Einwilligung zum jetzigen Kohleabbau gegeben hatten," meinte Atcitty. "Sie haben uns wieder geplündert, wie sie es schon immer getan haben: Da ni ihh yee!"

Und die Alten sagten: "Unwissend wird der Mensch die Erde verschlingen. Ni hideesnaa. Die Erde erzittert. Die bilagaanas, die Weißen sind wie hungrige Tiere, da niighaa dichin! Sie wühlen die Chiidii, den Geist der Toten aus der Erde."

Einst war dies ein heiterer und friedlicher Ort gewesen. Es war ein hodiyin, ein heiliger Berg, auf dem viele Medizinmänner lebten. In jenen Tagen lebten keine Weißen dort, und nur wenige kamen, genausowenig wie Atheisten auf Pilgerfahrten nach Jerusalem gehen.

Keiner der Männer mit den Schutzhelmen von Peabody wußte deshalb, was ihr Tun bedeutete. Rober Salabye, ein junger Navajo, der einst im Krieg in Vietnam eingesetzt war, versuchte es ihnen zu erklären: "Black Mesa ist unser heiliger Berg. Ich bin sicher, daß die Gesellschaft der Herrscher es nicht allzu gern sehen würde, wenn man ihre Independece Hall (Unabhängigkeitsgebäude) oder ihr Weißes Haus mit Kohlegruben unterminieren würde. Der Black Mesa ist für die Navajos genauso heilig und weihevoll wie der Berg Golgatha oder der Petersplatz für die Christen." Aber die Männer in ihren Schutzhelmen konnten ihn nicht hören. In einigen Jahren würden die Bulldozzer die Alten, die an diesem Abend in ihrem Versammlungshaus zusammengekommen waren, von ihrem Land vertrieben haben. Ihre Hogans würden verschwunden sein, ihre Weiden, ihre Schafpferche. Und die Familien des alten Mannes Yazzie, der Frau mit Namen Crank, Calvin Atcitty, Cecil Yazzie und viele andere mehr hatten eine Eingabe unterschrieben, in der sie die Peabody-Kohle-Gesellschaft der "Vergewaltigung unserer Mutter Erde" bezichtigten.

Die Schafhirten mit ihren stillen, skeptischen Gesichtern sagten: "Es hat sich herausgestellt, daß Peabody immer gerade dort gern nach Kohle gräbt, wo Menschen leben. Wir, die amerikanischen Indianer sind die Herren dieses Landes und fordern von den Weißen, die dieses Land betreten, Achtung und Rücksicht." Aber ihre stolzen Worte kamen zu spät. Auf dem Female Mountain konnten jetzt, da die Bulldozzer gekommen waren, nicht einmal mehr die Schafe "friedlich schlafen".

Das sei nicht ihre Schuld, meinte der Präsident von Peabody Coal, Ed Phelps. Die Alten hätten ihre "Wohnstätten auf immensen Kohledepots" und seine Gesellschaft würde ja "den Stamm für die Evakuierung der Schafhirten" entschädigen. Du lieber Himmel – sollten etwa ein paar einsame Schafe dem dringenden Energiebedarf einer ganzen Nation entgegenstehen?

Der Konflikt ging in romantisierter Form durch dic Zeitungen. Ungefähr 20 Film- und Fernsehgesellschaften baten den Stamm um Erlaubnis, diesen exotischen Kampf filmen zu dürfen: wie diese sonderbaren alten Navajos gegen die riesigen Maschinen der größten Bergbaugesellschaft dieses Landes kämpften. In der 'New York Times' erhielt einer der Artikel, den ich schreiben sollte, die Überschrift: "Die Navajos gegen die Bulldozzer." Aber das war nicht der eigentliche Konflikt – vielmehr ging es um eine Konfrontation zwischen zwei völlig verschiedenen Arten zu leben und zu sterben, die sich nun auf dem Female Mountain gegenüberstanden.

In diesen Jahren hatten mich einige der Stammesführer darum gebeten, ein "Informationspapier" über das, was gerade vor sich ging, herauszugeben. "Diese Öffentlichkeitsarbeit wird uns helfen," sagte Peter MacDonald, der später der Stammes-Vorsitzende der Navajos wurde. Das tat ich dann auch und schrieb in einer dieser "Informationsschriften" über das "Kolonialherrenverhalten" in der Regierung, das die Indianer wie Kinder behandelte und ohne deren Wissen oder Einwilligung handelte.

Nein! das ist es nicht was wir sagen wollen, sagten die Medizinmänner auf dem Female Mountain zu mir. Man kann das zwar sagen, aber denken tun wir folgendes: Harmonie und Schönheit sind das Herz der Lebensart der Navajos. Wir glauben, daß sie aus dem natürlichen Gleichgewicht zwischen dem Female Mountain, dem Weiblichen Berg (Black Mesa) und dem Male Mountain, dem Männlichen Berg (Lukachukai) kommen. Wenn man in diese Berge störend eingreift, kann dies für die Navajos den Tod ihres grundlegenden Lebensprinzips, nämlich des Gleichgewichts von Schönheit und Harmonie bedeuten.

Das war es auch, was ich dann schrieb. Nicht die Beziehung zur Umwelt war bedroht, sondern das Leben selbst.

In jenem Winter kam es zu vielen seltsamen Todesfällen. Mehrere unserer Leute starben "zufällig, aus unerfindlichen Gründen". Der Vorsitzende einer Elektrogesellschaft starb in der Nacht während er schlief, vor einem geplanten Gespräch mit mir. Ein Lehrer aus Rough Rock, am Fuße des Weiblichen Berges erhängte sich. Er war zwar kein Navajo, aber er kämpfte gegen den Kohleabbau. Und er war dabei der Verlierer gewesen.

"Die Leute haben mir gesagt, daß ihr Kohleabbau für dieses Sterben verantwortlich sei," teilte ich William Stockton, einem der stellvertretenden Präsidenten von Peabody mit. Ein weißhaariger, altväterlicher Mann mit sanftem Blick, wie er war, schien sehr bestürzt. "Das heißt nicht, daß ich sie des Mordes beschuldigte, aber das ist eben, was die Leute zu mir gesagt haben," fuhr ich fort.

Er saß in seinem Büro, zusammengekauert hinter seinem überdimensionalen Schreibtisch, so als würde er von seinen Gedanken erdrückt. Dies hier war einfach keines von den Problemen, die er sonst von seiner Arbeit her gewohnt war.

"Mein ganzes Leben lang hatte ich beruflich mit Kohle zu tun," sagte er. "Und das seit vierzig Jahren. Das ist alles, was ich weiß. Als wir den Vertrag für den Tageabbau auf dem Black Mesa unterzeichneten, unterzeichneten wir einen Vertrag über Kohle. Keinen indianischen Vertrag. Keinen Ökologie-Vertrag. Keinen religiösen Vertrag. Und das Innenministerium hatte uns versichert, daß die Indianer und der Stammesrat dem Vertrag zugestimmt hätten."

“Sagen Sie,” meinte er bedrückt, “hat denn der Stammesrat keinerlei Einfluß darauf? Wenn wir gewußt hätten, worauf wir uns da einlassen, hätten wir vielleicht Abstand davon genommen. Wir wollen um Gotteswillen niemandem Leid zufügen.”

Die Minenarbeiter stellten in Abrede, daß es so etwas wie moralische Bedenken im Bergbau geben sollte. Für sie war es ein Job, den sie machen mußten, und sie machten ihn. Es war wohl möglich, daß die Energiekrise das Gefühl einer dringenden Notwendigkeit zum Wohle des eigenen Landes entstehen ließ, aber schließlich und endlich war Kohleabbau ganz einfach harte Arbeit, die man mit viel Sachkenntnis im Schweiße seines Angesichts ausführte. In jenen Tagen, als Minenarbeiter noch mehr Skrupel besaßen, hielt man jene, die sich ihrer Arbeit in den Weg stellten, für skrupellos. Um das Jahr 1880 stimmte der Kongreßabgeordnete James Belford von Colorado voll in den Ton voll Moral und Rechtschaffenheit der Viktorianischen Ära ein, als er die Ute-Leute in seinem Bundesstaat dafür ausschalt, daß sie gegen den Kohleabbau auf ihrem Land opponiert hatten. Die Minenarbeiter sind die heroischen Vorboten der “anschwellenden Woge der Zivilisation”, brüllte der Kongreßabgeordnete; “deshalb kann man nicht dulden, daß diese nutzlosen, faulen Wilden versuchen, uns diese Schatzkammern der Nation vorzuenthalten.”

Dieser moralisierende Ton war zwar nicht mehr üblich, dennoch bewies etwas in der Haltung von Regierung und Kohlegesellschaften, daß sie dieser Selbstgerechtigkeit unausgesprochen zustimmten. Niemals und zu keiner Zeit kam es den Weißen Männern in den Sinn, daß die Eingeborenen ‘nein’ dazu sagen könnten.

Doch im Schatten des heiligen Shiprock sollten die Leute der Navajo-Gemeinschaft von Burnham bei einer Abstimmung gleich zweimal gegen die Einrichtung von zwei riesigen Steinkohleverbrennungsanlagen stimmen, die von der Regierung, den Gesellschaften und den ‘tribal officials’ (offizielle Stammesregierung, vom Staat anerkannt) auf ihrem Land geplant war. Aber diese demokratische Abstimmung wurde abgelehnt. Eine erneute Abstimmung wurde angeordnet. Und auch ein drittes Mal stimmte die Gemeinschaft im Frühjahr 1975 mit 114 zu 14 Stimmen gegen den Bau der Kraftwerke, die sie die "Monster" nannten. Aber wieder wurde die Entscheidung dieser Leute einfach ignoriert.

"Der wahrscheinlich zu erwartende Zerfall der Navajo-Kultur" wäre ein Nebenprodukt der Kraftwerke, hieß es im Statement über Auswirkungen auf die Umwelt der El Paso Natural Gas, einer der Firmen, die Verbrennungsanlagen bauten. Weiterhin führte der Bericht im einzelnen eine "ganze Reihe schädlicher Auswirkungen" an, wie zum Beispiel die "Möglichkeit strahlungsbedingter Krankheiten" und die Zerstörung der Familienstruktur durch "die steigende Zahl an Alkoholikern."

Und dennoch, obwohl die Burnham-Gemeinschaft ebenso wie die Nenahnezad und Shiprock Ortsgruppen gegen diese Gefährdung ihrer Heimat gestimmt hatten, schenkte man ihnen nicht mehr Beachtung als einer Dorfgemeinschaft von Weißen, die sich dem Bau einer Bundesautobahn in den Weg stellte. "Die Schwierigkeit liegt darin, an (ihr) Land heranzukommen," meinte ein Angestellter von WESCO, einer der Steinkohlekonglomerate.

The Woman Who Had Squaw Dance sagte: "Unsere Mutter wollte, daß wir länger lebten, aber der Weiße Mann verkürzt unser Leben, indem er den Weiblichen Berg zerstört und ihn in eine Kohlengrube verwandelt. Wir haben so viele Enkelkinder. Wie sollen die denn leben?"

Die Alten auf dem Weiblichen Berg wußten, daß eine 'lagho e enneh', eine Metamorphose, begonnen hatte. Der Weiße Mann hatte den Leib der Erde geöffnet, um Energie aus ihr herauszuholen. Und er würde die Wunde leer lassen. Und die Erde würde leer sein, weil die Weißen Menschen dann all ihre Energie verschlungen haben würden. Iidodiil, sie werden sie zum Erlöschen bringen.

The Woman Who Had Squaw Dance sagte: "Peabody zerstörte sie (die Erde), weil die Menschen nach Kohle gierten."

Es kann sein, daß die Alten mehr wußten, als ihnen bewußt war. In den letzten 50 Jahren, zwischen 1920 und 1970 war der Energieverbrauch der Weißen um 3 040 Prozent von 57,5 Billionen auf 1 648 Trillionen Kilowatt gestiegen. Dies bedeutete, daß der Energieverbrauch Amerikas 3 1/2 Mal schneller stieg als seine Bevölkerungszahl.

Schon lange Zeit waren diese Weißen unterwegs zum Weiblichen Berg gewesen. Einige der Alten erinnerten sich noch daran, als sie zum ersten Mal kamen.

Es war im Jahre 1949 während dieses tödlichen Schneesturms gewesen. Damals war Schnee wie ein blind wütender Sandsturm auf die Wüste herniedergegangen. Die Schafe waren in den Schneestürmen umgekommen. Überall in den Hogans herrschte Hungersnot. Und in den abgelegenen Dörfern, in denen es kein Holz mehr für die Feuerstellen gab, erfroren die Kinder.

Vielleicht erinnert sich so mancher daran, daß dies auch die Zeit der Berliner Luftbrücke war, als man Nahrungsmittel mit dem Fallschirm über dem hungernden Deutschland abwarf. Nur wenige erinnern sich, daß dies gleichzeitig das Jahr der sogenannten "haylift" für die Navajos und die Hopis war, wo man den hungernden Indianern per Fallschirm Heu zuwarf. Von diesen beiden Ereignissen entschwand nur die eine in die Geschichte, während die andere gerade erst damit begonnen hat, wieder aus der Geschichte herauszutreten und als Schreckensgespenst im Lande umzugehen.

Um die Auswirkungen dieser höheren Gewalt in jenem Winter zu mildern, offerierte der Kongreß auf seine Art einen Akt "höherer Gewalt". Der liebe Kongreß hatte sich nochmals wegen der armen Indianer gegrämt: er erließ deshalb im Jahre 1950 für die Navajos und die Hopis eine gesetzliche Langzeitbestimmung, auf Grund derer die Stämme 88 570 000 Dollar "Wiedergutmachung" erhalten sollten. Davon wurden 500 000 Dollar vom Kongreß für die "Begutachtung und Untersuchung von Nutzholz, Kohle und Mineralien" bestimmt. Die Regierung wies die Navajos an, von diesem Betrag zwischen den Jahren 1952 und 1954 197 000 Dollar an das College of Mines (Bergbau-College) der Universität

Arizona und an das Institut für Technologie und Bergbau in Neu-Mexiko abzuführen, zum Zwecke der "Untersuchung von Bodenschätzen". Zu eben jener Zeit fanden die mit der Untersuchung Beauftragten heraus, was die Alten schon seit Hunderten von Jahren wußten. Der Weibliche Berg hieß deshalb Black Mesa, weil er voller Kohle war.

Ich erinnere mich daran, wie damals einer der Mitglieder der offiziellen Stammesregierung, teilweise von Stolz erfüllt, teilweise amüsiert zu mir sagte: "Sie behaupten, daß es bei uns mehr Kohle gibt als im ganzen Staat Pennsylvania." Und er übertrieb nicht.

Die "Energiekrise" erreichte dann die Indianer in besagtem Winter. Unter dem Deckmantel der Hilfe für die hungernden Indianer begann der "Kohlerausch" der Weißen. "Beinahe gleichzeitig mit dem Gesetzeserlaß des Kongresses im Jahre 1950 begann die Privatindustrie damit, im Reservat die Bodenschätze zu heben", bemerkte Lawrence Kelly in 'The Navajo Indians and Federal Policy' (Navajo-Indianer und die Politik des Bundes). Und so kam es, daß im Jahre 1951 auf den "Vorschlag" der Regierung hin das 'Navajo Tribal Mining Department' eingerichtet wurde. In seinen widersinnigen Zielvorstellungen hieß es, daß es ihnen darum ginge, "die Bodenschätze der Navajos zu schützen", und den "Bergbau zu fördern" – was letztendlich dadurch in die Tat umgesetzt wurde, daß man "freie Erlaubnis für Bohrungen" erteilte! Und in wenigen Jahren waren die Bergbauunternehmungen der bilagaanas, der Weißen von 3 auf 133 jährlich gestiegen.

Es war ein Akt der Gier, mit Wohltätigkeit verbrämt. Selbst die Lieferung von Nahrungsmitteln an die hungernden Indianer hatte man von einem Erlaß des Kongresses abhängig gemacht, der vorschrieb, daß die Indianer zuerst den Schutz ihrer Erde und ihrer Kohle an die Regierung des Bundesstaates abtreten müßten, um überhaupt Nahrungsmittel zu bekommen. "Für alle Indianer, die in den Stammes-Reservaten der Navajos und Hopis oder in dem ihnen zugewiesenen Gebiet leben, sollen die Gesetzte desjenigen Bundesstaates gelten, in dem diese Gebiete liegen," hieß es in der Fernandez

Amendment, denn wenn die Bundesstaaten das Land der Indianer besteuern konnten, dann könnten sie möglicherweise auch Anspruch auf deren Öl- und Kohlevorkommen erheben.

Obwohl bei ihren Leuten große Hungersnot herrschte, stimmte die Navajo-Stammesregierung mit 26 zu 19 Stimmen gegen diesen gesetzlichen Erlaß, so daß Präsident Truman die weitere "Unterstützung" verbot. Tom Lincoln, einer der damaligen Mitglieder des Rates sagte: Um vom Kongreß das Geld zu bekommen, müßten wir "unsere Körper, unsere Seelen und unser Blut verkaufen". Er stimme mit 'Nein'.

Einer der Alten der Stammesregierung sagte: "Wir waren zwar hungrig, aber wir waren nicht 'so' hungrig".

(25 Jahre später, als es die Kohlegesellschaften auf die Schürfrechte im nördlichen Teil des Cheyenne-Reservates abgesehen hatten, bot eine der Gesellschaften dem Stamm ein Hospital für "eine Million Dollar" an. Der Stamm hatte zu jener Zeit noch überhaupt kein Hospital. Aber der Vorsitzende der Cheyenne, Alan Rowland, sagte "Nein" dazu. "Lieber sind wir krank!").

Als Präsident Truman damals gegen das Gesetz stimmte, meinte er, daß die Land- und Wasserrechte der Indianer möglicherweise "mit einem Schlag" in die Hände der staatlichen Gerichte fallen könnten. Er bestand darauf, daß der Kongreß diese an seine "Hilfe" geknüpften Bedingungen fallen lassen sollte.

Kaum hatte die Nachricht von der Entdeckung der Kohle den Osten erreicht, als auch schon in aller Seelenruhe Männer mit Aktenkoffern auf dem Weiblichen Berg erschienen. Sehr häufig kamen sie im Geleit von Ratgebern des 'Interior Department's Bureau of Indian Affairs' (einer Abteilung des Innenministeriums, das für Angelegenheiten der Indianer zuständig ist). Und nur wenige der Alten wußten, warum sie gekommen waren.

Eines schönen Tages Anfang der fünfziger Jahre kam ein Fremder zum Female Mountain. Er hieß T.C. Mullens und war damals Präsident von Peabody. Später sollte er dem Innenausschuß des Senats mitteilen: "Black Mesa ist mir nicht fremd. Das erste Mal reiste ich in den 50iger Jahren hin, um die alten Kohlegruben von früher auf dem Reservat zu inspizieren." Zu seiner Enttäuschung stellten sich ihm einige unüberwindliche Hindernisse in den Weg. Es wäre der lukrativste Kohlevertrag, den seine Gesellschaft "jemals ausgehandelt hätte", meinte er, wenn es nur einen Weg gäbe, wie man diese Kohle auf rentable Weise zu den Märkten transportieren könnte, die "mehr als 1000 Meilen entfernt liegen"; aber es gab keinen Weg.

An einem Tag in den späten 50iger Jahren war ich bei einem alten Freund, John McPhee eingeladen, der Verwaltungsassistent des Vorsitzenden der Navajos war. Er war kein Navajo, und er war kein Indianer. Er war früher Angestellter bei der Mining Association in Arizona gewesen und entschlossen, diese Kohle zu kriegen. Und als Freund der Indianer wollte er diesen Leuten Beistand leisten, bevor er starb.

The Woman Who Had Squaw Dance sprach: "Obwohl ich schon alt bin, denke ich jeden Tag und jede Nacht darüber nach. Der Weiße Mann richtete die Luft zugrunde. Die Weißen sind diejenigen, die uns Leid zufügen. Sie verkürzen unsere Lebenslinie."

Einige Tage zuvor war ich auf dem 'Advisory Komitee' des Stammes spaßeshalber gefragt worden, ob ich noch einen 'Laughing Boy' (Der Lachende Junge) schreiben wolle, womit der Titel eines von Oliver La Farge geschriebenen romantischen Romans über die Navajos gemeint war. Einer der Stammesführer hatte dabei mit dem Finger auf McPhee, den einzigen Weißen außer mir im Raum gezeigt und höhnisch lächelnd gesagt: "Er ist der einzige 'Lachende Junge', den wir hier in der Gegend haben."

McPhee war aber keine romantische Gestalt. Er war wütend. Er erzählte mir, daß er einen der Leiter der Santa Fe Railroad angefleht hatte, Gleise zu legen, die zum Weiblichen Berg hinaufführten, um die Kohle abbauen zu können. Der mit allen Wassern gewaschene alte Eisenbahner hatte gespottet: "Ich würde nicht wagen, diese Kohle auch nur anzurühren, nicht um alles in der Welt."

An diesem Abend fragte ich McPhee beim Abendessen: Wußten denn die Leute, daß er insgeheim Verhandlungen über den Abbau ihrer Kohlevorkommen führte? Würde er sich weißen Farmern gegenüber genauso verhalten? Er lächelte nur. Vielleicht wußte er, daß die Kohle von minderer Qualität war und so viel gefährliche Gase entwickelte, daß selbst schon vor 20 Jahren städtische Behörden sie als Heizmaterial in den Städten verboten hätten. Die Kohle war so schlecht, daß sie einem unter den Händen zerkrümelte.

Es gab einen alten Spruch, in dem es hieß, daß "es schwierig sei, festzustellen, ob es sich um billige Kohle oder reichen Dreck handle."

Noch vor Jahren brachen wir einfach mit den Händen Kohlestücke ab, um sie für unsere Lagerfeuer zu verwenden. Die Leute hatten das schon jahrhundertelang so gemacht.

Eines der Märchen über die Kohle aus dem Westen hieß, daß ihr "Schwefelgehalt niedrig" sei. Und daß sie zum Verfeuern sicherer sei – was jedoch nicht stimmte. Sie gab nämlich so wenig Hitze, daß man wesentlich mehr von ihr brauchte, was darin endete, daß die Luft mit ebensoviel Schwefel wie bei der anderen Kohle verpestet wurde, vielleicht sogar noch mit wesentlich mehr. Man mußte deshalb irgendeinen Weg finden, um die Kohle an Ort und Stelle zu verbrennen, und den Schwefel möglichst im Westen, weit weg von den Städten im Osten zu halten. Überlassen wir es lieber mal den Indianern, vom Smog vergiftet zu werden ! Wenn dies erst einmal bewerkstelligt war, dann wäre – nicht mehr nur auf dem Female Mountain, sondern auf dem gesamten westlichen Kontinent der Zugang zur Energie eröffnet, und die Leute in den Städten könnten sich gedankenlos und blind darüber hermachen.

Und dann würden die Männer mit Aktenkoffern wie die Heuschrecken kommen und darüber herfallen. Sie hatten ja schon damit begonnen.

Keiner dieser Männer hatte jemals auf dem Female Mountain gelebt. Und viele von ihnen waren nicht einmal dort gewesen. "Wenn man sich einmal einen angesehen hat, dann kennt man sie alle," sagte der Ingenieur eines dieser Bergbauunternehmen zu mir. "Die Kohle ist das einzige, was sie unterscheidet." Damit sagte er wohl genau das – nur mit anderen Worten – was Männer schon seit jeher über Frauen erzählen.

In der Zeit als er noch Minister des Inneren war, erzählte Walter Hickel von einer Reise, die er mit einem der "Top-Männer des Energiebereichs" des Weißen Hauses in den Westen unternommen hatte. Infolge Nebels konnte das Flugzeug nicht auf dem ursprünglich dafür vorgesehenen Flugplatz landen. Es landete anstatt dessen in einem benachbarten Bundesstaat, was den Minister dazu veranlaßte, sich bei seinem Gast aus dem Weißen Haus für das Mißgeschick zu entschuldigen.

Und dieser Mann, der wesentlichen Einfluß auf die Politik im Westen nahm, zuckte nur die Schultern und meinte: "Oh, was macht das schon für einen Unterschied?"

Diese Männer wußten wenig von dem Land, gemessen an den Studien und Statistiken, die sie über es lasen. Und sie hielten niemals die Energie ihres Landes in den Händen, schmeckten niemals den Staub von dessen Einsamkeit, umarmten niemals die Wärme seiner Erde. In ihrer Unwissenheit mußten sie glauben, was die Computer ihnen erzählten: Mutter Erde war zum Computer-Bogen für sie geworden.

Vor knapp einem Jahr gingen den Computern von 'United States Geological Survey' einfach ein Drittel bis die Hälfte der Energieressourcen des Landes "verlustig". Die "neuen Daten", die diese Computer lieferten, schätzten die Ölreserven auf ein Drittel und das noch "unentdeckte Öl" auf weniger als die Hälfte dessen, was die alten Daten vor nur einem Jahr ausgesagt hatten. Voll Bestürzung ließ der Leiter des President's Energy Resources Council verlauten, daß die neueste der aus den überarbeiteten Computerbögen ersichtliche Wahrheit "wie eine Gewitterwolke über der Nation lastet".

Die Entfremdung dieser Männer von der Mutter Erde war in mancher Hinsicht erschütternd. Bald nachdem ich diese 'Informationsschriften' über Black Mesa herausgegeben hatte, erschien in der 'Navajo Times' ein Brief, in dem ich als Lügner bezichtigt wurde. Einer der Gründe, weshalb meine Ausführungen über die Kohletagebauwerke nicht richtig seien, meinte Ed Phelps, der damalige leitende Vizepräsident von Peabody Coal, sei, daß sich in den durch den Bergbau verursachten Gruben "natürliche Seen bilden würden, die zur Verschönerung der Wüste beitrugen." Ganz ungläubig fragte ich darauf einen Freund, der leitender Angestellter bei Peabody Coal war, wie denn diese ominösen "natürlichen Seen" in der Wüste entstehen können, wo doch in niederschlagsarmen Jahren manchmal nicht mehr als 15 cm Regen fallen. Na ja, meinte er, Ed Phelps ist eben nicht allzu vertraut mit dem Black Mesa.

Vernünftigerweise entschloß man sich daraufhin, einige Wissenschaftler auszuschicken, die den Female Mountain erforschen sollten. Eine Gruppe Wohltäter eines Museums in Flagstaff (unter ihnen auch die Kohlebaugesellschaft), finanzierte Expeditionen, auf denen Flora und Fauna des Female Mountain katalogisiert wurden, bevor Bulldozer und Schleppkräne Luchs und Falke verdrängten. Der Leiter dieser Leichenuntergangsexpeditionen war ein freundlicher und eifriger junger Umweltwissenschaftler aus New York. Und er liebte den Westen. Eines Tages fragte ich ihn, was er herausgefunden habe. "Die Adler werden das Gebiet verlassen oder aber sie werden sterben", sagte er. "Dasselbe gilt für die Berglöwen, die Koyoten, die Eichhörnchen und die Klapperschlangen. Sie werden alle fortziehen. Sie können ja nicht auf den Schlackenhaufen der Kohle leben."

Und was ist mit den Indianern?

"Die werden sich daran gewöhnen," antwortete der junge Wissenschaftler.

The Woman Who Had Squaw Dance sprach: "Bald wird es den Navajos ebenso gehen wie den Anasazis. Der Wind trug sie mit sich fort, weil sie die Erde mißbrauchten."

The Woman Who Had Squaw Dance sprach: "Der Weiße Mann will, daß nichts von uns übrig ist, wenn dies hier vorbei ist. Er will, daß es uns wie den Anasazis ergeht."

Wem gehört der Sonnenuntergang?

Manifest von Walter Hickel, ehemaliger Gouverneur von Alaska und früherer Innenminister.

Rundum war Wildnis, ein Niemandsland aus Bergen oder zerklüfteten Inseln, und im Süden der endlos weite Pazifische Ozean," schrieb Rockwell Kent im Jahre 1913 auf der Insel Fox, die gegenüber der Küste Alaskas liegt. "Wir hatten uns ganz wie im Traum auf die Suche danach gemacht; nachdem wir diese Vision von einem Paradies im Norden hatten, zogen wir aus, um es zu finden." Diese Vision ist immer noch in den Augen der ursprünglichen Einwohner Alaskas, sowohl Eingeborenen als auch Weißen, zu finden.

In der Anschauung derer, die Alaska als Quelle an Bodenschätzen sahen, die nur darauf warteten, abgebaut zu werden, war es die "letzte Grenze". Für Leute, die sich dagegen stellten, und verloren, war es die "verlorene Grenze", damit war es vom 'allgemeinen Schicksal des Westens' ereilt worden.

In den Augen Walter Hickels war dies eine Gotteslästerung. Sie sollten niemals "das Schicksal Alaskas mit dem Schicksal des Westens verwechseln", meinte er. Wer "Alaska kennenlernen will, muß dessen Berge und Himmel kennenlernen. Und dann wird er begriffen haben, warum die Einwohner Alaskas nicht wie die Bewohner des Westens sind und es auch nie sein werden. Wir sind eine andere Rasse," sagte er. "Wir sind aufrichtig. Selbst wenn wir dabei verletzt werden."

Zäh und aufrichtig, offen, lebhaft, freimütig, romantisch und ab und zu dickschädelig wie er war, hielt sich der ehemalige Gouverneur von Alaska für einen rauhen Mann aus dem Westen. Er liebte den Westen. Und er liebte die Reichtümer des Westens. Und es waren beides glückliche Lieben. Manche nannten ihn einen "Umweltunternehmer"; er sei so "heuchlerisch wie ein Geländeerschließer". Aber Walter Hickel ließ sich nicht in die Enge treiben. Er hatte immer noch den Instinkt eines Preisboxers, der er einmal gewesen war.

Er erinnerte sich an seine Jugend: "Im Jahre 1938 gewann ich die Meisterschaft im Weltergewichtsboxen in Kansas. Dann war da noch ein Turnier in Hobbs, in Neu-Mexiko. Also in jenen Tagen gings vielleicht zu in dieser Stadt. Ich ging da hin und machte vier Kämpfe, klar bis zu den Schlußkämpfen. Die verlor ich dann. Der Grund dafür war glaube ich so eine nette Kleine, die ich am Abend vor dem Kampf kennenlernte und deshalb wohl nicht allzuviel Schlaf mitbekam."

Der Farmersohn aus Kansas hatte so etwas wie eine kleinstädtische Menschlichkeit an sich. Bei den Kabinettssitzungen während der Regierungszeit Nixons, als Hickel noch Innenminister war, waren seine Offenheit und seine direkte Art bei seinen Reden immer fehl am Platz in einer Welt des trendhaften Madison-Avenue-Jargons und der politischen Paranoia, die unter dem Deckmantel des Begriffs Politik auftrat.

Man zögerte deshalb auch nicht lange damit, ihn aus seinem Amt zu werfen. Wie er sagte, geschah dies nicht nur auf Grund seines väterlichen Briefes, der Mitgefühl für die rebellierende Jugend der USA ausdrückte, sondern auch, weil er sich gegen die Erdölgesellschaften ausgesprochen hatte, die forcierten, was er damals als "Abhängigkeit von billigem Rohöl aus dem Ausland" bezeichnete und dessen Besitzer sie zur damaligen Zeit waren. Und so kam es, daß er zu den Bergen und dem Himmel seines geliebten Alaska zurückkehrte. Aber selbst die Berge und Himmel Alaskas waren dabei sich zu ändern. Das Gleiche geschah mit den Leuten. Bei seinem Versuch, wieder als Gouverneur gewählt zu werden, erlitt er eine Niederlage. Nicht selten wird der Begründer von seinen Nachfolgern im Stich gelassen.

Empfand er deswegen Bitterkeit? Hier ist, was er mir erzählte:

Niemals sollen Bulldozer die Teton-Berge einebnen, niemals je etwas am Grand Canyon verändern. Im Augenblick wird sich das Land wohl ein ganz klein wenig verändern, aber die Natur wird diese Veränderung wieder rückgängig machen. Darüberhinaus übt das Land aber auch in religiöser und spiritueller Hinsicht Einfluß auf seine Einwohner aus. Hieraus erklärt sich auch die Götterverehrung der Indianer. Und das ist auch der Grund, weshalb der Weiße Mann kam. Der Westen ist genau wie der pazifische Ozean eine Herausforderung für den Menschen. Und meiner Meinung nach beförderte gerade diese Weite des Westens das Beste im Menschen ans Tageslicht.

Die wahre Bedeutung der Gründungsväter dieses Landes wurde solange nicht erkannt, bis der Zugang zum Westen eröffnet war. Und als er eröffnet war, waren damit die letzten Reste der europäischen Kultur zerstört.

Die große Freiheit des Individuums, von der so manche zuvor geträumt hatten, wurde Wirklichkeit. Im Westen wollen die Leute, daß ihnen ihr Leben auch wirklich gehört. Sie wollen sich nicht sagen lassen müssen, was sie zu tun haben. Das ist die Unabhängigkeit, die man im Westen besitzt.

Der Westen hatte wesentlich mehr Einfluß auf den Osten als es je umgekehrt der Fall war. Während der Osten zwar im Hinblick auf das Geld und materielle Dinge Einfluß auf den Westen ausübte, kam aus dem Westen eher eine Beeinflussung in religiöser und philosophischer Hinsicht; und sie wird die materiellen Errungenschaften des Augenblicks lange überdauern.

Der Westen wird nicht nur die Menschen auf diesem Kontinent hier beeinflussen, sondern auch die Menschen in der ganzen übrigen Welt. Es gibt kein einmaligeres Stück Land als Amerika.

Das Einmalige an Amerika ist sein Westen. Er wird den Menschen für alle Zeiten schon allein durch seine wilde, ungestüme Natur prägen.

Die Siedler und Indianer hatten zwar die Güte dieser Natur kennengelernt, gleichzeitig aber auch deren Grausamkeit, die Grausamkeit eines Tornados, die Grausamkeit einer Sturmflut, von Hunger und Kälte. Es stimmt, daß die Natur grausam sein kann – aber sie kann auch voller Güte sein. Jemand, der die Umwelt wirklich versteht, begreift auch, daß sich diese beiden Pole gegenseitig in Balance halten; die Balance zwischen töten und getötet werden; die Balance zwischen Nutzung der Natur und ihrer Zerstörung. In der Natur sind beide Seiten vorhanden.

Die Natur ist beileibe keine Spielerei Gottes; vielmehr ist die Natur Gott selbst.

Das zentrale Umweltproblem besteht nicht darin, auf welche Weise die Trennung zwischen Mensch und Natur stattfinden solle, sondern wie die beiden am besten in Einklang gebracht werden können. Die Indianer begriffen dies. Sie achteten die Erde. Deshalb wollte Gott, daß die Indianer das Land auch nutzten. Die Indianer und viele der frühen Siedler verstanden die Umwelt wirklich. Ihre Art des Umweltverständnisses ist jedoch ein ganzes Stück von der eines Umweltschützers entfernt, der seine Naturbetrachtungen nur aus dem Fernsehen bezieht.

Ich habe sehr großen Respekt vor der Naturphilosophie der amerikanischen Indianer. Ich kann ihre Gefühle dabei verstehen und mitempfinden. Der Indianer ist zufrieden damit, mit der Natur zusammen zu leben. Er hat nicht wie wir den Drang, die Natur zu erobern und zu zerstören.

Das mag der Grund dafür sein, daß der Indianer nicht soviel Fortschritte gemacht hat, wie er vielleicht hätte machen können. Ich weiß nicht, ob wir nach "Art der Indianer" leben könnten und dabei gleichzeitig immer noch den Fortschritt verzeichnen könnten, den wir haben wollen.

Das ist etwas, was wir nie gelernt haben.

Von daher gesehen bin ich der Meinung, daß die Energiekrise möglicherweise zu unser aller Segen werden kann. Wir werden unsere Gürtel enger schnallen müssen. Wir werden unsere Absichten und Ziele sowohl als Individuen als auch als eine Nation neu überdenken müssen. Vielleicht bringt es uns dazu, das zu achten, was wir besitzen. Und vielleicht bringt es die Gemeinschaft der Wissenschaftsgläubigen dazu, der Tatsache ins Auge zu sehen, daß es absolut nicht notwendig ist, die Energie, die vorhanden ist, zu verschleudern.

In einem weitaus stärkeren Maß als irgendeine andere Nation auf der Erde ist die amerikanische stolz auf ihr System des Privateigentums. Das sollte sie auch. Demgegenüber steht aber, daß uns unsere Verpflichtungen der Öffentlichkeit gegenüber noch nicht voll bewußt geworden sind.

Das freie Unternehmertum, das ohne jegliche Einschränkung bestehen darf, wird sich selbst zerstören. Ich selbst bin eines der Produkte dieses Systems der freien Unternehmer. Und ich weiß, daß wir Geld verdienen müssen, und daß wir untereinander in Wettbewerb treten müssen. Aber ohne jegliche Art von Regeln und Regulierungen werden wir uns im wahrsten Sinne des Wortes gegenseitig auffressen.

Der Grundstein zu diesem Staat wurde auf der Basis einer Gesellschaft freier Menschen gelegt. Bei der Jahrhundertwende, das heißt beim Übergang von der Landwirtschaft zur Industrienation verwechselten wir freies Unternehmertum mit dem Begriff der freien Gesellschaft. Die Freiheit des Einzelnen endet an dem Punkt, wo sie die Rechte eines anderen Menschen verletzt. Was ich damit sagen will, ist, daß sich die Regierung selbst nicht ins Geschäftemachen einlassen sollte, sondern vielmehr die Regeln aufzustellen hat, die dafür sorgen, daß das freie Unternehmertum auch wirklich frei bleibt.

Ich bin der Meinung, daß es Aufgabe der Regierung ist, die Gesamtheit der öffentlichen Bedürfnisse zu vertreten. Dabei geht es nicht nur darum, materiellen Bedürfnissen entgegenzukommen, sondern auch darum, das Umfeld von Herz, Seele und Geist zu respektieren.

Der Präsident ist in Wirklichkeit der Präsident der größten Aktiengesellschaft Amerikas. Doch selbst das kleinste Kind ist genauso daran beteiligt.

Die großen Flüsse gehören ebenso wie die Seen dem kleinsten Kind. Dasselbe gilt für diese Millionen Morgen Land, die sich vom Cape Cod bis zum Pazifischen Ozean erstrecken. Und dieses Land ist nicht dazu da, um von irgendjemand privat ausgebeutet zu werden; was aber nicht heißen soll, daß es nicht privat genutzt werden darf. Vielmehr bedeutet es eine Absage an den Mißbrauch von privater Hand. Und es bedeutet, daß sich die Regierung damit befassen sollte, daß sie dafür Sorge tragen und planerisch darauf einwirken sollte. Sicherlich ist die Erinnerung an Abe Lincolns Aussage noch wach, die besagt, daß die Regierung nur solche Dinge tun sollte, die das Individuum allein nicht tun kann, oder aber, nicht so gut tun kann.

Und was hat es mit der Energiedebatte in Amerika auf sich? Zum einen glaube ich, daß wir ein verzerrtes und irgendwie falsches Bild davon bekommen. Zwar besteht tatsächlich eine Energiekrise, jedoch in anderer Form als wir annehmen. Uns gehen nicht die natürlichen Energiereserven aus. Wenn uns etwas ausgeht, dann sind es solche Dinge wie Phantasie und Führereigenschaften. Somit handelt es sich bei der Krise um eine Krise von Management und Kontrolle.

Umweltbedürfnisse berühren die Gesamtheit unserer Existenz. Was ist eigentlich Umwelt? Sicherlich nicht nur wogende Strände und Prärien, sondern der gesamte Bereich, in dem man lebt. Zum Beispiel könnte das ein Schuttabladeplatz an der Straße gegenüber sein. Armut bedeutet schlechte Umwelt. Ebenso wie Energieknappheit schlechte Umwelt bedeutet. Ich meine, daß es an der Zeit ist, damit aufzuhören, die Energiekrise für politische Taktiken einzusetzen. Die sogenannte Energiekrise ist zu einer recht populären Angelegenheit und auch zu einem politischen Zugpferd für die verschiedenen Parteien geworden.

Weder akzeptiere ich den Vorschlag, die Richtwerte für die Luftverschmutzung zu senken, um die Energie produzieren zu können, die unsere Nation angeblich braucht, noch die Möglichkeit, uns den Herausforderungen, die uns unsere Umwelt stellt, einfach zu entziehen. Amerika ist zu mehr fähig.

Und die Erschließung des Westens erfordert, daß wir uns seine besten und wertvollsten Möglichkeiten vergegenwärtigen. Um das bewerkstelligen zu können, müssen wir jedoch erst das, was wir vorfinden, verstehen. Der Mangel an Verständnis war es nämlich, was bisher zur Entweihung und Verschwendung geführt hat.

Und die Erschließung des Westens kann nur dem Westen selbst obliegen. Selbst ein Einwanderer wird letztendlich zu einem 'Westerner' – oder aber er geht wieder. Probleme tauchen nur dann auf, wenn andere Bundesstaaten versuchen, dem Westen ihren Einfluß aufzuzwingen. Erschließung in unserer Zeit muß ja nicht notwendigerweise bedeuten, daß man Kohle im Tagebau fördert, ganze Wälder abholzt und die Gewässer verunreinigt. Erschließung kann ja sowohl das Pflanzen eines Baumes als auch dessen Abholzen beinhalten.

Der Westen ist in weitaus größerem Maße mit den natürlichen Rohstoffquellen, die der Mensch für seine Existenz braucht, versehen, als der Osten; und das wird auch immer so sein. Gleichzeitig geht von ihm aber auch sehr viel spirituelle Energie aus, die ebenfalls immer dort zu finden sein wird. Immer wird man sich in seinen Betrachtungen an den Mount McKinley, die unendliche Weite des Wrangell Bergzuges oder die Teton-Wälder oder auch an den Pazifischen Ozean wenden können – und sie werden sich nie verändern. Wir müssen sicher sein, daß wir den Westen nicht aus irgendwelchen, an den Haaren herbeigezogenen Gründen erschließen. Dann nämlich kann der Westen auch dem Osten dabei behilflich sein, von einer Plastik-Gesellschaft zu einer echten Gesellschaft zu werden.

Stellen wir uns doch einmal folgende Fragen: Was ist ein Sonnenuntergang wert? Oder ein einsamer Strand? Oder einfach die Möglichkeit, neue Kräfte zu sammeln, die Lebensgeister neu zu wecken? Wem gehören die großen Flüsse? Wem gehört das Wasser, das von den Bergen in die Meere strömt? Wem gehört der Sonnenuntergang?

Dies alles sind Dinge, die niemand auf der New Yorker Aktienbörse zu kaufen vermag.

Begeben wir uns im Westen auf die Suche nach Menschen,

die noch ein Gewissen besitzen, und sie werden den Westen auf die bestmögliche Art erschließen. Der Westen kennt das Gleichgewicht der Natur. Es ist an der Zeit, daß die restliche Welt und unsere Nation ihnen Gehör schenkt.

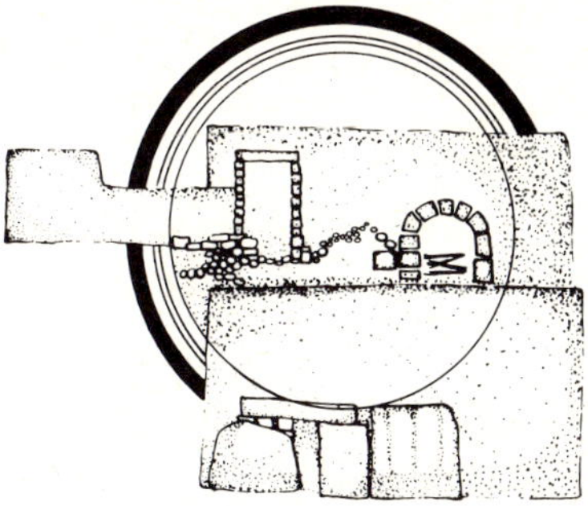

Die heilige und die entweihte Erde II

In dem herrschaftlichen Wohnhaus in der Nähe der Embassy Row in Washington D.C., hatte eine Gruppe von Energieexperten, Regierungsbeamten, Wissenschaftlern und Technikern schon seit vielen Jahren die notwendige Ausbeutung der Energie des Westens vorausgesagt und geplant. Wahrscheinlich wußten sie gar nicht wo genau der Female Mountain lag, aber seit Generationen waren sie sich bereits darüber einig, daß der weiße Mann die Energie in diesem Berg zum Überleben brauchte.

Der Mensch hat einen "unstillbaren Hunger" nach der Energie seiner Mutter, der Erde, sagten sie. In der Vergangenheit "zeichneten sich die primitiven Gesellschaften zweifelsohne durch Entbehrung und Mangel aus", aber die "zivilisierte Gesellschaft des westlichen Menschen" bedurfte eines immer größeren "Überflusses an Energiequellen". Nach ihrer Ansicht war es also keine böse Absicht, sondern reine Überlebensnotwendigkeit, die den "westlichen Menschen" dazu zwang, von den "primitiven Gesellschaften" die Nutzung ihrer Energiequellen zu fordern.

The Woman Who Had Squaw Dance sagte: "Ich kenne die Lebensweise des Weißen Mannes nicht. Aber für uns sind die Erde, die Luft und das Wasser Heilige Elemente. Deshalb wehre ich mich gegen den Kohlentageabbau. Die Weißen haben die Erde vernachlässigt und mißbraucht."

Die Erzeuger von Energieumwandlungsprozessen, angeführt von Laurence Rockefeller von Standard Oil und Robert O. Anderson von Atlantic Richfield, hatten 1952 die Resources for the Future (Resourcen für die Zukunft), RFF, gegründet: sie sollten dem Zweck der "Erforschung und Ausbildung auf dem Gebiet der Entwicklung, der Konservierung und des Gebrauchs von natürlichen Energiequellen" dienen. Daraufhin wurde damit begonnen, "detaillierte Voraussagen bezüglich des Energiebedarfs und der Energieversorgung für das Jahr 2000" zusammenzutragen. Eine der Schlußfolgerungen, die die RFF ziemlich bald aus den Untersuchungsergebnissen zog, war der Widerspruch, in den Amerika aufgrund der Ausschöpfung seiner Energieresourcen mit der Erde geraten würde. Das Land würde sich sozusagen selbst ausbeuten.

"Wenn die Menschen das gesamte versteinerte Brennmaterial aufbrauchen, vernichten sie gleichzeitig ihr Kapital." Es ist nur eine Frage der Zeit, bis die Erde so hohl sein wird wie ein toter Stern.

The Woman Who Had Squaw Dance sprach: "Der Kohlenstaub vergiftet unser Wasser und vernichtet unsere Tiere. Viele Schafe meiner Kinder wurden getötet. Ich selbst habe ein paar Kühe und eine nach der anderen stirbt. Das passiert jetzt überall und jeden Tag. Die Wälder werden abgeholzt und die Luft wird immer schlechter; sie arbeitet nicht mehr für uns. Die Heilkräuter, die wir von der Mutter Erde nehmen und einer Frau bei der Geburt geben, gedeien nicht mehr. Das Land ist ausgebrannt."

The Woman Who Had Squaw Dance sagte: "Ich sehe, wie sich die Zedernbäume neben den Teichen rot färben und wie die Gräser sterben.

Obwohl ich bereits alt bin, denke ich darüber jeden Tag

und jede Nacht nach, ich denke daran, wie sie mein Land zerstören."

Aber für den Westen Amerikas gab es zumindest einen schwachen Trost im Rahmen der "Energiekrise" der 'weißen' Städte. Denn die Untersuchungen der RFF hatten vorausgesagt, daß die "mindere Qualität der Kohle in den Gebirgsstaaten scharf unter die Lupe genommen werden wird", wenn die Entwicklung des "kostenreduzierenden" Kohletageabbaus voranschreitet und diese "wichtige Entwicklung in der Kohlenproduktion hatte bereits im Westen begonnen." Das waren die Aussagen von 1960.

Zu einer Zeit also, als Amerika noch kaum etwas von der "Energiekrise" gehört hatte, war die RFF bereits in der Lage, eine Vorausschau auf die Zukunft zu entwerfen. "Das Energieproblem hat bereits nach dem 2. Weltkrieg angefangen", bemerkte in diesem Zusammenhang Präsident Nixons Innenminister Rogers C.B. Morton.

Irgendjemand mußte für den "Zukunftsschock" der anderen planen. Diese Aufgabe fiel der RFF zu und die ersten Anfänge wurden im Jahr 1952 gemacht, als die *Resources for Freedom* (Quellen für die Freiheit) veröffentlicht wurden. Dabei handelte es sich um die erste weltweite Untersuchung der Regierung über Energiequellen, herausgegeben von der Material Policy Commission Präsident Eisenhowers. Der Vorsitzende dieser Kommission war William Paley, der noch im selben Jahr zum Präsidenten der RFF ernannt wurde. Viele werden sich noch daran erinnern, daß dies auch das Jahr war, in dem die "ausführlichen Untersuchungen" über die Kohle im Heiligen Land der Indianer eingeleitet wurden. Was seinerzeit den Schäfern auf dem Female Mountain wiederfuhr, war der erste Schritt in Richtung einer neuen nationalen Politik; sie war also bereits damals weder unbekannt noch ungeplant. Zumindest für die Energietechnokraten kam die "Energiekrise", die später das Land in ein Trauma stürzen sollte, nicht überraschend. Es gab auch einige Leute, die die damit verbundene Herausforderung willkommenhießen und von ihr profitierten.

Während der Präsidentschaft John Kennedys wurde dann die Eroberung des Westens weiter fortgesetzt. Der damalige Innenminister Stewart Udall unterschrieb die Pachtverträge über die Kohle auf dem Female Mountain und über die Kraftwerksprojekte im Four Courner-Gebiet. (Später hat er das in einem öffentlichen Schuldbekenntnis bedauert: "Vielleicht habe ich nicht genug für die Indianer getan".)

Der Energiebedarf erreichte seinen Zenith mit dem Aufstieg Richard Nixons ins Weiße Haus und mit dessen Entscheidung, John Ehrlichmann zu seinem persönlichen Berater für innenpolitische Angelegenheiten zu machen. In dieser Position hatte er die Macht, das Schicksal des Landes, der Energiequellen und der Indianer des Westens zu beeinflussen.

Der Präsident ernannte ferner einen weiteren Anhänger von ihm, den Gouverneur von Alaska, Walter Hickel, zum Innenminister. Aber das stellte sich bald als ein Fehler des Präsidenten heraus. In seinem Buch *Wem gehört Amerika* berichtete Hickel von einem Ereignis, das sowohl seine eigene Zukunft als auch die des Landes bestimmen sollte.

Kurz nach seiner Ernennung, aber noch vor der öffentlichen Bekanntgabe, fand in Palm Springs in Kalifornien eine Konferenz der Republikanischen Gouverneure statt. In diesem Rahmen veranstaltete Dita Bearnd, eine Lobbyistin von ITT, eine ihrer berühmten Parties "um die bevorstehende Ernennung" Rogers Mortons zum Innenminister zu feiern. Hickel erinnerte sich daran, "wie aufgeregt Dita und ihre Freunde bei ITT über diese Aussicht waren." Die Lobbyistin lag zwar nicht falsch mit ihrer Vorfreude, nur fand die Feier etwas verfrüht statt. Es dauerte nicht lange, bis der freimütige Hickel vom Präsidenten gefeuert wurde, natürlich nicht wegen der offiziell angegebenen Gründe. Die Ursachen lagen in seiner Opposition zur Politik des Weißen Hauses, dem Land mittels des Kohlentageabbaus "die Kleider vom Körper zu reißen" – wie er die Energiepolitik der Nixon-Verwaltung bezeichnete.

Daraufhin wurde Rogers Morton zum Innenminister ernannt. Sie wollten einen aus dem Osten, sagte der Mann aus Alaska.

Es war auch in jener Zeit, als ITT angeboten hatte, die Versammlung zum Zweck der Wiederwahl Nixons als Präsidentschaftskandidat zu finanzieren. Und Rogers Morton, der Hauptgeldsammler für Nixons Präsidentschaftskampagne im Jahr 1968, war Experte für das Sammeln 'politischer Beiträge' von Angestellten der Energieindustrie. Bei einer dieser politischen 'Geldsammel-Einladungen', die von dem American Petroleum Institute in Houston/Texas unterstützt wurde, konnten fünf Millionen Dollar eingetrieben werden. Rogers Morton war der Ehrengast. Die Ölgesellschaften, die auch an einigen der größten Kohlengesellschaften beteiligt waren, kauften zu dieser Zeit die Pachtverträge über Millionen Morgen Bundesland im Westen mit Öl- und Kohlenvorkommnissen. Diese Gebiete wurden vom Innenministerium verwaltet.

"Der Name des 'Spiels' heißt 'Profit' ", sagte der stellvertretende Innenminister Hollis Dole.

Die Eroberung des Westens hatte ein weiteres Mal begonnen. Die Herrschaft Roger Mortons über das riesige Reich der Energiequellen und der 'Lehnsgebiete' des Innenministeriums veränderte in Zusammenarbeit mit der Politik John Ehrlichmanns das Gesicht Amerikas. Stewart Udall drückte die Entwicklung mit folgenden Worten aus: "Die Nixon-Verwaltung . . . produzierte eine plötzliche Angst vor der Kohlenknappheit". Es wurde verkündet, daß Amerika innerhalb eines Jahres eine "Energiekrise" zu erwarten hätte wegen seiner Abhängigkeit von Energiequellen des Auslands. Der Kohletageabbau im Westen war in diesem Zusammenhang beinahe eine "patriotische Pflicht". Das 'Unabhängigkeitsprojekt' wurde geboren. Die Ereignisse entbehrten nicht einer gewissen Ironie, da es gerade einer von Walter Hickels Fehlern gewesen war, daß er 1969 vor einer Abhängigkeit von ausländischen Ölquellen gewarnt hatte.

Manche werden sich noch an eine der ersten Amtshandlungen Präsident Nixons erinnern, an die Ernennung von Maurice Stern, dem Vorsitzenden der gigantischen Western Bankcorporation, zum Handelsminister. Und dessen erste Amtshandlung wiederum war die Berufung seines Verwaltungssekretärs auf den Posten des Vorsitzenden eines Minen- und Kraftwerkskomplexes, der im Land der alten Schäfer unter dem Namen Four Corners Regional Commission bekannt war. Als das riesenhafte Kohlengaskraftwerk Jahre später im Schatten des heiligen Shiprock gebaut werden sollte, sprach ein Angestellter der El Paso Natural Gas-Company von "Pilot-Projekten" : Es handelte sich hierbei um sogenannte "Modellprojekte" für die Zukunft. Das Stammesratsmitglied der Navajos, Fred Johnson, gab dazu einen wütenden Kommentar ab: "Ein Energieumwandlungsprozeß von solchen Ausmaßen ist bisher noch nirgends auf der Welt durchgeführt worden. Aber bei uns probieren sie es jetzt aus. Macht man aus uns wiedermal die Versuchskaninchen und Opferlämmer für den Weißen Mann. . . damit die weißen Kinder an der Westküste elektrische Zahnbürsten haben können?"

Die Behandlung der Indianer hatte Modellcharakter für die Art und Weise, wie der Weiße Mann später auch mit seinesgleichen umging. Dahinter steckte der Gedanke, solange man die Indianer bedauerte, würden die Weißen nicht vermuten, daß sie vielleicht die nächsten Opfer sein könnten.

Auf dem Land der alten Schäfer sollte das erste große Kraftwerksprojekt und die erste Kohlentageabbau-Mine des Westens gebaut werden. T.C. Mullens von Peabody Coal drückte es ganz direkt aus: Der Kohletageabbau auf dem Female Mountain "ist ein Modell für andere Energiegesellschaften, die notwendigerweise unserem Weg in die Zukunft folgen müssen." Was auch immer sich auf dem Heiligen Land der Indianer ereignen würde, wenn das Modell von Peabody funktionierte, würde bald überall im Westen – auf dem Farmland und in den Bergen – dasselbe geschehen.

Das "Navajo-Kraftwerk" war ein weiteres "Modell" für die Zukunft. Nach Meinung des Vizepräsidenten von Southern California Edison, William Gould, war "die Akzeptierung dieses Kraftwerks für den Bau des weitaus größeren Kaiporowitz-Projekts ausschlaggebend." Für ihn bestand die Gefahr, daß die Ökologen "dessen ökonomische Vorteile zu verhindern wußten und der erfolgreichen Durchführung des

Projekts einen Riegel vorschieben könnten." Das "Navajo-Kraftwerk" auf indianischem Land wurde gebaut, das Kaiporowitz-Kraftwerk, dessen Standort auf weißem Land sein sollte, allerdings nicht.

Bei dem genannten Projekt handelte es sich um das "Modell" für eine Phalanx von "250 neuen Kohlenminen" und "150 durch Kohlenenergie betriebenen Kraftwerken", die das Rückgrat der nationalen "Energiekrisen"-Politik von Nixons Nachfolger Gerald Ford sein sollten. Er kündigte sie 1975 in seiner "State of Union"-Botschaft an. Niemand konnte damals ahnen, welche Auswirkungen dieses erste Kraftwerk auf indianischem Land für die Weiden der alten Indianer auf dem Female Mountain haben würden.

Präsident Ford sprach auf einer Kongreßsitzung von "Rog Mortons Marschtruppen, die sofort mit der Nutzung unserer Kohlenresourcen zu beginnen hätten", damit 1980 die Kohle das Öl in der Produktion ersetzen könne. Es war selbstverständlich, daß der Innenminister mit dicser Aufgabe betraut wurde, denn die meisten Kohlenvorkommnisse lagen auf öffentlichem Land und auf den Indianerreservaten, für die er die Verantwortung hatte.

"Keiner kümmert sich um den Smog" über dem indianischen Land, schrieb damals eine Zeitung in Los Angeles.

The Woman Who Had Squaw Dance sprach: "Als ich zum ersten Mal meine Augen entdeckte, sah ich wie rein die Luft war. Jetzt wird sie immer dunstiger und grauer. Schuld daran sind die Kohlenminen. Weil die Luft so schlecht ist, fühlen sich auch die Tiere nicht mehr wohl und weil sie ahnen, was passiert, sterben sie. Die Tiere haben Angst."

The Woman Who Had Squaw Dance fragte: "Weshalb zerstört ihr die Tiere auf diese Weise?"

In ihren Worten lag ein sorgenvoller Unterton, den niemand hören wollte.

Ein Mitgleid des Navajo-Stammesrats drückte die Situation mit folgenden Worten aus: "Weil die Verantwortlichen wissen, daß sie auf indianischem Land, im Gegensatz zum

Privatland, tun und lassen können was sie wollen, haben sie auch unser Gebiet für ihre Modelle ausgesucht. Wir sitzen regelrecht in der Falle. Die Gesellschaften wissen genau, daß die Regierung nach ihrem eigenen Gutdünken handeln kann. Und wir können ohne die Zustimmung der Regierung nichts unternehmen. Und wenn wir es täten, würde die Regierung ihr Veto einlegen. Deshalb sind wir nichts anderes als Versuchskaninchen für sie."

Es gab auch noch andere Gründe für die Energiesuche in den einsamen und abgelegenen Wüstengebieten der Indianer des Westens. Man hielt sie für machtlos und fast ausgestorben. Niemand redete damals von Selbstbestimmung. 1953 hatte der Kongreß verfügt, den Indianern nahezulegen, für ihre eigene "Endlösung" zu stimmen. Allan Harper, einer der Regierungsexperten, hatte 1951 in seiner Funktion als "Vorsitzender des Regierungsdienstes für die Navajos" behauptet, daß das indianische Land, selbst wenn man es optimal nutzen würde, kaum 30.000 Menschen ernähren könnte. Deshalb empfahl er, die "armen Indianer" aus ihren unfruchtbaren Landgebieten in die Stadt "umzusiedeln". Zwanzig Jahre später war dann das Land aufgrund seiner Energiequellen zu einem der reichsten Gebiete Amerikas geworden, auf dem 125.000 Menschen lebten. Aber seit mehr als einem Jahrhundert waren die Indianer daran gewöhnt, daß ihre Lebensbedingungen von Menschen beeinflußt wurden, die sie niemals gesehen hatten und die Tausende von Meilen von ihnen entfernt lebten. Sie hatten sich damit abgefunden. Selbst die Zusammensetzung ihrer Stammesräte wurde von Weißen im Bureau of Indian Affairs festgelegt. Manchmal hatte es den Anschein, als ob das BIA "eine Heimat für alle die Bürokraten ist, die sonst nirgends Erfolg haben. Weil sie unfähig sind, innerhalb ihrer eigenen Kultur Anerkennung zu finden, pervertiert sich ihr Machtstreben, und sie versuchen, die Menschen ciner anderen Kultur zu beherrschen." Das war eine psychologische Erklärung von Peter MacDonald, dem Vorsitzenden der Navajo-Nation. "Die Angestellten des BIA betrachten die Indianer und die indianischen Regierungen ähnlich wie anmaßende Eltern ihr widerspenstiges Kind", sagt er.

Wenn der Stammesrat einen Beschluß verabschiedete, mußte er vom BIA anerkannt oder abgelehnt werden. Dafür gab es drei verschiedene Stempel, erzählte MacDonald. 'A' bedeutete, der Beschluß muß erst nach Washington zur Stellungnahme weitergeleitet werden. 'B' heißt, die Zustimmung des Gebietsdirektors ist notwendig und bei dem 'C'-Stempel braucht das BIA nicht eingeschaltet zu werden. "Keine der Regierungsabteilungen, mit denen ich es bisher zu tun hatte, besaß ein solch komplexes System 'Nein' zu sagen wie das BIA", meinte MacDonald.

Allerdings gab es auch Leute, die anderer Meinung waren, wie z.B. James Canan, der in den Sechzigerjahren beim BIA Direktor für die Entwicklung der Energiequellen auf indianischem Land war. Nach seiner Ansicht "übten die Stämme starken Druck aus, um an den vorgeschlagenen Entwicklungen beteiligt zu werden. Sie gingen dabei weiter als wir für wünschenswert hielten."

Aber der Beamte gab auch zu, daß die Hauptaufgabe des BIA darin besteht, "den Verkauf von Land voranzutreiben". Der frühere Beauftragte für Indianische Angelegenheiten, Marvin Franklin, drückte es kurz und bündig aus: "Die Bundesregierung hat ihre Aufmerksamkeit mehr auf die Landgebiete und das Eigentum und weniger auf die Menschen konzentriert."

Bei den Versammlungen der Stammesräte wurden Reden gehalten und Scheinabstimmungen über Angelegenheiten durchgeführt, von denen jeder wußte, daß sie bereits seit langer Zeit von den Weißen beschlossen worden waren. Die Verachtung der Weißen für die Demokratie bei den Indianern zeigte sich im September 1969, als der Navajo-Stammesrat über den Antrag des Salt River-Projekts zum Bau eines Kraftwerks in Page/Arizona entscheiden sollte. Bei diesem Antrag handelte es sich um eine reine Formalität, da bereits bekannt war, daß die Gesellschaft schon 1967 von General Electric Turbinengeneratoren für das Kraftwerk bestellt hatte und zwar im Werte von über 100 Millionen Dollar.

Diese rituellen Abstimmungen waren vollkommen bedeutungslos. Sie mußten zwar aufgrund von Regierungsbeschlüssen durchgeführt werden, aber mit der Zeit wurde es immer deutlicher, daß die Entscheidungen bereits lange bevor die Stammesräte die Angelegenheit überhaupt diskutieren konnten gefällt worden waren. Ein ganz offensichtliches Beispiel für diese Mißachtung der Indianer war die Verpachtung von Navajo-Land an die Utah Construction and Mining Company. Der Stammesrat entschloß sich 1957, der Gesellschaft die Erlaubnis für den Kohlentageabbau in dem Four Corner-Gebiet zu erteilen. Diese hatte jedoch bereits 1955 – also zwei Jahre vor der Abstimmung – von der Regierung den rechtlichen Anspruch auf 139.000 acre-feet Wasser zum Bau der noch nicht genehmigten Minen- und Kraftwerke erworben. Das Stammesmitglied Keith Smith erinnerte sich an die Art und Weise, wie der Vertrag über den Minenabbau auf dem Female Mountain zustande kam: "Es war uns nie möglich richtig darüber zu diskutieren, weil wir nur ja oder nein dazu sagen konnten."

"Manche von uns dachten, es handelt sich dabei um so etwas ähnliches wie die Ölbohrer, die ein paar Löcher in die Erde rammen. Das hatten wir bereits gesehen, aber keiner hatte eine Ahnung davon, was Tageabbauminen sind. Deshalb wußten wir auch nicht, daß es sich dabei um ein meilenlanges Loch handelt. Niemand hatte uns darüber aufgeklärt," erzählte ein anderes Mitglied. (In Montana berichteten die Cheyenne dasselbe: "Die alten Mitglieder unseres Stammesrats verstanden am Anfang nichts von Kohlenpachtverträgen", sagte der Vorsitzende Alan Rowland. "Sie hatten nur die Erfahrung mit den Öl- und Gasgesellschaften, die mit uns Pachtverträge abschlossen, ein paar Löcher gruben, uns einen dicken Bonus gaben und wieder verschwanden. Niemand erklärte uns, daß Kohlentageabbau mehr ist als nur ein paar Löcher in der Erde. Das BIA hat uns wie immer falsche Ratschläge gegeben. Sie halten uns für dumme Indianer, versuchen uns übers Ohr zu hauen, uns einzuschüchtern und uns zu bestechen. Sie sind ganz arrogante Schweine.")

Es gab auch Indianer, die der Ansicht waren, daß es gleichgültig ist, ob man sie über die Art der Kohlenminen informiert oder nicht. Denn jedes Jahr kamen immer wieder neue

Männer aus Washington mit Dokumenten, Untersuchungen, Berichten, Programmen, Projekten, Beschlüssen, Gesetzesvorlagen, Anordnungen und Pachtverträgen. Die Indianer diskutierten darüber und führten Abstimmungen durch, die ohne Folgen blieben. Das war eben die Art des Weißen Mannes.
Im Sommer 1970 besuchte ich einmal die Stammesverwaltung der Hopis. Einer der Stammesführer las gerade Dokumente durch.

"Was liest du da", fragte ich ihn.

"Die Kohlenverträge", antwortete er seufzend.

"Aber ihr habt sie doch schon vor so langer Zeit unterschrieben. Weshalb liest du sie jetzt nochmal durch?"

"Es ist besser, sie sorgfältig zu studieren. Wir haben sie zwar unterschrieben, aber nie sorgfältig gelesen."

Manche hielten die Verträge für nicht so schlecht. Sie dachten, zumindest bekommen die Indianer Kohlenanteile und ein paar Arbeitsplätze mehr. Clarence Hamilton, der Vorsitzende der Hopis, der die Verträge unterschrieben hatte, meinte, "Sie verhelfen uns nicht nur zu einer wirtschaftlichen Entwicklung, sondern verschaffen uns auch Arbeit."

In der Vergangenheit "wurden die Kohle, das Öl, das Uran und das Gas umsonst hergegeben. Aber jetzt versuchen wir alles unter dem Geldaspekt abzuwägen", sagte Peter MacDonald.

The Woman Who Had Squaw Dance sprach: "Wieviel würdest du für die Verwundung deiner Mutter verlangen? Die Verwüstung kann nie wieder gutgemacht werden; kein Geldbetrag kann uns unsere Mutter ersetzen.
Durch Geld kann nichts Neues geboren werden."

Keiner wagte es auszusprechen, aber jeder dachte es: diese neuen Verträge waren genauso wie die alten, mit denen die Regierung den Stämmen das Land wegnahm, anstatt ihnen welches zu geben, wie sie versprochen hatte. In der gesamten Geschichte der Nation hat nicht ein einziger Vertrag existiert, der einem Weißen das Land wegnahm, um es einem Indianer zu geben. Selbst jene Verträge, die zum Schutz der Reservate abgeschlossen wurden, mußten sich die Indianer durch die Abgabe weit größerer Landgebiete erkaufen.

Das Ganze war eine uralte Geschichte: Den Indianern wurde ein bißchen von dem gegeben, das ihnen ohnehin gehörte und im Austausch dafür nahmen sich die Weißen den Rest.

The Woman Who Had Squaw Dance sprach: "Die Regierung erzählte uns (1868) in Fort Sumer, daß sie uns nicht mehr verletzen würde. Aber sie hat gelogen. Wir haben den Vertrag unterzeichnet und sie haben uns versprochen, uns fortan in Ruhe zu lassen. Doch sie haben den Vertrag ständig verletzt und mein Volk muß darunter leiden. Warum tun sie uns das an?"

Einige hielten die Verträge für illegal und behaupteten, daß die Regierung damit wissentlich ihre eigenen Gesetze verletzt hatte. Für viele waren die neuen Pachtverträge über die Minen schlimmer als die alten. In der Vergangenheit wurde den Indianern zumindest noch etwas Land gelassen. Aber durch den Kohlentageabbau und die Kraftwerke wurde die Erde ausgesaugt, die Flüsse aufgebraucht und die Luft vergiftet. Diese Verträge beinhalteten Zerstörung der gesamten Natur. Was davon übrig blieb, waren ein paar Jahre, in denen Geld vorhanden war, aber auch das würde bald verschwunden sein.

In Montana drohten die Nördlichen Cheyenne mit einer Gerichtsklage gegen die Regierung wegen absichtlichen "Betrugs" und "Vortäuschung" bei den Verhandlungen über die Minenverträge. Aus Angst davor, die Indianer könnten einen Präzedenzfall schaffen, der die Regierung zwingen würde, ihre Praxis bei den Vertragsabschlüssen demokratischer und durchschaubarer zu gestalten, versuchte das Innenministerium eine Konfrontation bei Gericht zu umgehen. Es wurden ein paar unbedeutende formale Fehler aufgedeckt, aufgrund derer es die Regierung den Cheyenne erlauben konnte, die Verträge rückgängig zu machen. Auf diese Weise wurde ihnen zwar die Hälfte ihres Landes, also 213.000 von 432.000 Morgen zurückgegeben, aber der Große Weiße Vater in Washington behielt trotzdem weiter das Recht, für die Indianer zu entscheiden.

Und der Große Weiße Vater suchte und fand eine technische Lösung für das Problem. Rogers Morton, der Innenminister, annullierte die Kohlenverträge, die sein eigenes Ressort abgeschlossen hatte; angeblich weil plötzlich entdeckt wurde, daß man schon länger existierende Gesetze und Beschlüsse außer Acht gelassen hatte. Diese neu entdeckten, aber alten Gesetze verboten die Verpachtung von mehr als 2.650 Morgen indianischen Landes für Kohlenminen, es sei denn, es lag eine Verzichtserklärung des Beauftragten für Indianische Angelegenheiten vor. Da es "eine solche Erklärung offensichtlich nicht gab", nahm der Minister seine Erlaubnis wieder zurück. Natürlich handelte es sich dabei nur um einen Einzelfall, der keine Anwendung auf andere Pachtverträge fand.

Wie verhielt es sich nun mit den Verträgen über andere Stammesgebiete, auf denen sich ein Drittel der Kohlenressourcen der Nation befanden? Der Minister zog es vor, darüber nicht zu diskutieren. Waren diese ganzen Verträge wirklich ungültig? Anscheinend war das der Fall. Denn fast alle überschritten die angegebene Begrenzung durch die Anzahl der Morgen und waren ohne den notwendigen "Verzicht" abgeschlossen worden.

Man befragte einige Indianerexperten und Experten unter den Indianern nach ihrer Meinung über die besagten Gesetze. Keiner hatte jemals etwas von ihnen gehört. Durch die Mißachtung ihrer eigenen Gesetze geriet die Regierung in Verlegenheit, woraufhin ein hoher BIA-Angestellter ein "vertrauliches Memorandum" herausgab: Irgendjemand hatte in der Tat das Gesetz ignoriert. Dabei handelte es sich um eine "veraltete Bestimmung, die schon längst hätte abgeändert werden sollen, was aber aufgrund von 'Abteilungsträgheit' noch nicht geschehen war." Auf diese Weise bestand das Gesetz immer noch, und nicht nur das. Es war auch auf "Öl, Gas und andere Minerale" anzuwenden. Trotzdem wurde gegen diese offensichtlichen Ungesetzlichkeiten nicht eingeschritten. Das Innenministerium war es gewohnt, sich innerhalb und außerhalb der eigenen Gesetze zu bewegen.

Bei den gesamten Entscheidungen hatten die Indianer kein Mitspracherecht; keiner der Männer, die in den Abteilungen des Innenministeriums die Macht ausübten, wurde gewählt. Ähnlich wie das Pentagon im Ausland, so verfügten sie auf nationaler Ebene über das Schicksal von anderen Menschen aufgrund von Autoritätsbeschlüssen. Aber im Gegensatz zur Politik des Pentagons bei militärischen Angelegenheiten unterlagen die Maßnahmen des Innenministeriums weit weniger der öffentlichen Überprüfung und den Nachforschungen durch die Presse. Während des Vietnamkriegs war die Aufmerksamkeit des 'öffentlichen Auges' auf andere Bereiche gelenkt.

Die Verletzung der Verträge mit den Indianern war allerdings eine jahrhundertealte Regierungspraxis.

Vielleicht würde in ein oder zwei Generationen jemand ein Buch schreiben mit dem Titel "Begrabt mein Herz im Innenministerium."

Peter MacDonald war anfangs nicht gegen den Tageabbau, obwohl er einige Bedenken hatte. Als Junge wurde er zum Medizinmann ausgebildet, ergriff aber später den Beruf eines Ingenieurs. Als Vorsitzender des Stammes stand er genau in der Mitte. "Die Navajos sind nicht in der Position, in der sie beurteilen können, welche Seite vollkommen recht hat", sagte er zu mir.

Aber er machte sich Sorgen. "Ich möchte meinen Kindern nicht erzählen, weshalb der legendäre Window Rock schwarz ist von Fliegender Asche, weshalb die Schafe an einer Schwefeloxyd-Vergiftung sterben und warum Teile des Navajo-Reservats verlassen werden müssen."

Doch einige Stammesführer hatten begonnen, auf die Warnungen der Alten zu hören.

The Woman Who Had Squaw Dance sprach: "Alles nur Gerede! Jedesmal wenn wir jemanden wählen, der behauptet, er wird uns helfen, hält er sich, gleich nachdem er gewählt worden ist, nicht mehr an sein Wort. Das ist immer das Gleiche. Er fällt auf alles rein, was ihm der Weiße Mann er-

zählt. Er vergißt sein Volk und fängt an, unser Land zu verkaufen. Sie unterschreiben auch jedes Papier, das ihnen der Weiße Mann vor die Nase hält. Aber wir wollen mit all dem nichts zu tun haben. Wir möchten unser Land zurück!"

Ein junger Aktivist erzählte mir, "daß heutzutage einige dieser Führer nicht nur mit zwei Zungen, sondern auch mit zwei Mündern reden. Sie sagen zu den Weißen etwas anderes als zu uns. Und das Komische dabei ist, daß sie die 'indianischen Rechte' verteidigen und zu den Weißen sagen 'bewahrt unsere Kultur', während sie den Indianern erzählen 'die Weißen haben recht' und wir müssen unsere Kultur aufgeben, um 'Jobs' zu bekommen. Und warum tun sie das? Weil sie von den Massenmedien und den Weißen eingekauft worden sind."

Früher konnte man indianisches Land gegen das Geschenk von ein paar Wolldecken erwerben. Die Holländer beanspruchten 1654 die Strände von Coney Island in New York, nachdem sie Guttaquoh, dem Führer der Manahaming, das Geschenk von "zwei Gewehren, drei Pfund Schießpulver und ein paar Kleidern" gemacht hatten. Diese Haltung war typisch. In späteren Jahren konnten dann die Stammesführer mit einem kleinen Lastwagen und einigen Kisten Whiskey davon überzeugt werden, einen Vertrag mit der Regierung zu unterzeichnen. Jetzt hieß es, daß ein Schweizer Bankkonto die Wolldecken ersetzt hat.

"Diese Verträge über die Energiequellen sind Billionen wert. Wir haben auf den Reservaten niemals so viel Geld gesehen", sagte einmal ein bekannter Indianerführer. "Und wir haben noch nie so viel Korruption erlebt. Aber diese Form der Korruption ist schlimmer als die von euch Weißen. Auf Menschen, die nie viel Geld hatten, wirkt sie zerstörerisch. Sie zerstört unsere besten Führer." Als der "Kohlenrausch" den Westen erreichte, gab es mehr und mehr Gerüchte über Geschenke an lokale Stammesvertreter. Es wurde von geheimen FBI-Untersuchungen gesprochen, vom Betrug an den Indianern und von Diebstählen bezüglich der Energiequellen. Es gab allerdings keine Berichte über Untersuchungsergebnisse des Geschworenengerichts, noch ist es zu irgendwelchen Anklagen gekommen.

In vielen Kolonialstaaten hat sich die 'Praxis der großzügigen Geschenke' von Indianerstaaten an die nationalen Führer durchgesetzt, um sich eine profitbringende Nutzung der Energiequellen zu sichern. Die Geschäftsführer verschiedener multinationalen Konzerne haben bei einem Senatshearing Geschenke in Millionenhöhe zugegeben. Die gleichen Konzerne besitzen einige weitreichende Pachtverträge über Stammes- und öffentliches Land im Westen. Dort haben diese Geschenke die Form von Regierungs- und Konzernzuschüssen an die Stammesregierungen angenommen oder sie bestanden ganz einfach aus Bargeld, das den Führern angeboten wurde. Diese Gelder werden als "Entwicklungsfonds" bezeichnet. Im Südwesten werden 'Wohltätigkeitsgeschenke' von den Staaten Colorado, Utah, Arizona und New Mexico mit Hilfe der Bundesregierung koordiniert und von der Four Corners Regional Commission verwaltet. Ihr offizielles Ziel war die "Entwicklung eines armen, aber wunderschönen Gebietes in diesem Land." Natürlich gab es in dieser Version keinen Hinweis auf die Geschenke in Millionenhöhe, die nicht nur an die arme Land- und Indianerbevölkerung gemacht wurden, sondern auch an die örtlichen Stadt- und Bezirksverwaltungen, an die Universitäten und sonstige Institutionen.

Unter den Empfängern der Four Corners Regional Commission befanden sich auch jene Stämme, deren Land reiche Energiequellen aufwies. Allein innerhalb eines Jahres bekamen die Verwaltungsabteilungen und Unternehmen der Navajo-Nation Geschenke in der Höhe von 3.398.889.61 Dollar in der Form von Gerätschaften und Fonds. Aus der gleichen Quelle erhielt das BIA 1972 'Zuschüsse' in der Höhe von 2.269.980 Dollar. Insgesamt sind jährlich Geschenke im Wert von etwa 4.5 Millionen Dollar an die Stammesregierungen gemacht worden. Dadurch hat sich natürlich deren Kritikbereitschaft an der "Energieentwicklung" im Four Corner Gebiet nicht erhöht. Wendell Chino, der Vorsitzende der Mescalero Apachen Nation behauptete, daß "einige Stammesvorsitzende sich nicht um ihr Volk kümmern. Sie hängen an ihrem Job und anstatt ihrem Volk zu dienen, dienen sie sich selbst. Alles, woran sie interessiert sind, ist ihre Macht."

Von Chino wurde manchmal gesagt, daß er "das Gewissen der Stammesführer" sei. Er war zugleich Präsident der National Tribal Chairman's Association (Vereinigung der nationalen Stammesvorsitzenden) und sprach des öfteren mit Sorge von der anwachsenden Korruption unter den Führern. "Das Problem ist nicht nur, daß sie den Frauen nachlaufen und trinken. Darüber würde ich gar nichts sagen, weil das ihre Privatangelegenheit ist. Aber was ich kritisiere, ist ihre mangelhafte Ausübung ihres Jobs; sie tun nichts für ihre Leute. So sollte sich ein Führer der Indianer nicht verhalten. Entweder ist er ein starker Führer seines Volkes oder er sollte überhaupt keiner sein und zurücktreten."

Auf dem Female Mountain hatte die Zerstörung bereits stattgefunden. Das "Modell" der ersten Tageabbaumine und des ersten Kraftwerks hatte die sogenannten "Monster" ausgebrütet, die sich jetzt im gesamten Westen vermehrten. Allein für das heilige Land der Navajos im Four Corner Gebiet, dem Land der alten Schäfer, gab es Pläne für sieben riesige Kohlen-Verbrennungsanlagen, die Billionen von Dollar kosten sollten.

Man sprach auch davon, in dieser Gegend eine Stadt zu bauen für 75.000 Menschen. Auf Anforderung der Four Corner Commission hatte die Westinghouse Corporation Pläne entworfen für eine "ultramoderne Stadt für 250.000 Menschen"! Sie sollte eine "Modellstadt für Indianer" werden, schrieb der U.S. News and World Report 1969, mit dem Ziel, den Menschen "zu helfen" und sie zu urbanisieren. "Wir wollen den Indianern das 20. Jahrhundert bringen", sagten die Planer.

"Wenn ihr uns Pittsburgh hierher bringt, dann brauchen wir nicht nach Pittsburgh zu gehen, um dort zu sterben. Solch eine Stadt ist das Ende unseres indianischen Weges der Schönheit und Harmonie", meinte dazu ein Navajo. "Jeder spricht von der Selbstbestimmung der Indianer", fuhr er fort, "und was tun sie in Wirklichkeit? Sie bieten uns die Selbstzerstörung unserer Energiequellen und Religion an. Das ist für mich keine wirtschaftliche Entwicklung, sondern die wirtschaftliche Vernichtung der Reservate."

The Woman Who Had Squaw Dance sprach: "Unsere Heilkräuter gedeihen nicht mehr. Schon dreimal bin ich hinausgegangen, um nach ihnen zu suchen, aber ich konnte den Ort nicht mehr wiedererkennen, an dem sie wachsen. Ich habe meinen Weg verloren, weil der Berg so zerstört ist. Unsere Gebete und Heilmethoden sind nicht mehr wirksam und der Wert unserer heiligen Dinge ist verloren gegangen. Sie ziehen der Erde die heiligen Elemente aus den Adern. Sie haben unsere Mutter verletzt."

John Redhouse und Gerry Wilkins vom National Indian Youth Council (Nationaler Jugendrat der Indianer) in der Nähe von Albuquerque schrieben einen offenen Brief an die Stammesverwalter und die Regierung. Sein Ton war eher wütend als hoffnungsvoll: "Es hat den Anschein, als ob die Indianer mit ihrem Land, mit ihrer Kultur und mit ihrer heiligen Religion die geheizten Swimmingpools in Los Angeles bezahlen sollten. Vielleicht klingt es für einige von uns lächerlich, wenn wir versuchen wollen, ein Multibillionen-Dollar-Projekt zu verhindern, aber wenn unsere Existenz als indianisches Volk durch die Gier der Konzerne bedroht wird, haben wir nichts mehr zu verlieren."

Trotz all dieser Eingriffe waren die Berge noch nicht tot. In der Vergangenheit hatte die Natur bereits noch schlimmere Verwüstungen überstanden: Sie hatte schon viele Welten durchlebt; einige Elemente sind gestorben und andere haben überlebt. Wird es in hundert Jahren noch die Kraftwerke auf dem Female Mountain geben?

The Woman Who Had Squaw Dance sprach: "Vor einer langen Zeit wurde hier die Erde für uns Indianer, für die Navajos, geschaffen. Sie gibt uns Getreide und wir betrachten sie als unsere Mutter. Für die Wohltaten, die uns unsere Mutter, die Erde, gibt, danken wir ihr durch Gebete. Wir bitten sie darum, ihren Körper und ihren Geist in uns aufnehmen zu dürfen, damit wir stärker und ausdauernder werden.

Was können wir der Mutter Erde geben, um die Zerstörung durch die Minen wieder gut zu machen ?"

Der Selbstmord des weißen Mannes

Manifest von Frank Tenorio,
Schriftführer des Pueblo-Stammesrats

Persönliche Buße" nannte er es.

Bald nach seiner Verurteilung im Watergate-Prozeß wegen krimineller Verschwörung hat John Ehrlichmann, der frühere innenpolitische Berater von Präsident Nixon, verkündet, daß er lieber mit den Pueblos in New Mexiko arbeiten möchte, um "Buße zu tun", als ins Gefängnis zu gehen.

Das Leben in einem Reservat ist nicht einfach, hatte Ehrlichmanns Rechtsanwältin, Ira Lowe, dem Richter John Sirica erzählt. Dennoch würde ihr Klient die Bequemlichkeit einer Gefängniszelle gegen die "abgelegene" Bergwelt New Mexikos eintauschen, um den "armen" Indianern zu "helfen". "Wir haben mit den Pueblos gesprochen und herausgefunden, welches ihre Bedürfnisse sind", sagte Lowe. Ehrlichmann könnte ihnen bei der Lösung ihrer Land- und Wasserprobleme helfen.

Der Direktor des Stammesrats der nördlichen Pueblos, Herman Agoyo, hörte sich freundlich, aber etwas erstaunt dieses freiwillige Angebot an. Er hatte dazu nicht 'nein' gesagt,und die Rechtsanwältin deutete das sofort in ein 'ja' um.

Der Gouverneur Lucario Padilla von Santa Clara Pueblo, der Vorsitzender des Stammesrats war, meinte dazu, daß sie tatsächlich einige Wasserprobleme hätten. "Wir könnten in unserem Kampf um die Wasserrechte einige Klempner gebrauchen." Aber vielleicht wäre Ehrlichmann "nützlicher beim Gräben ausheben, da das Frühjahr vor der Tür steht. Wahrscheinlich ist sein Arbeitsbeitrag für ihn selbst von grösserer Hilfe als für uns," sagte Padilla. "Nachdem wir mitleidige Menschen sind, würden wir uns freuen, bei der Rehabilitation eines Verbrechers zu helfen, aber wir bezweifeln, daß Herrn Ehrlichmanns Angebot bezüglich einer rechtlichen Hilfe in diesem Fall angemessen ist – zumindest nicht zum gegenwärtigen Zeitpunkt."

Bei einer anschließenden Versammlung der Vorsitzenden der acht Dörfer wurde "Herrn Ehrlichmanns Anfrage" abgelehnt.

Padilla war der Ansicht, "daß dieser Prozeß schon zu Ende war, bevor Richter Sirica die Aufmerksamkeit der nichtindianischen Gemeinde in diesem Land auf sich lenken konnte, und damit auf die Unglaubwürdigkeit der politischen Institutionen. Wir brauchen kein Watergate, um die Doppelzüngigkeit dieser Institutionen zu bemerken. Man kann sich nur darüber Gedanken machen, welche Art von Unterstützung Ehrlichmann wohl gemeint hat, wenn er den Pueblos von New Mexiko seine Hilfe angeboten hat."

Auf den sonnenbeschienenen Versammlungsplätzen der Pueblos trieb sich bereits eine Unzahl von Rechtsanwälten herum, die die Regierung geschickt hatte, und von denen die Indianer hofften, daß sie bald wieder verschwinden würden. Der Staat New Mexiko hatte wieder einen seiner endlosen Gerichtsprozesse in die Wege geleitet, mit der Absicht, die Selbstverwaltung der Pueblos zu zerstören. Diesmal ging es darum, ihnen ihre jahrhundertealten Wasserrechte abzusprechen. Die Bundesregierung hatte zu diesem Zweck einige ungebetene Rechtsanwälte zu ihnen entsandt, die die Pueblos "verteidigen" sollten. "Der Fuchs schützt uns vor den anderen Füchsen", kommentierte Frank Tenorio von San Felipe diese "Hilfeleistungen". Er war ein redegewandter und gebildeter Mann, aber sein Rechtsverständnis war bei den Gerichten nicht anerkannt.

Seit Tausenden von Jahren hatte sein Pueblo-Stamm, wie die meisten anderen im Tal des Rio Grande, entlang des Flußufers ihre Häuser gebaut und die Felder angelegt. Jetzt wollten die Neuankömmlinge in den großen Städten und die Geschäftemacher im Landwirtschaftsbereich den Dorfbewohnern ihre angestammten Wasserrechte entreißen. Der staatliche Ingenieur Steve Reynolds hatte bei Gericht eine Klage eingereicht, in der er behauptete, das Wasser gehöre dem Staat. Die Pojaque-, Nambe-, Tesuque und San Ildefonso-Pueblos hatten diese Klage angefochten. Der Fall, der unter dem Namen 'New Mexiko gegen Aamodt' bekannt ist, war ein "Chaos", sagte Tenorio.

"Wenn man den Indianern das Wasser wegnimmt, werden sie sterben, weil das Wasser das Blut unseres Volkes ist." Für die Pueblos war es ein Schock als Vearle Payne, der Oberste Richter am Landesgericht von New Mexiko, verkündete, "daß der Kongreß den Pueblo-Indianern nie Wasserrechte zugesprochen hätte..." Durch diese Entscheidung war es dem Staat möglich, "seinen Daumen auf uns zu halten", meinte Tenorio.

Das war einer der Gründe, weshalb die Indianer die Regierungsrechtsanwälte rauswarfen und ihre eigenen anstellen wollten. Das Recht dazu wurde ihnen zunächst durch einen Gerichtsbeschluß verweigert, der allerdings später von einer höheren Instanz wieder aufgehoben wurde. Im Frühjahr 1976 entschied dann das Verfassungsgericht der Vereinigten Staaten, daß der Staat New Mexiko die Gerichtsbarkeit über die indianischen Wasserrechte habe; damit wurden hundert Jahre moralischer Versprechungen und rechtlicher Entscheidungen für ungültig erklärt.

Im Herbst des Jahres reisten die Pueblo-Führer in den Norden nach Shiprock, um die Navajos, ihre traditionellen Feinde, um Hilfe zu bitten. Von diesem Zeitpunkt an waren sie keine Feinde mehr, sagte Tenorio, denn jetzt hatten beide Stämme einen gemeinsamen Gegner, der allen Indianern das Wasser wegnehmen wollte.

Tenorio sprach die folgenden Worte zu mir:

Ich heiße Frank Tenorio und bin ein Pueblo-Indianer aus San Felipe in New Mexiko. Seit vielen Jahren bin ich an dem Kampf um das Wasser beteiligt. Wir haben sowohl die Bundes-, Staats- und Bezirksregierungen gegen uns, als auch die Interessen mächtiger Konzerne und Einzelpersonen. In unserem Kampf stehen wir einer Phalanx sämtlicher Herrschaftsinstitutionen des mächtigsten Landes der Welt gegenüber.

In gewisser Weise könnte man mich auch als einen Hämathologen bezeichnen. Das ist ein Arzt, der sich mit den Problemen des Blutes beschäftigt; denn das Wasser ist das Blut unseres Volkes.

Viele Worte sind schon über unser heiliges Land, das unser Körper ist, gesprochen worden; über die Werte unserer Kultur, die unsere Seele bilden. Aber wenn das lebensspendende Blut unseres Volkes aufhört zu fließen oder wenn es vergiftet wird, dann wird auch alles andere sterben und die schon seit tausend Jahren bestehende Existenz unserer Gemeinschaft wird zu einem Ende kommen.

Es war gewiß nicht die Absicht des Großen Geistes, uns aussterben zu lassen und unsere Knochen zu zerstreuen, die dann nur noch in den Lehrbüchern der Anthropologen eine Bedeutung haben.

Wenn ein Pueblo, der vor zwanzigtausend Jahren gelebt hat, jetzt mit seinen Nachfahren leben müßte, würde er sich sicher zu Hause fühlen. Wir haben unsere Beziehung zur Natur bewahrt und sind einer der wenigen Hüter dieses Wissens. Vielleicht wird es einmal gerade dieses Wissen sein, das die Menschheit zum Überleben braucht.

Unsere alten Feinde, die Angelsachsen und Spanier, haben sich mittlerweile unter uns angesiedelt. Sie werden uns zwar das nicht mehr zurückgeben, was sie uns gestohlen haben, aber sie konnten uns nicht ganz ausrotten. Wir haben die Spanier, die Angelsachsen und die technische Revolution überlebt. Doch jetzt stehen wir unseren größten Feinden gegenüber. Sie heißen nicht mehr Coronado, Cortez oder Custer, sondern Army Corps of Engineers, Sana Juan - Chama Diversion Project, Salt River Project usw.

Wenn ich mich diesen neuen Feinden gegenüber sehe, die unsere Existenz bedrohen, dann spüre ich, wie sich meine Brüder in der Vergangenheit gefühlt haben müssen, als sie auf den Dächern ihrer Häuser standen und zum ersten Mal diese Menschen mit einer weißen Haut erblickten, aus deren blitzenden Waffen das Feuer schoß, das ihre Brüder und Schwestern tötete und ihre Häuser zerstörte.

Wir haben ihre Macht kennengelernt und sie überlebt. Und so werden wir auch die Methoden von unseren heutigen Feinden durchschauen, die sich hinter solchen Buchstaben wie BIA (Bureau of Indian Affairs) und BLM (Bureau of Land Management) verschanzen. Auch sie werden wir überleben.

Die Grundlage unseres Problems ist der Interessenkonflikt innerhalb der Bundesregierung. Das Innenministerium ist mit dem Schutz und der Erhaltung der natürlichen Energiequellen zum Wohl der Bevölkerung beauftragt. Es muß sich aber auch um den Schutz und die Entwicklung von indianischem Land kümmern ... und bei einem Konflikt zwischen indianischen und öffentlichen Interessen verlieren immer die Indianer.

Unsere Situation ist analog zu der eines Bauern, der seine Hühner und seine Füchse im gleichen Stall hält und die Aufgabe bewältigen muß, die Füchse zu füttern und dabei gleichzeitig die Hühner am Leben zu erhalten. Wir alle kennen das Ergebnis einer solchen Konstellation.

Unser heiliges Wasser ist ein gutes Beispiel dafür, was mit uns geschieht.

Durch die ständig expandierende Urbanisierung des indianischen Landes ist uns Indianern im Südwesten nur noch das schlechteste Land und das schlechteste Wasser übriggeblieben. Der Weiße Mann hat seine Energiequellen verschwendet und wirft nun ein lüsternes Auge auf das bißchen, das wir für unseren eigenen Bedarf aufbewahrt haben. Wir haben unsere Energie nicht verschwendet.

In dem Glauben der Weißen an die ständig wachsenden Entwicklungsmöglichkeiten und an ihre Fähigkeit, die Natur mittels der Technologie fortgesetzt verändern zu können, liegt etwas Selbstmörderisches. Was die Wassermenge anbetrifft, so kann der Südwesten damit nur eine begrenzte Anzahl von Menschen versorgen: Der Große Geist hat in die Erde nur eine begrenzte Wassermenge hineingegeben, eine Tatsache, die der Weiße Mann nicht akzeptieren will.

Wir Pueblo-Indianer nähern uns dem Armageddon, dem entscheidenden Endkampf zwischen unserem Recht zu überleben und der Hinauszögerung des Selbstmordes des Weißen Mannes.

Unsere erste Verteidungungslinie war und sollte weiterhin die Winters Doctrine sein. Sie wurde 1908 vom Verfassungsgericht verkündet und beinhaltet, daß Landgebiete, die auf Grund von Gesetzen oder Verträgen den Indianern gehören, d.h. also Indianerreservate, dazu berechtigt sind, Wasser, welches aus diesem Land entspringt oder durch es hindurchfließt, zu verwenden. Nach dieser Doktrin haben also die Indianer die gegenwärtige und zukünftige Verfügungsgewalt übcr das Wasser in den Reservaten. Aber sie steht in direktem Gegensatz zu den Gesetzen, die in den meisten Staaten zur Anwendung kommen.

Das Recht ist auf unserer Seite, aber nicht die Macht. Im frühen Neunzehnten Jahrhundert gab es eine Rechtssprechung des Verfassungsgerichts, nach der die Cherokees nicht von ihrem angestammten Land in Georgia vertrieben werden durften. Dazu meinte der Präsident Andrew Jackson: "Das Verfassungsgericht hat seine Entscheidung getroffen; jetzt sollen sie versuchen, sie auch durchzusetzen." Die Cherokees mußten ihr Land verlassen. Es scheint, daß sich die Geschichte bei den Pueblos von heute wiederholt.

Wir Indianer sind schon immer von den Mächtigen bestohlen worden. Aber noch nie hat sich eine Regierung wie die der heutigen USA so große Unkosten gemacht und ein derart detailliertes System entwickelt, um von jemanden etwas zu stehlen. Ich glaube das ist der 'American Way'.

Tatsache ist, daß uns unser Wasser genommen wird und unsere gesamte Lebensweise bedroht ist. Manchmal können wir auch die Gesetze nicht verstehen, vor allem weil sie so unzählig und so komplex sind und sich ständig verändern. Aber wir wissen was Fairness ist: Das Recht eines Volkes auf seine Existenz ... die eigenen Vereinbarungen und Verträge ernst zu nehmen ... und Fairness bedeutet auch genügend Wasser zu haben, um sein Getreide anpflanzen und seine Familie ernähren zu können...

Meine Brüder und Schwestern zu Hause verstehen nicht ganz, was mit ihnen geschieht. Wir Indianer wachsen in dem Glauben auf, daß die Menschen das Richtige tun – vorausgesetzt, sie wissen, was das Richtige ist. Daran glauben wir hier in Amerika. Es liegt also jetzt an dieser Nation, uns zu beweisen, was richtig oder falsch ist.

Die heiligen Wasser

Vor vielen Jahren hat es einmal eine Zeit gegeben, als es auf der Erde nicht mehr regnete. Es wurde immer trockener und die Pflanzen und Tiere verdursteten. Die Menschen hatten kaum etwas zum Essen. Ihre einzige Nahrung waren Kaninchen, Eichhörnchen, Prairiehunde und Antilopen. Aber auch diese Tiere starben bald, und weil es keinen Regen gab, wuchs auch kein Getreide. Es heißt, daß in dieser Zeit die Regenzeremonie der Navajos entstanden ist.

Die *Großvatergeschichten der Navajos*, einem Lesebuch für Kinder in der Navajo Rough Rock Schule, enthalten eine Geschichte über diese alte Zeremonie. Die Jugend soll sich nicht von dem indianischen "Weg der Schönheit und Harmonie" abwenden, steht dort geschrieben. John Dick von dem Tachii Nii Klan und Mitglied des Schulkomitees meinte, daß diese Erzählung aus der Vergangenheit ein "Führer für die Zukunft" sei.

Und das hat sich damals zugetragen:

Die Erdmenschen waren in großer Furcht und fragten die Tiere um Rat. Das Erdeichhörnchen wollte ihnen helfen und grub ein tiefes Loch, bis es zur feuchten Erde vorstieß. Dann kam der Kolibri und pickte in der feuchten Erde herum, bis er den Frosch fand. Und der Frosch sprach folgende Worte: "Die Erdmenschen haben die Achtung für die Erde und die heiligen Dinge verloren. Deshalb wurde ihnen der Regen weggenommen. Sie müssen zum Wasserbüffel gehen, an den 'Ort, an dem sich die Flüsse treffen' und ihn um Rat fragen."

Nach vielen Schwierigkeiten machten sich die Erdmenschen auf den Weg zu diesem Ort und fanden den Wasserbüffel. Er verstand ihre Not und sagte zu ihnen, daß sich die Dinge zum Guten wenden werden, wenn sie Folgendes täten: "Sie sollen nach Hause gehen, ein gutes Leben führen und ihre heiligen Gegenstände und Zeremonien achten. Vor allem aber sollen sie nichts Falsches und Gefährliches tun. Es ist wichtig, gut zueinander und nicht selbstsüchtig zu sein." Die Erdmenschen gingen nach Hause und taten all das, was ihnen der Wasserbüffel geraten hatte. Sie achteten die Erde und die heiligen Dinge.

Und der Regen kam wieder zu ihnen zurück – zwölf Tage lang. In den Flüssen gab es wieder Wasser, überall sprossen die Samen, und das Getreide fing an zu wachsen. Es gab reichliche Ernten. Aus dieser Erfahrung lernten die Erdmenschen etwas über die Ökologie des Wassers: Wenn die Erde mißbraucht wird, trocknet das Wasser aus, denn der Regen entwickelt sich in der Erde bevor er vom Himmel fällt. Die Erde ist die Mutter des Regens.

In den Bergen von New Mexico, dort, wo der kleine Los Pinos und der große San Juan Fluß zusammenfließen, ist der "Ort, an dem sich die Flüsse begegnen". Die Stelle, an der der Wasserbüffel lebte, gibt es tatsächlich. Doch jetzt hat dort das Bureau of Reclamation (Urbarmachung) des Innenministeriums einen turmhohen Damm gebaut, der das Wasser in die Kraftwerke, Tageabbauminen und Kohlengasprojekte der Regierung umleitet.

Einmal nahm ich an einer Konferenz der Navaja Nation über die Wasserressourcen teil. Sie fand in der Stadt Farmington statt. Da ich den Weg nicht allzu gut kannte, befand ich mich mit einem Mal oberhalb des Navajo-Damms. Hunderte von Metern weiter unten konnte ich in dem Wasser die Stelle sehen, an der vor langer Zeit die Erdmenschen den Wasserbüffel um Regen gebeten hatten. Unterhalb des Damms gab es einen See – voll mit Segelbooten und Jachten, und neben der Straße lag der Abfall, hauptsächlich leere Bierdosen. Der See war an den Wochenenden für die Ingenieure und Minenarbeiter ein beliebtes Ausflugsziel geworden. Dort konnten sie die Natur genießen und sich betrinken und vor allem vor dem Smog der Kraftwerke flüchten, in denen sie in Farmington arbeiteten. Ich bezweifle, daß sie jemals den Wasserbüffel danach befragt haben, wie sie die Erde und die heiligen Dinge achten sollen. Sie kannten die Geschichte über die Ökologie der Erde und des Wassers nicht.

Die Indianer, die damals in dem Tal des Flusses gelebt hatten, tranken das Wasser nur sparsam und ehrfurchtsvoll. In der Wüste war es Heiliges Wasser. Wer es vergeudete, vergeudete auch das Leben. Denn nicht nur die Menschen, sondern auch die Erde selbst würde sterben, wenn das Wasser in den Flüssen austrocknete. Seit Hunderten von Jahren hatten die Indianer, die in der großen Stadt Pueble Bonito im Chaco Canyon und an den Flüssen lebten, kaum Industrien aufgebaut und nur wenige Felder bewässert. Sie wußten, daß es in den Flüssen nur wenig Wasser gab und daß sie nicht mehr verbrauchen konnten, als vorhanden war. Niemand, der in diesen Wüsten lebte, würde eine solche Dummheit begehen, denn es wäre dasselbe als ob man seinen Durst mit dem eigenen Blut stillen wollte.

Im 19. Jahrhundert kamen dann die weißen Farmer in das Tal. Dan Sullivan, der Bezirkssheriff von San Juan, erinnerte sich, daß sie "die Navajos aus den fruchtbaren Gebieten an den Flußmündungen vertrieben und sie auf die trockenen Tafelberge abgedrängt haben, auf denen man fast nichts anbauen konnte". Das ereignete sich 1880, als sein Großvater Sheriff gewesen war. Aber die weißen Farmer achteten wenigstens noch das Wasser, denn sie wußten, daß ihr Leben davon abhing.

Den Stadtmenschen hingegen waren diese Zusammenhänge unbekannt. Viele von ihnen kamen aus Großstädten und sie wanderten in den Westen aus, als dort die Ölfunde in den Fünfzigerjahren die verschlafenen Kleinstädte in sogenannte "Boom"-Städte verwandelten. Für sie hatte das Wasser keine Bedeutung. Es kam aus der Leitung, und sie glaubten, es so verwenden zu können, wie es ihnen gerade in den Sinn kam.

Es wurde jetzt für die "Energiegewinnung" benötigt, so wie es früher für die Windmühlen und Dampfmaschinen verwendet wurde. Aber niemand begriff, daß das Wasser selbst Energie war. Es bestand aus vielen chemischen Energien, die den Fischen und Tieren, der Erde und dem Himmel Nahrung gaben. Die Energie des Wassers war so groß, daß sie Berge verschob, Canyons grub und den Kontinenten ihre äußere Form verlieh. "Viele Städte und viel Land hat es verschlungen", sagte Leonardo da Vinci; sein "Brodeln und Kochen" ist so kraftvoll, daß es sich mit "keiner menschlichen Kraft" vergleichen läßt. Die Indianer nannten das Wasser ein Heiliges Element.

Drei Viertel der Erdoberfläche bestanden aus Wasser. Im Himmel war ein riesiges Meer, das die gesamte Erde unter Wasser setzen konnte, wenn es jeden Tag regnen würde. Selbst ein kleines Gewitter erzeugte mehr Energie als eine Atombombe von 120 Kilotonnen Tnt. Jeden Tag gab es mehr als 10 000 Gewitter und deswegen konnte man sagen, daß jedes Jahr eine Energiemenge von 3 650 000 Atombomben auf die Erde herabregenete.

Jetzt wird die Erde immer trockener. Während des Pleistozän-Zeitalters waren die Wüsten des Südwestens tropische Meere und Sümpfe. Ursprünglich bestand ein Fünftel Nordamerikas aus Seen; von ihnen existiert jetzt nur noch weniger als die Hälfte. Überall war das Wasser weniger geworden.

Die Bewohner von Farmington wußten davon nichts; sie kannten die Bedeutung des Wassers nicht.

Im Holiday Inn von Farmington hatte die Konferenz schon begonnen, als ich eintraf. Die Vertreter der Navajos, Utah, Apachen und Pueblos lächelten, denn im Raum nebenan tagte der Rotarier Club und man konnte den Gesang durch die Wand hören:

Gebt mir ein Stück Land, auf dem die Büffel herumstreifen ...
und über dem der Himmel nicht alle Tage bewölkt ist.

Die Astronauten behaupteten, daß der Smog über der Stadt die schlimmste, von Menschen verursachte, Luftverschmutzung sei. In den Hügeln unterhalb der Stadt lag die größte

Kohletageabbaumine der Erde. Und jetzt wurden weitere Pläne entwickelt für die größten Kohlengaskraftwerke der Erde. Auch sie sollten in der Nähe der Stadt gebaut werden.

Die weißen Geschäftsleute von Farmington sangen den traurigen Refrain "Ein Land, über dem der Himmel nicht alle Tage bewölkt ist" wie glückliche Kinder, denen die Bedeutung ihres Liedes nicht bewußt ist. Die meisten von ihnen waren Rechtsanwälte der Kraftwerke und sie dachten nur an Wachstum und Geld.

William Veeder, einer der Redner bei der Konferenz, wies mit Nachdruck darauf hin, daß die Kraftwerke nur dem Zweck dienten, "die Großstadtgebiete mit Elektrizität zu versorgen und daß die Männer, die die Machtpositionen innehaben, aus diesem Teil des Landes einen Sklavenstaat machen wollen". Er bezeichnete ihre Vorgehensweise mit "Kolonialismus" und das Ergebnis sei ein "Völkermord" an den Indianern. Sie werden die "ersten Opfer" sein, weil es sich um ihr Wasser, ihr Land, ihre Kohle und Energie handelte, aber ihnen werden noch weitere Opfer folgen. Veeder glaubte, daß der gesamte Westen zu einem "Sklavenstaat" des "Wasser- und Energiedursts" der Regierung werden wird. Man läßt die Bevölkerung des Westens, Indianer wie Weiße, "ausbluten". Sie werden alle sterben.

Die Four Courner Komission hatte es bereits selbst schon ausgesprochen: "Das Gebiet gleicht in vieler Hinsicht einer Reihe von unterentwickelten Ländern in den anderen Teilen der Welt."

Wer war dieser William Veeder? Ein sehr lebendiger Mann von kleiner Statur, mit einem leicht geröteten Gesicht und der Neigung, rasch zornig zu werden. Es ist noch nicht lange her, als er einer der führenden "Experten" der Regierung war auf dem Gebiet der indianischen Wasserressourcen und in Washington das BIA leitete. Aber er hatte sich zu offen für die Wasserrechte der Indianer eingesetzt und konnte deshalb seine Stelle nicht behalten. Er wurde vom Innenministerium aus seiner Position als langjähriger Rechtsanwalt in den Bereichen "Justiz und innere Angelegenheiten" an eine Stelle versetzt, wo er weder einen Titel noch eine wichtige Funktion innehatte.

"Man teilte mir mit, daß ich nicht befugt sei, für 'Gerechtigkeit' oder innere Angelegenheiten zu sprechen", berichtete er lachend. "Auch jetzt spreche ich nicht im Namen des Innenministers." Auf diese Weise besaß er die Freiheit offen zu reden, teilte er seinen Zuhörern mit. "Ich glaube, wir sollten die Dinge beim Namen nennen. Das Innenministerium hat euch bereits verplant. In diesem Plan der Regierung existieren die Indianer nicht mehr. Es handelt sich dabei um den gemeinsten Angriff auf die indianischen Wasserrechte, den ich jemals gesehen habe."

Warum war er so wütend? "Es gibt einfach nicht genügend Wasser, um gleichzeitig den Ansprüchen der Menschen und der Industrie gerecht zu werden. Deshalb müssen wir eine Entscheidung treffen. So einfach liegen die Dinge." Die Regierung hat der Energieindustrie mehr Wasser angeboten als in den Flüssen existiert. "Der Fluß wird überbeansprucht", sagte Veeder, denn wenn das gesamte Wasser, das der Industrie zugeteilt werden soll, aus dem Fluß abgeleitet wird, "besteht die Gefahr eines 'Null-Flußlaufs', bevor das Wasser die Menschen erreicht".

Der Physiker Charles Hyder des NASA Goddard Flight Centers stimmte mit ihm überein. Die Zuteilungsmenge des Wassers aus dem kleinen Fluß an die Industrie war so groß, daß das Innenministerium "dazu bereit war, das Wasser des San Juan Flusses anzuzapfen". Seit vielen Jahren hatte bereits die Wassermenge dieses Flusses "beständig abgenommen". Wenn der Entwässerung nicht Einhalt geboten wird, wird es in den Achtzigerjahren ein "ausgetrocknetes Flußbett" geben. Sogar das Reservoir hinter dem Navajo-Damm "wird möglicherweise für eine lange Zeit austrocknen ... und es kann eine Dürre eintreten".

Die Ankündigung einer Dürrekatastrophe hat vermutlich niemanden überrascht. Denn bereits Anfang der Sechzigerjahre hat das Select Committee on National Water Resources des U.S. Senats erklärt, daß der Wasserbedarf der geplanten Kraftwerke größer sein wird als die Wassermenge der Flüsse in den Achtzigerjahren. Und um das Jahr 2000 wird der Bedarf die vorhandene Wassermenge um 40 Prozent übersteigen. Bisher hat sich noch niemand damit auseinandergesetzt, wie diesem Problem begegnet werden soll.

"Die Natur hat für die geplante Ableitung der Flüsse nicht genügend Wasser zur Verfügung", warnte die Upper Colorado River Commission im Jahre 1965. Das Wasser in den Flüssen reichte weder für den "gegenwärtigen Gebrauch noch für weitere Entwicklungspläne". Daraus folgerte die Kommission, daß zusätzliche Projekte "unklug seien".

Dessen ungeachtet bot die Regierung weiterhin mehr Wasser an als vorhanden war. Dem Kohlengaswerk in dem Four Corner Gebiet wurden 2 744 280 000 Kubikmeter Wasser angeboten, den Kraftwerken 2 787 840 000 und den Städten am Rio Grande 7 187 400 000. Einige der Entwicklungsplaner waren der Ansicht, daß diese Wassermenge und der Teil, den man den Indianern für ihren Ackerbau versprochen hatte, die Wassermenge eines "normalen" Jahres um ein Drittel überstieg.

Veeder meinte, "diese ganzen Zahlen und Voraussagen sind alle sehr wissenschaftlich und dienen nur dazu, die Ausbeutung der Flüsse zu verfeinern. Auf meinem Schreibtisch lag jeden Morgen ein neuer Computerauszug über die Wassermenge in den Flüssen – angefertigt von einem Computerfachmann, der niemals seine Füße naßgemacht hat. Das Ganze ist nur ein Spiel mit Geisterzahlen. Der Computer spuckt alles aus, was man ihm eingibt". Eines kann er allerdings nicht: er liefert kein Wasser. Die Computer des United States Geological Survey sagten für das Jahr 2000 eine Verdoppelung des Wasserbedarfs voraus; woher diese Menge kommen sollte, konnten sie allerdings nicht vorhersagen.

Zur Zeit gab es mehr "Berechungen" als Wasser, stand in einem Bericht der Senatoren George McGovern und James Abourezk von South Dakota und den Abgeordneten im Repräsentantenhaus, Patricia Schroeder und Frank Evans aus Colorado. Wenn dieser Unsinn kein Ende nimmt, "wird ein Desaster eintreten".

Das erinnerte mich an die Versammlungen, die wir vor einigen Jahren in dem Amtshaus einer Kreisverwaltung abhielten, um die Entwürfe einer Immobilienfirma von der Ostküste zu diskutieren. Sie wollte in den Wüstengebieten ein "El Dorado" bauen. Für solch ein Projekt war nicht genügend Wasser vorhanden, meinten die einheimischen Farmer. Ein New Yorker Rechtsanwalt, der die Entwicklungsplaner bei den Besprechungen vertrat, war über diese Ansichten sehr ungehalten und fing an zu schreien: "Wir haben zehn Millionen Dollar um zu beweisen, daß es genügend Wasser gibt." Das Gelächter, das seinem Ausruf folgte, schien ihn etwas zu verwirren.

Vor mir saß ein alter Bauer. Er drehte sich zu mir um und meinte, "Nun, ich hab' zwar schon davon gehört, daß Wasser in Wein und Wein in Wasser verwandelt worden ist. Aber ob das auch mit Dollarnoten klappt?"

In den alten Zeiten, als die Worte noch das ausdrückten, was sie wirklich bedeuteten, schämte sich niemand, eine Wüste auch eine Wüste zu nennen. Auf den Landkarten des 19. Jahrhunderts wurde der Amerikanische Westen noch mit der "Großen Amerikanischen Wüste" bezeichnet, die von der mexikanischen bis zur kanadischen Grenze reichte. Der Regen in den Prairien von Montana war und ist immer noch derselbe wie in den Wüstengebieten von New Mexico.

Heute haben die Entwicklungsplaner den Namen für die Wüste geändert, aber die Wüste selbst hat sich dadurch nicht verwandelt. Sie ist sogar noch größer geworden, weil es weniger Gras und weniger Wasser gibt. "Der größte Teil dieses Gebiets ist trocken oder halbtrocken", stand in dem Untersuchungsbericht *Natural Resources for U.S. Growth* von 1964. Obwohl mehr als die Hälfte des unbebauten Landes der 48 Staaten im Westen liegt, betragen die Wasserressourcen nur ein Fünftel von denen des Ostens. Seit einigen Jahren sinkt in den Wüsten der Wasserspiegel. Bereits 1959 hat Leopold Luna von dem Geological Survey darauf hingewiesen, daß das Heraufpumpen des Grundwassers "bei weitem die Wiederherstellung des normalen Grundwasserspiegels durch den Regen übersteigt". Und weiter heißt es dort: "Wenn in diesen Gebieten weiterhin im gleichen Ausmaß das Wasser herausgepumpt wird, kann es zu einer Erschöpfung der Wasservorräte kommen." Diese Aussagen wurden bereits Jahre vor der Entstehung solcher Städte wie Denver und Phoenix und vor dem Bau der riesigen Kraftwerke gemacht.

Ich fragte einmal Eastburn Smith, den Gebietsdirektor des Bureau of Land Management, nach seiner Meinung über den Zusammenhang zwischen den großen Städten und den Wasserressourcen. Er erzählte mir, daß zu der Zeit, als Phoenix gebaut wurde, "mehr als dreihundert Anfragen bekam" für die Erlaubnis zum Bau von tiefen Brunnen. Da ihm die Hydrologen geraten hatten, die Erlaubnisse nicht zu erteilen, unterschrieb er keinen der Anträge. Nach Ansicht seiner Berater würde nämlich auf diese Weise innerhalb von 25 Jahren das Grundwasser erschöpft sein. Aber der Innenminister hatte darauf bestanden, daß er die Anträge unterschrieb.

"Und was bedeutet das?" fragte ich ihn. "Nun, das war vor 15 Jahren. Sie haben also noch 10 Jahre Zeit", gab er mir zur Antwort.

In jenen dunklen Tagen, bevor das Licht der "Energiekrise" den Augen der Nation die versickernden Wasserquellen sichtbar machte, gaben die Politiker von New Mexico ihr weniges Wasser an die Kraftwerks- und Minengesellschaften weg. Eines dieser Geschenke bestand aus sechs Billionen Kubikmeter Wasser des San Juan Flusses an die Tageabbaugesellschaft Utah Construction and Mining. Für die Erlaubnis mußten sie nur siebenhundert Dollar zahlen. Gemessen an seinem heutigen Wert hätte der Preis für das Wasser mehr als fünfzig Millionen Dollar betragen müssen.

Als der Vertreter im Repräsentantenhaus, John Mershon, davon erfuhr, fragte er einen bei der Regierung angestellten Ingenieur, ob man nicht das Wasser "umsonst hergegeben hätte". "Das stimmt", antwortete ihm der Beamte Steve Reynolds.

Der skeptische Mershon ging der Sache nach und fand heraus, daß die "Erlaubnis" auf den Februar 1955 "zurückdatiert" worden war. Denn einige Monate später "reservierte" die Interstate Streams Commission das gesamte Wasser des San Juan-Beckens für sich. Es lag nahe, in diesem Zusammenhang Interessenkonflikte und Bestechungen zu vermuten, vor allem als entdeckt wurde, daß ein Mitglied und späterer Vorsitzender der Kommission gleichzeitig ein Geschäftsmann am San Juan-Flußbecken war. Mershon meinte, “er könnte eine Menge interessanter Zusammenhänge in dieser Angelegenheit entdecken”.

Aber die “Wassergeschenke” an die Tageabbau- und Energiegesellschaften wurden niemals untersucht. Der Diebstahl an den Energie- und Wasserquellen der Nation wurde nicht in Frage gestellt.

Die Wassermenge, die man für die Techniken benötigte, um aus der Erde Energie zu gewinnen, war so groß, daß man für eine relativ unbedeutende Energiequelle, wie z. B. den Ölschiefer, “bereits das gesamte Wasser des Colorado Flusses verwenden müßte zur Kühlung der technischen Anlagen, die dem Schiefer das Öl entziehen”. Diese Ansicht vertrat ein Techniker der Herkules Gesellschaft. Die Gaswerke würden sogar noch mehr Wasser benötigen, denn das Wasser war einer der Hauptfaktoren bei dem Umwandlungsprozeß von Kohle in Gas. Da diese Technik noch relativ neu war, konnte man auch nicht vorhersagen, wieviel Wasser tatsächlich dabei verschwendet werden würde. Aber eines wußte man ganz sicher: das bei diesem Prozeß verwendete Wasser war für immer verloren und konnte nicht wieder benutzt werden.

“In den Staaten des Westens gibt es einfach nicht genügend Wasser, um die in den letzten Jahren geplanten Kraftwerke in die Realität umzusetzen”, stand in einem umfassenden Untersuchungsbericht, der 1974 von der Nationalen Akademie der Wissenschaften herausgegeben wurde. Wenn diese ganzen Kraftwerke gebaut werden, werden die Minen des Kohlentageabbaus, die ihre Hochöfen füttern müssen, die Erde so schwer verwunden, daß sie nicht mehr geheilt werden kann; besonders in den Wüstengebieten, wo der jährliche Regenfall weniger als 25 cm beträgt.

Und dennoch, die Erde würde sich von ihren Wunden wieder erholen, auch wenn es Hunderte von Jahren dauert. Das Aussterben eines Flusses und das Versiegen einer Quelle war jedoch wesentlich einschneidender für die ökologischen Prozesse. Um diese Wunden zu heilen bedarf es vermutlich eines

Jahrtausends, wenn es überhaupt möglich ist. Kann man einen toten Fluß "wiederbeleben"? Wird eine Wüste wie die Sahara für immer bestehen?

Das waren kaum vorstellbare Gedankengänge. In der Vergangenheit sind viele Menschen, die die harte Wahrheit der Wüste nicht beachteten, selbst ausgetrocknet wie die toten Meere. Der Sand des Death Valley lag früher einmal auf dem Grund eines Meeres, das über 5 000 Meter tief war. Die Tiere oder die menschlichen Wesen, die darin gebadet haben, sind spurlos verschwunden.

Die Techniker glaubten, eine Art das Wasser zu erhalten, sei der Bau von riesigen Dämmen und Reservoirs. Aber in der Wüste werden diese massiven Bauten eines Tages so seltsam wirken wie die Pyramiden von Ägypten.

Aus dem wolkenlosen Himmel über diesen Bergwüsten brennt die Sonne so erbarmungslos herab, daß das Wasser in den Reservoirs und Seen des Westens verdunstet; auf diese Weise geht an einem Tag mehr Wasser verloren als alle Städte des Landes in einem Jahr verbrauchen. Deshalb fragen sich einige Indianer: Haben die Dämme des U.S. Army Corps of Engineers und das Bureau of Land Management, das den Navajo-Damm gebaut hat, die Wasserversorgung vermindert anstatt sie heraufzusetzen? Ich habe mich schon oft darüber gewundert, weshalb die ursprünglichen Wüstenbewohner mit ihrem komplizierten Bewässerungssystem so wenig Dämme gebaut haben. Vielleicht wußten sie warum. Es ist wie eine Perversion der Geschichte: Der Navajo-Damm ist angeblich von der Regierung gebaut worden, um das Wasser der Indianer zu erhalten, die aber gleichzeitig von den Weißen aus dem Flußtal "vertrieben" wurden. So steht es zumindest in dem Kongreßbeschluß. Einige erinnern sich noch daran, wie zurückhaltend der Kongreß war bei der Vergabe des Geldes für den Damm. Aber dann konnte der Senator Clinton Anderson von New Mexico die Abgeordneten davon überzeugen, daß der Damm "den Indianern hilft", indem er Bauern aus ihnen macht; deshalb wurde dann das Projekt auch das Navajo Bewässerungs-Projekt genannt.

Sobald der Bau des Dammes beendet war, waren auch die

Versprechungen des Kongresses vergessen. Im Frühjahr 1966 schloß der Navajo-Stammesrat mit der Kohlengesellschaft den Vertrag ab, der ihr "Bohr- und Forschungsarbeiten" auf dem Female Mountain erlaubte. Zur gleichen Zeit machte der damalige Innenminister Stewart Updall den Vorschlag, das Navajo Bewässerungs-Projekt um 40 % (198 000 acre-feet) zu reduzieren. Das Wasser sollte den Kraftwerks-Gesellschaften zufließen. Seitdem hat die Regierung den Kongreßbeschluß so heimtückisch verändert, daß den Indianern nur noch die Hälfte des für sie "reservierten" Wassers versprochen wurde.

Zu Beginn des Dammbaus vermutete der Herausgeber der *Navajo Times*, Chet McRorie, daß der Stamm hintergangen worden ist. Die Kanäle, die das Wasser aus dem indianischen Land ableiteten, waren wesentlich größer als diejenigen, die das Wasser hineinbrachten. Er zweifelte an der Absicht der Regierung, das Bewässerungs-Projekt jemals Realität werden zu lassen. Unter der Überschrift "Der große Zugriff nach dem Wasser" kam damals in der Zeitschrift ein Artikel heraus: "Wasser ist flüssiges Gold. Machtinteressen werden keinen Stein unberührt lassen, um an das Wasser heranzukommen."

Im Sommer 1976 wurde dann endlich mit dem Bewässerungsprojekt begonnen. Aber der größte Anteil des Wassers wurde von den Kraftwerken verschlungen. "Die industrielle Nutzung des Wassers ist die effizienteste", sagte Bill Grant, ein Manager der Kohlengesellschaften im Four Corner-Gebiet. Damit drückte er das gleiche aus, was das Innenministerium schon vor langer Zeit verkündet hatte: Es ist nicht genügend Wasser vorhanden für Landwirtschaft und Industrie.

"Man hat uns schon öfters 'die Haut abgezogen' und jetzt geschieht wieder dasselbe mit uns", sagte das Stammesratsmitglied Carl Todacheene. Es gab einige Indianer, die es nicht mehr hinnehmen wollten, daß man ihnen ständig "die Haut abzog". Sie wählten Carl Todacheene ab und ersetzten ihn durch den jungen Rechtsanwalt Fred Johnson, der für die Erhaltung des wenigen Wassers, das noch in dem Fluß war, kämpfte. Er widersetzte sich der Entwicklung weiterer Kraftwerke und schrieb an den Innenminister Rogers Morton: "Was passiert, wenn in 10 Jahren der San Juan Fluß fast leer ist? Wer schafft das Wasser heran, wenn der Fluß ausgetrocknet ist?" Der Innenminister wußte keine Antwort, weil es auf diese Frage auch keine gab.

In den Prairiegebieten des Nordens zeigte sich deutlich, wie absurd die ganze Entwicklung war. Die großen Flüsse wurden auf der Basis von Computerberechnungen ausgetrocknet. Den Farmern und den Indianern "zog man die Haut ab", indem sie gezwungen wurden, nicht vorhandenes Wasser an die Energieindustrie abzugeben. In Montana beanspruchten die Kraftwerke in ihren Anträgen mehr Wasser als in den trockenen Jahren im Yellowstone Fluß vorhanden war. Und diese Menge war mehr als das Wasser, welches Farmer und Städte seit Generationen verbraucht hatten. In Wyoming waren die Flüsse Green, Powder und Bighorn für die Energiegesellschaften "reserviert". Nachdem das Innenministerium bereits die Genehmigung für ein Kohlengaswerk gegeben hatte, mußte sie wieder rückgängig gemacht werden, da jemand entdeckt hatte, daß die dafür veranschlagte Wassermenge die tatsächlich in den Flüssen vorhandene Wassermenge überstieg. In New Mexiko fuhr man indessen damit fort, Wasser auf dem Papier zuzuteilen. Die Diskussion darüber, ob es auch existierte, wurde erst im Anschluß geführt. Auf diese Absurdität wies der Direktor Dr. John Clark des staatlichen Wasserressourcen Instituts hin, als er erklärte: "Das Wasser von New Mexico ist fast vollkommen verplant und genutzt", trotzdem wird noch weiterhin "Wasser beansprucht".

Einige Staaten versuchten der "Wasserscharade" Einhalt zu gebieten. Oder handelte es sich dabei etwa um ein Wunder? In Montana verhängten die Gesetzgeber auf Anfrage des Gouverneurs Thomas Judge ein Moratorium für die Dauer von drei Jahren, das den Abzug größerer Wassermengen aus dem Yellowstone-Becken für nichtlandwirtschaftliche Zwekke verbot. Aber in den meisten Staaten fuhren die Computer mit ihren Berechnungen fort. Sie gaben weiterhin Wasser weg, obwohl keines vorhanden war.

Die Situation wurde immer schlimmer. Ein Staat bekämpfte den anderen und die Städte lagen mit den landwirtschaftlichen Bezirken im Streit. Und all das für Wasser, welches nur noch auf dem Papier existierte. Aber die Indianer wurden von allen bekämpft. "Das Wasser ist im trockenen Westen so wertvoll geworden, daß Menschen im Streit darüber erschossen worden sind", erinnerte der Herausgeber der *High Country News* seine Leser. Als der Senator Abourezk ein Moratorium zum Schutz des Wassers der Indianerstämme vorschlug, "machte er sich unter den Senatoren des Westens keine Freunde", stand in einer Zeitung von New Mexico. Es wurde ihm angeraten, dorthin zu verschwinden, wo er hergekommen war – nämlich nach South Dakota. In dem Artikel wurde davor gewarnt, "daß der Westen nicht mehr länger sein ökonomisches Schicksal bestimmen könne", wenn die "unterdrückten Indianer" die Kontrolle über die Wasserrechte bekämen. Ein regelrechter "Wasserkrieg" hatte begonnen .

"Diese Wasserrechtsprobleme sind wie ein Spinnennetz in dem Gesamtzusammenhang der Probleme, die alle Stämme beeinflussen, unabhängig davon, wo sie leben und wieviel Wasser sie haben", verkündete der Präsident des Nationalen Kongresses der Amerikanischen Indianer, Mel Tonasket, vor einem der Senatshearings. "Beinahe jeden Tag entdecken wir einen Stamm, der für die Kontrolle seines Landes einen Kampf um Leben und Tod führt, für das Wasser, welches das Blut seines Landes ist."

Im gleichen Sinne sprach Wendell Chino, der langjährige Vorsitzende der Mescalero Apachen Nation und Präsident der National Tribal Chairmen's Association: "Obwohl den Indianern vom Gesetz her erlaubt ist, über das Wasser, das auf ihrem Land entspringt oder durch es hindurchfließt, selbst zu verfügen, existieren Pläne und Entwürfe, die den Indianern das Wasser wegnehmen wollen. Wer sind die Anstifter dieser Pläne?" Ursprünglich war Amerika das "Land des Adlers". Wenn diese Jagd nach dem Wasser nicht aufhört, wird es zu einer "katastrophalen Umwälzung für das indianische Volk" kommen.

William Veeder lehnte sich auf das Rednerpult im Holiday Inn und machte eine zynische Rückschau auf die Versprechungen der Regierung bezüglich der Bewässerungsprojekte. "Ich glaube nicht, daß all diese Projekte die Indianer jemals miteinbezogen haben." Die Regierung hat die Gesetze ganz einfach "mißachtet". "Ich schäme mich für das, was meine Gemeinschaft, was der Weiße Mann dem indianischen Volk angetan hat", sagte Veeder.

Das Wasser gehört den Indianern, weil dies bereits 1908 durch das Oberste Bundesgericht rechtlich festgelegt worden ist. In der "Winters Doctrine" heißt es darüber: Wasser, welches auf einem Indianerreservat entspringt oder durch es hindurchfließt, gehört den Indianern, unabhängig davon, ob sie es nutzen oder nicht. "Die Bundesregierung war dazu verpflichtet, das Wasser für die Indianer zu reservieren und es vor einer Aneignung mittels der Gesetze des einzelnen Bundesstaates zu schützen." Die Indianer haben ein historisch ableitbares und nicht zu widerlegendes Vorrecht auf das Wasser, weil sie die Ureinwohner des Landes sind.

Wenn nur "ein Stamm" die in der Winters Doctrine des Obersten Bundesgerichts verbürgten Rechte einklagen würde, "müßten alle laufenden Projekte ... im Bereich der Energiegewinnung im Südwesten gestoppt werden", schrieben die Senatoren McGovern und Abourezk in einem Bericht; aber "die Gerichtsentscheidung ist vollkommen ignoriert worden". Obwohl die Indianer die Vorrechte auf das Wasser haben, sind "diese *niemals* in Betracht gezogen worden". Angesichts dieser Fakten werden Aussagen wie die der National Water Commission des Weißen Hauses bedeutungslos. Erst 1973 wurde dort noch betont, daß die Wasserrechte der Indianer "bereits seit unvordenklichen Zeiten existieren".

Peterson Zah von der Navajo Rechtsabteilung meinte, "es sei zwar tröstlich, von unseren Rechten zu hören, jedoch können wir abstrakte Worte, wie sie die Gesetze beinhalten, nicht trinken. Wir wissen zwar, daß unsere Rechtsansprüche auf das Wasser begründet sind, aber wir besitzen keines".

"Ich möchte euch was sagen", fuhr Veeder in seiner Rede fort. "Es ist zwar einfach für mich hier zu sitzen und als Weißer den Indianern zu erzählen, was sie tun sollen. Das habe ich auch nicht vor. Trotzdem möchte ich die Navajos dringend ersuchen, auf ihren Wasserrechten zu bestehen und sich aggressiver dafür einzusetzen." Zah schaute ihn traurig an.

"Aggressiv zu sein ist nicht die Art der Navajos. Es fällt mir oft schwer, die Verhaltensweisen eurer weißen Gesellschaft zu begreifen." Daß die Weißen den Indianern das Wasser wegnehmen, war leicht zu verstehen und auch zu erwarten. Aber daß die Weißen anderen Weißen das Wasser wegnehmen und diese daraufhin kein Wasser mehr zum Trinken haben, war schon weniger verständlich. Zah hob einen Papierbecher in die Höhe. "Hier habe ich eine Tasse Wasser. Alle im Raum sind durstig. Und ich sage ganz einfach, jeder kann einen Schluck von meinem Wasser haben." Zah deutete in den Raum, in dem Weiße und Indianer zusammensaßen. "Plötzlich kommt ein Mann von draußen herein, den niemand kennt. Er nimmt meine Tasse und trinkt sie aus. Kein anderer kann mehr daraus trinken. Diesen Mann kann ich nicht verstehen", sagt Zah.

Am Ende des Konferenztisches saß ein junger Mann, einer der "militanten" Führer der Indianer. Er hatte Tränen in den Augen.

Früher floß das Wasser im Strom "flußaufwärts und flußabwärts", sagten die Indianer der Penobscot Nation zu Henry Thoreau im Jahre 1840. Aber "seitdem der Weiße Mann gekommen ist, fließt es nur noch flußabwärts." Thoreau schien ihnen zu glauben, denn er schrieb in seinem *Journal*: "Jetzt müssen sie ihre Kanus mühsam gegen den Flußlauf steuern."

Das klang wie ein alter Mythos, aber es war natürlich die Wahrheit.

Der Fortschritt ist kein heiliger Gral

Manifest von Thomas Bell, Landbewohner in Oregon und Herausgeber der High Country News in Lander, Wyoming.

Eines schönen Tages haben er und seine Familie ihre Zelte abgebrochen und sind Richtung Westen gezogen, auf der Suche nach einem Stück Land in den Bergtälern von Oregon. Sie fanden ein schönes, aber unbearbeitetes Gebiet, in dem es weder so etwas wie eine Wasserpumpe oder einen Zaun gab. Bell mußte einen Brunnen ausheben, Wassergräben anlegen und sein Land einzäunen. Er baute einen Holzofen und zersägte Baumstämme für Feuerholz. Auch das Getreide pflanzte er selbst an.

"Auf diese Weise habe ich meine Hände wiederentdeckt", sagte Bell. Sich erst spät in seinem Leben und gegen Ende des Zwanzigsten Jahrhunderts aufs Land zurückzuziehen, war nicht gerade einfach. Es gab sogar einige Leute, die dachten, Tom Bell "war jetzt verrückter als jemals zuvor".

Er blickte etwas nachdenklich auf seine Hände und meinte, "früher hätte er die manikürten Finger eines Zeitungsherausgebers gehabt". Die *High Country News* war eine Zeitschrift für Umweltschützer und Bauern und drückte das "Bewußtsein der Rockies" aus. Eines Tages entschloß sich dann Bell, die "Liebe für die Erde", die er so lange Zeit anderen gepredigt hatte, selbst zu praktizieren.

Jetzt waren seine Hände vernarbt und wund. An seiner linken Hand hatte er sich einen Knochen gebrochen. Es hat Tage gegeben, "an denen ich sehr verzweifelt war, weil ich an beiden Händen starke Schmerzen hatte und wußte, daß es noch eine Menge für mich zu tun gab": die Kühe melken, das Fleisch zerlegen und einpökeln, den Stall bauen, den Kühen beim Kalben helfen, den Garten bepflanzen, die Obstbäume ernten, den Apfelwein zubereiten, das Heu wenden und das Getreide mahlen. Bell war der Ansicht, daß ein Mann, um geistigen Frieden zu erlangen, wieder lernen muß, seine Hände zu gebrauchen.

Es gab viele Meinungen über ihn. Einige behaupteten, er hätte den Banken und Minengesellschaften mehr Ärger bereitet als Butch Cassidy und seine Gang. Andere bezeichneten ihn als "Henry Thoreau des Westens" oder glaubten, er sei "auserwählt".

Ein Stück Land urbar zu machen war im Grunde genommen für die Familie Bell nichts Neues. Bereits sein Großvater gehörte zu den ersten weißen Farmern, die sich auf den grünen Hügeln im Westen Wyomings ein Zuhause aufgebaut hatten. Schon seit drei Generationen waren die Bells Viehzüchter gewesen. Und Tom Bell war in seiner Heimatstadt ein angesehener Bürger. Aber das alles schien schon eine Ewigkeit her zu sein. Er hatte die Familienranch verkauft, um damit die *High Country News* zu finanzieren, weil er als Redakteur für die Farmen und das Leben in der Natur kämpfen wollte.

"Nach einiger Zeit wurde ich pessimistisch", sagte Bell. Deshalb hat er seine Sachen gepackt und hat das Tal verlassen, in dem seine Familie schon seit drei Generationen gelebt hatte und ist nach Oregon gezogen. Auf seinem Landsitz fing er dann an, den "radikalen Umweltschutz zu predigen": "Wenn wir wirklich nach der Vorstellung Gottes geschaffen wurden, wie kommt es dann, daß wir die Schöpfungen Gottes so wenig achten?" Wenn wir gegen das Leben sündigen, vergehen wir uns auch "an uns selbst".

Er befürchtete, die Umweltschützer könnten zu intellektuell und arrogant werden. Eine solche Einstellung führt nach seiner Meinung zum "Untergang der Menschheit auf Erden". Das war der Grund, weshalb er damit begann, sich für Demut und Einfachheit einzusetzen, auch wenn er dadurch "bei seinen Freunden zu einem Pariah wurde".

Er betete darum, "daß Gott ihn vor den Kräften bewahren

möge, die in ihm Überheblichkeit und Mißachtung hervorrufen könnten. Laß mich demütig und aufrichtig sein."

Im Folgenden gebe ich das wieder, was er in unserem Gespräch zu mir sagte:

Als Junge legte ich mich oft auf meinem Heimweg von der Schule ans Flußufer und schaute den Forellen beim Laichen zu. Im Frühjahr stieg ich die Hügel hinauf zu den Plätzen, an denen das Salbeihuhn nistete. Ich beobachtete die Jungen und paßte auf, wohin die alte Henne ihre Kleinen trug und was passierte, wenn ein Koyote einige von ihnen erwischte. Manchmal habe ich auch gesehen, wie sie von einem Adler oder einem Falken gepackt wurden.

Ich fing an, mir über die Bedeutung des Lebens Gedanken zu machen. Vermutlich hatte ich damals zu den Salbeibüschen und den Hügeln eine ebenso starke Verbindung wie zu meinen Freunden in der Schule. Das war immer ein Rätsel für sie.

Mein Urgroßvater war einer der ersten Siedler in dem Tal. Ich bin zwar dort nicht geboren worden, wuchs aber dort auf – etwas außerhalb von der Stadt auf einer kleinen Farm. Ich glaube, mein Charakter ist auf dieser Ranch geprägt worden. Ich ging zur Highschool und später aufs College. Dann wurde ich in den Krieg eingezogen und mußte ein völlig anderes Leben führen.

Wie die meisten jungen Menschen, so hatte auch ich ein Ziel. Ich erzog mich dazu, mich auf eine Sache zu konzentrieren, mußte aber schon bald die Erfahrung machen, daß die Dinge, die das Leben für einen bereit hält, ziemlich enttäuschend sind. Die Bürokratie innerhalb der Bundes- und der Staatsregierung ist unerträglich – zumindest war sie es für mich. Ich konnte das nicht lange aushalten.

Schließlich kehrte ich wieder nach Hause zurück.

Damals hatten meine Frau und ich drei Söhne. Wir adoptierten noch drei weitere Kinder. Aber eigentlich kann ich nicht behaupten, daß ich es tat, weil ich Kinder oder überhaupt Menschen so liebe. Natürlich liebe ich meine Kinder; doch im Grunde genommen bin ich mir nicht so sicher, ob ich die Menschen wirklich gerne habe.

Oft bin ich lieber alleine als mit anderen zusammen. Ich bin kein geselliger Typ. Manchmal gehe ich wandern in die Berge und bin dort wochenlang für mich allein, ohne einen Menschen zu vermissen. Ich glaube, ich wäre glücklich in den Wäldern im Osten oder an der Küste von Maine oder Oregon. Auch in Alaska wäre ich gerne; dort war ich mal als junger Mann für längere Zeit.

Meine Liebe gehört dem Land und der Erde.

Und dennoch, obwohl ich die Berge im Westen liebe, die Wind River Berge, die ich schon so oft durchwandert habe und mit denen mich viel verbindet, bin ich dort nicht mehr so glücklich wie früher. Sie sind nicht mehr dieselben wie zu meiner Kindheit.

Die Kinder der folgenden Generationen werden nicht mehr die gleichen Dinge erleben, die ich als Kind erfahren habe. Je mehr Menschen hierher kommen, desto weniger Tiere wird es geben. Der Elch wird verschwinden und ebenso das seltene Spitzhornschaf. Auch der Fluß, an dem ich die Forellen beobachtet habe, wird sich verändern. Die Kinder sind diejenigen, die darunter zu leiden haben. Alles, was ich mir für meine drei Söhne und jetzt auch für meine Enkelkinder wünsche, ist ein einfaches und glückliches Leben, in dem sie nicht hinter dem Geld oder den Dingen herjagen müssen, die man sich nur mit Geld kaufen kann. Für mich ist das nicht der Sinn des Lebens. Ich hatte nie das Verlangen nach einer Million Dollar.

Doch jetzt sehe ich oft junge Leute, die den Versuch machen, eine Lebensform zu entwickeln, die ihnen das Geld nicht geben kann. Obwohl sie in einem Zeitalter des Materialismus aufgewachsen sind und in Familien, die all das Geld haben, das die vorhergehende Generation noch nicht besaß, lehnen sie das alles ab. Sie kehren zu einem einfachen Leben zurück, das viele Ähnlichkeiten mit dem Leben meiner Kindheit hat: wo man am Abend den Sonnenuntergang beobachten kann und die Geräusche des Flusses hört, wenn er die Geröllsteine vor sich herschiebt. Sie machen sich wieder auf die Suche nach all den vielen Dingen, die die Erde in sich birgt, und die es noch geben wird, wenn der Mensch bereits verschwunden ist.

Damit will ich natürlich nicht sagen, daß wir zum Steinzeitalter zurückkehren sollten. Nur meine ich, wir sollten einsehen, daß der Fortschritt kein heiliger Gral ist. Es gibt auf der Welt noch Schöneres als den Fortschritt.

Amerika besteht aus vielen Teilen. Es gibt Riesenstädte und viel weites Land. Es gibt auch Menschen, die gerne in den Städten leben und die nicht mit mir tauschen möchten. Sie bevorzugen es, die Welt im Museum zu betrachten; aber die Natur kann man nicht ins Museum stecken.

Amerika besteht auch aus den großen Laub- und Nadelwäldern, in denen der Elch röhrt und der Grizzlybär lebt. Dort können wir uns noch frei bewegen und brauchen keine Angst vor Kriminalität zu haben.

Es ist ein gutes Gefühl, zur Erde zurückzukehren; sich auf sie zu knien und sie beim Gemüsepflanzen unter den Fingernägeln zu spüren, auf ihr zu spielen, über sie zu gehen und sie zu lieben – auch das ist Amerika. Aber wir sollten endlich einsehen, daß die Erde nicht unerschöpflich ist. Wir sind unfähig, sie zu verstehen. Wir können sie nicht einfach aufbrauchen und dann eines Tages feststellen, daß wir unser eigenes großes Land verschlungen haben! Wenn wir jemals etwas von unserer Weltraumforschung gelernt haben, dann ist es hoffentlich die Erkenntnis, daß unsere Erde nur eine kleine Kugel im Universum ist.

Eigentlich bin ich nicht wirklich religiös. Aber in einer gewissen Weise habe ich eine religiöse Einstellung zum Leben. Ich bin Tom Bell von Lander, Wyoming. Und ich bin ein Mitglied der menschlichen Rasse.

Der Kreislauf des Lebens

Innerhalb und außerhalb der Erde
innerhalb und außerhalb der Hügel
innerhalb und außerhalb der Berge
kehrt deine Kraft zu dir zurück.

(Pueblo Gebet)

Sieben Männer standen um eine Schlammpfütze, in der sich die gesamte Welt widerspiegelte. Die Frühlingssonne hatte begonnen, den Schnee auf dem Dach des Pueblo-Gemeindezentrums von Tesuque zu schmelzen. Die Pfütze wurde immer größer. Ein alter Mann hatte sich neben dem Wasser niedergelassen; mit einem Zweig zog er einen kleinen Graben, so daß das Wasser wie ein winziger Fluß über den Hof sickerte. "Jetzt ist das Wasser frei", sagte er. Einer der jungen Männer grub seinen Stiefelabsatz in den Schlamm und dämmte damit den Lauf des kleinen Flusses ein; kaum ein Wassertropfen konnte an seinen Schuh vorbeifließen.

“Ihr verdammten Indianer braucht einen Damm”, brummte er mürrisch. “Wer bist du überhaupt und wie kommst du dazu, uns zu sagen, was wir brauchen?”, fragte der ältere Mann. “Ich bin von dem Militäringenieurs-Korps”. Der junge Mann schob seinen mit Federn und leuchtenden Perlen geschmückten Cowboyhut aus der Stirn. “Wir werden einen hydroelektrischen Damm und ein Kraftwerk bauen, und zwar genau an dieser Stelle!” Während er diese Worte sprach, grub er seinen Absatz noch tiefer in den Schlamm. “Warum?” fragte der ältere Mann verärgert. “Die Natur steht dem Wachstum im Weg. Man muß sie ausmerzen; und dafür ist das Militäringenieurs-Korps zuständig. Wir dämmen die Flüsse ein. Wir halten die Natur auf, damit die Menschheit wachsen kann. Auch die Blumen können nur wachsen, wenn man das Unkraut ausreißt!”

“Aber das ist nur der Anfang all dessen, was wir für euch verdammten Indianer tun werden”, sagte ein anderer junger Mann und zertrat dabei das Gras unter seinem Schuh. Er warf seine schulterlangen Haare zurück und verkündete lauthals: “Ich bin der Innenminister und ich werde euch dummen Indianern mal zeigen, wie man das Land richtig nutzt. Ich werde es als Golfplatz verpachten und in Gebiete für weiße Vororte aufteilen!” Er stampfte auf das Gras. “An dieser Stelle werden wir ein Hamburger-Drive-in, ein Autokino, ein Bank-Drive-in und ein Alkohol-Take-out bauen. Dann werdet ihr endlich genauso zivilisiert sein wie wir Weißen und könnt in dem Strom der weißen Gesellschaft mitfließen.” Jemand warf eine Handvoll Kieselsteine in die Pfütze. Sie versanken in dem lehmigen Wasser und waren nicht mehr zu sehen.

Der ältere Mann war ein heiliger Mann. Er hieß Coyote. Seufzend setzte er sich neben die Pfütze. Er war traurig. Alle diese Männer gehörten zu den White Roots of Peace of Akwesasne (Weiße Friedenswurzeln von Akwesasne) von der Mohawk-Nation. Nicht alle gehörten zu den Mohawks. Einer war ein Algonkin aus Kanada, einer war ein Azteke und ein anderer ein Pueblo. Der ältere Mann kam aus Kalifornien. Doch sie bezeichneten sich alle als Brüder.

Auf dem Dorfplatz von Tesuque warteten sie auf den

Beginn der Tanzvorführungen und spielten währenddessen das 'Drama der kleinen Schlammpfütze'. Jahr für Jahr reisten sie von einem Indianerstamm zum anderen, immer auf der Suche nach der Bedeutung der Erde, des Wassers, des Himmels, dem Geist von Amerika. Und was sie über den Heiligen Kreis gelernt hatten, teilten sie in Worten und Tänzen mit. Eines der Dinge, die sie gelernt hatten, war dies: "Im Lebenskreis ist jedes Wesen nicht mehr oder weniger wichtig als ein anderes. Wir sind alle Schwestern und Brüder", sagten sie. Und so teilten sie ihr Leben mit "dem Vogel, dem Bären, dem Insekt, der Pflanze, den Bergen, den Wolken, den Sternen und der Sonne. Um mit der Natur in Harmonie zu sein, muß man sich in diesen Lebenskreis hineinbegeben." Das war ihre Botschaft. Sie waren in das kleine Dorf Tesuque in New Mexico gekommen, um den Leuten dort Folgendes zu verkünden: *Was auch immer die Menschen der Erde angetan haben, haben sie sich selbst angetan.*

Auf den Hügeln von Tesuque war die Erde hart und ausgetrocknet; sie war so verschrumpelt wie die Hand eines alten Mannes. Es herrschte dort eine Stille, die der des Pojoaque Flusses glich; er bestand fast nur aus Sand. Seit hunderten von Jahren existierte ein Wüstendorf von ein paar hundert Leuten, ähnlich dem Gelobten Land von Israel. Die Indianer hatten sich dem Leben in der Wüste angepaßt und keiner von ihnen hatte jemals davon geträumt, den Lebenskreis zu durchbrechen. "Die Indianer glaubten nicht, daß man von der Erde etwas bekommt, ohne dafür etwas zu geben", sagte eine junge Frau aus Tesuque. Aber jetzt herrscht Unruhe in dem Dorf. Es gab nur noch wenige, die den Boden bebauten. Die meisten verließen jeden Morgen das Dorf, um entweder als Zimmermädchen in den Motels von Santa-Fe zu arbeiten oder als Hausmeister in den wissenschaftlichen Laboratorien von Los Alamos. Die Erde würde bald aufgewühlt sein wie die Gräber.

Einige hundert Meter weiter lag Colonias de Santa Fe. Aus einem Dorf von weniger als 300 Leuten sollte hier eine Vorortsiedlung für 15 000 Weiße entstehen. Die 'Landentwicklungsplaner' und Regierungsbeamten des Department of the Interior's Bureau of Indian Affairs (Abteilung des Büros für Indianische Angelegenheiten im Innenministerium) hatten den Stammesrat dazu überredet, ihnen das Gebiet für 99 Jahre zu verpachten. Die 'Entwicklungshelfer' bestanden aus einer Gruppe von Politikern des Bundesstaates, einem örtlichen Richter, dem Wahlkampfmanager eines Senators (dabei handelte es sich um denselben Senator, der die Gesetzesvorlage für die Pacht eingereicht hatte), drei Geschäftspartnern des Gouverneurs und einem Immobilienmakler mit Mafiaverbindungen. Der übliche Haufen also. Sie machten den Vorschlag, das Wüstengebiet für 30 000 Dollar pro halben Morgen anzubieten. Es folgten die üblichen öffentlichen Skandale und Prozesse. Danach ordnete die in Verlegenheit geratene Bundesregierung eine 'Einstellung' der Landverkäufe an. Sie war dazu gezwungen angesichts der Anzeigen wegen Betrugs oder Täuschung der Pueblos. Außerdem hatte es die Regierung versäumt, einen Bericht über den Umwelteinfluß der Landverpachtung zu veröffentlichen; eine Vorgehensweise, die juristisch sehr fragwürdig war. Diese Fehler, so behaupteten die Tewa-Tesuque, eine Gruppe von gesetzeskundigen Pueblo-Indianern, hatten die Pacht ungesetzlich gemacht, wenngleich auch nicht ungültig. So mußten also die ursprünglichen 'Landentwickler' von der Bühne abtreten. Allerdings wurden sie sofort gegen eine andere Gruppe von Weißen ausgetauscht, von der die Regierung hoffte, daß sie weniger peinliches Aufsehen erregen würde.

Colonias de Santa Fe wurde gegründet, weil ein paar 'Spezies' der Staatsregierung einen Golfplatz brauchten. Äußerst beflissen und stets dazu bereit, die Indianer bei der Entwicklung ihres Landes zu unterstützen, beauftragte die Regierung noch in demselben Jahr (1967) für 30 000 Dollar eine Beratungsfirma für Wirtschafts- und Managerfragen. Die Meinung der Pueblos zu dem Plan, auf ihrem Land 'nichtindianische Wohngebiete' zu errichten, interessierte dabei nicht.

"Die traditionelle Bedeutung des Landes für die Lebensweise der Pueblos war keine wirtschaftliche" konnte man in dem Bericht der Beratungsfirma lesen. Das Land hatte also eine spirituelle Bedeutung. Aber das war eine "stagnierende" Art und Weise das Leben zu betrachten, meinten Experten. Sie schlugen einige "weitergehende Erwägungen" vor: "Es wird empfohlen, daß alle sechs Pueblodörfer . . . in Parzellen von angemessener Größe aufgeteilt werden, die dann ihrerseits in Grundstücke untergliedert und an Interessenten verpachtet werden können" – an Weiße natürlich. Und da nur ein geringer Teil des Landes von den Indianern für den Ackerbau genutzt wurde, sollte es ebenfalls an die "von außen kommenden Interessenten" – an Weiße – verpachtet werden. In dem Regierungsbericht wurden "Wohnungen für Pueblos" nicht diskutiert. "Die Landresourcen werden nur unter dem Gesichtspunkt der Wohngebiete für Weiße betrachtet", führte der Bericht aus. "Sie sollen der expandierenden (weißen) Bevölkerung dienen." Eine später durchgeführte Untersuchung der Regierung stellte fest, "daß die Einwirkung stark genug ist, um die traditionelle Lebensweise der Indianer zu bedrohen." So stark, daß ihre Religion möglicherweise in den "Untergrund" abgedrängt wird. Aber diese Zusammenhänge sind für die Regierung "noch nicht deutlich" – sagte die Regierung.

Einige der Indianer von Tesuque begannen sich gegen diese Entwicklung zu wehren. Daraufhin bot ihnen die Regierung an, sie bei öffentlichen Hearings anzuhören. Etwa ein Dutzend Tewa-Frauen und ein Tewa-Mann kamen zu diesen Hearings. Eine Großmutter, die kein Englisch konnte, sprach in Tewa: "Alles was ich möchte, ist mein Land zurück. Ich will kein Geld." Eine andere alte Frau sagte: "Ich gebe mein Land nicht her. Nein! Das ist alles, was ich zu sagen habe!" Und eine junge Mutter aus Tesuque weinte als sie sprach: "Meine indianische Religion, meine Kultur ist mir mehr wert als diese Häuser (des Entwicklungsplans). Was sagen sie zu den Tewa? Sie sind unsere Brüder, aber sie helfen uns nicht. Sie nehmen keine Rücksicht auf uns. Ich habe eine dreijährige Tochter. Wenn sie mich fragt, was werde ich ihr antworten? Wo hast du dein Herz, BIA (Bureau of Indian Affairs)?" Eine andere Großmutter sagte: "Ich spreche mit dem Vertrauen in meinen Glauben für jene, die noch geboren werden. Es wird Menschen unseres Stammes geben, die erst in Zukunft leben werden. Sie brauchen das Land." Und eine andere alte Frau sprach: "Als ich noch ein junges Mädchen war, sagte einmal ein weiser alter Mann zu mir, daß eine Zeit kommen wird, wo die Ameisen über die Hügel kommen werden. Ihr Weißen seid diese Ameisen!"

Der Direktor des BIA versuchte seine Gefühle zu verbergen. Er war ein sensitiver Mann und die Worte der Frauen berührten ihn. In der letzten Reihe saßen die Stammesvorsitzenden von Tesuque und zwei Ratsmitglieder. Sie konnten die Großmütter nicht anschauen. Der Stammesvorsitzende stützte seinen Kopf in seine Hände. Eine alte Frau erklärte mir, "es geht um die Frage, ob unsere Männer der Weißen Regierung folgen werden und unser Land zerstören oder ob sie auf ihre Frauen hören werden und unser Land retten."

Der Mensch ist der "Herrscher" der Erde, sagte der Weiße Mann. Seine Herrschaft war jedoch nicht nur das Geschenk seines Gottes; sie war auch seine Verpflichtung Gott gegenüber. Hatte nicht Gott "alle Dinge um des Menschen willen geschaffen?" fragte Calvin im 16. Jahrhundert. Von allen Einbildungen des Menschen gab es keine, die so selbstgefällig und selbstbestätigend war wie diese. Nach dem calvinistischen Glauben hat Gott eine Woche gebraucht, um das Universum zu schaffen "bevor er den Menschen gestaltete". Er wollte, daß "alles, was er schuf, nutzbringend und heilsam für den Menschen sei". Der Mensch war nicht nur der Beherrscher der Erde; er war ein Gott auf Erden, denn Gott diente ihm ebenso wie er Gott diente. Diese ichbezogene Religionsauffassung leugnete den Lebenszyklus und umgab den Menschen mit einem Heiligenschein. Calvins Selbstüberschätzung war allerdings nicht größer als die der katholischen Humanisten der Renaissancezeit. In den Worten des Philosophen und Humanisten Bischof Pico della Mirandola hörte sich das so an: "Allein dem Menschen . . . hat Gott im Augenblick der Schöpfung die Samen vermacht, die angefüllt sind mit allen Entwicklungsmöglichkeiten, – die Keime jeglicher Lebensform ... *Oh Adam, ich habe dich in das Zentrum der Welt gesetzt!"*, frohlockte der Bischof im Namen Gottes. Der Mythos von der männlichen Herrschaft ist niemals stärker religiös mystifiziert worden.

Diese Vorstellungen von der menschlichen Allmacht auf Erden beflügelten den Mut und die Ideen der Seefahrer und Wissenschaftler der Renaissancezeit. Man kann sagen, daß auf diesem religiösen Hintergrund das Zeitalter der Aufklärung und des Kolonialismus eingeleitet wurde. Diese 'Beweihräucherung' des Menschen hatte eine Profanisierung der Natur zur Folge. Wenn der Mensch ein Gott auf Erden war, dann war es nicht nur sein Recht, sondern sogar seine Pflicht, die Welt zu regieren. In diesem Zusammenhang wurde die Natur entweder zu einem romantischen Vergnügen oder zu einem Hindernis für die Herrschaft des Menschen. Der englische Chemiker Robert Boyle, ein Begründer der modernen Wissenschaft, hat das so ausgedrückt: "Die Verehrung der Natur war ein Hindernis für die Herrschaft des Menschen über die niederen Geschöpfe Gottes." Damit sagte er sehr deutlich, daß alle lebenden Wesen in der Natur dem Menschen unterlegen sind. Nach Auffassung des katholischen Theologen Charles Davis ist die Natur für den Christen nicht heilig. Darin stimmten also Wissenschaft und Religion überein.

Ausgerüstet mit dieser Doppelwaffe "Gott und Wissenschaft" machten sich die Europäer auf den Weg, um die Erde zu erobern. John Winthrop, einer der ersten Kolonialisten Amerikas, brachte die Glaubensvorstellungen der Renaissance zum Ausdruck, die sich wie ein roter Faden durch die Eroberung Amerikas hindurchzogen: Der Kontinent war der "Garten Gottes" und die Weißen die "Gesandten des Herrn", die ausgeschickt wurden, um das Land zu kultivieren. "Warum sollen wir verhungern", während faule Ungläubige "die Erde brachliegen lassen!" Es entsprach auch "dem Plan der mildtätigen Gottheit, die Erde zu kultivieren". Und Cotton Mather, ebenfalls einer der ersten Kolonialisten meinte, "was nicht nützlich ist, ist schlecht."

In seiner *History of New York* (1809) beschrieb Washington Irving die Funktion dieser neuen Religion. Sie diente der

Rechtfertigung des "göttlichen" und des menschlichen Willens, die beide dem Land aufgebürdet wurden. Zweifelsohne war der Verfasser von Rip Von Winkle zynisch, aber seine Beschreibung traf die Zusammenhänge sehr genau: "Es stand außer Zweifel, daß es die Absicht des Himmels war, die Erde zu bepflanzen und zu pflügen, sie aufzuteilen in Groß- und Kleinstädte, Farmen, Spielplätze und öffentliche Parks. Nachdem den Indianern dies alles unbekannt war, hatten sie kein Anrecht auf den Boden . . . und verdienten es deshalb ausgerottet zu werden." Gottes Wille wurde damit offenkundig zu einem "Schicksal". Der "Pfad der Tränen" ließ sich daher von Präsident Andrew Jackson mit folgenden Worten rechtfertigen: "Welcher aufrechte Mann würde ein bewaldetes Land, das von ein paar tausend Wilden durchstreift wird, unserer sich ausdehnenden Republik mit ihren Städten und wohlhabenden Farmen vorziehen?" Das Fleisch und die Knochen dieser "toten Wilden . . . soll die Maishügel einer zivilisierten Rasse anreichern", sagte Thomas Farnham, ein Rechtsanwalt aus Vermont, auf seiner Reise zu der neuen Frontier im Jahre 1843. "Bevor die Erde von zivilisierten Menschen gepflügt werden kann, muß sie durch die Knochen der Indianer gedüngt werden." Die einheimischen Menschen und der einheimische Boden waren dasselbe.

Der Wunsch des Menschen, die Erde zu erobern, war jedoch nicht nur reine Gier. Nach Auffassung des modernen Theologen Harvey Cox leitete sich das Selbstbild des Menschen von einem Gott auf Erden aus der Genesis ab. In *The Secular City* (Die weltliche Stadt) schreibt er darüber: "Nach der Erschaffung des Menschen wurde ihm die Verantwortung zugeteilt, den Tieren Namen zu geben. Er ist ihr Herr und Befehlshaber . . . Es ist seine Aufgabe, die Erde zu bezwingen". Wenn der Mensch der Vater war, dann gehörte es auch zu seinen väterlichen Pflichten, für seine Kinder zu sorgen; es war seine "Christenpflicht". Er eroberte die Erde nicht im Haß, sondern in Liebe zum Wohlergehen seiner Kinder.

Auf der UNO-Konferenz über die Umweltprobleme des Menschen wurde die "Schirmherrschaft" des Menschen über die Erde durch hunderte von internationalen Größen auf dem Gebiet der Wissenschaft aus fünfundachtzig Nationen erneut bestätigt. Die Erde soll mit Liebe verwaltet werden. "Ist sie nicht unsere Liebe wert?", fragte ein Wissenschaftler. Als ob es in der Macht des Menschen läge, die Art zu bestimmen, in der er die Erde liebt oder darüber zu entscheiden, ob er sie überhaupt lieben soll. Der Mensch hatte seinen Ursprung in der Erde. Er war ihr Kind; aber jetzt nicht mehr. "Der Mensch schafft sich selbst. Er hat sich von seinen Vorfahren abgewendet", indem er begonnen hat, "Leben zu kontrollieren", nicht nur allein auf der Erde, sondern bereits in seinen Ursprüngen im Universum. "Er hat begonnen, die tödlichen Energien der Sonne für sich nutzbar zu machen." Man war sich über die herausragende Stellung der Wissenschaft und der Religion des Weißen Mannes einig. Der Mensch war der Auserwählte.

"Was auf uns zukommt, ist die Kontrolle des Lebens, jeglichen Lebens, sogar des menschlichen. Und der Mensch selbst ist derjenige, der die Kontrolle ausübt." Diese Worte schrieb der Präsident des Council for the Advancement of Science Writing. Er prophezeite eine "zweite Schöpfungsgeschichte, mit dem Menschen als Schöpfer". Hierbei handelte es sich um nichts anderes als um eine neue – diesmal biomedizinische – "Ursprungslegende" der "Genesis II", in der der Mensch in dem "gläsernen Schoß" der wissenschaftlichen Laboratorien selbst Leben erzeugt. In den "Herkunftsmythen" der modernen Wissenschaften war der religiöse Glaube an die Gottähnlichkeit des Menschen an eine sublime Grenze geraten. Der Mensch war nicht mehr länger nur der Beherrscher der Erde, sondern sie wurde von ihm geschaffen. Wenn man durch die Anwendung von chemischen Düngemitteln dort Ackerland "erzeugen kann, wo keines existiert", hat der Mensch die Sonnenenergie innerhalb der Erde selbst hervorgebracht. Das ist die Meinung der wissenschaftlichen Autoren von *Natural Resources for U.S. Growth* (Die natürlichen Quellen des Wachstums der U.S.). Nach Ansicht der Wissenschaftler "werden auf diese Weise ebenso Erzvorräte wie fruchtbares Land 'geschaffen' ".

Der Mensch war nicht mehr das "Kind der Erde", wie sich die Indianer erinnern, sondern er war ihr Schöpfer. Und interessanterweise benötigte man in dieser neuen Religion die Frau nicht mehr. Die Erdenmutter war verschwunden, sie existierte nicht mehr. Der Mann glaubte fortan, daß er selbst es ist, der im Schoß der Erde und im "gläsernen Schoß" der Laboratorien Leben schafft – und zwar nach seinem eigenen Bild. Der Mensch brauchte den Lebenskreislauf nicht mehr. Er hatte ihn unterbrochen und seinen eigenen geschaffen. Diese Allmacht war ehrfurchtgebietend!

In der Hoffnung, das Geheimnis dieser neuen Ursprungslegende zu entdecken, wollte ich mit Laurence Rockefeller sprechen. Die Ideen dieses Mannes hatten das Bestreben der Menschen nach Bändigung und Kontrolle der Lebensquellen entscheidend beeinflußt. Er war ein Begründer der Lebensquellen für die Zukunft. Aber darüber wollte er anscheinend nicht sprechen. Er ließ mir von seiner Privatsekretärin eine merkwürdige Entschuldigung ausrichten: "Wegen der Bedeutung des Themas, mit dem Sie sich beschäftigen, bedauert es Herr Rockefeller, sich entschuldigen zu müssen."

"Klar", sagte ein junger indianischer Student zu mir, "wie kannst du annehmen, mit Gott reden zu dürfen?"

Der Versuch des Menschen, jegliches Leben auf der Erde unter seine Kontrolle zu bringen, hat ihn zu einem Fremden in seinem eigenen Land gemacht. Es hat ihm keinen Frieden und wenig Dank eingebracht. Sein Aufstieg war gleichbedeutend mit einem Triumph über die "niederen Geschöpfe" Gottes. Aber auf diese Weise mußte er den Lebenskreis verlassen und war selbst nicht mehr Bestandteil der natürlichen und immerwährenden ökologischen Harmonie. Die Weisheit und Freundschaft eines Grashalms, eines Baumes, einer Blume und eines Steins waren für ihn nicht mehr notwendig. Er machte aus ihnen Untersuchungsobjekte. Manchmal bewunderte er sie auch. Aber Ehrfurcht hatte er keine mehr vor ihnen. Er liebte sie nicht wie eine Schwester oder einen Bruder, die von der gleichen Mutter Erde geboren wurden.

Wenn die Erde dem Menschen nicht mehr heilig war, dann brauchte er sie auch nicht mehr zu achten. Er konnte mit ihr alles tun, was er wollte, denn sie war nichts weiter als Staub, der erst durch den "Herrn der Erde" seine Bedeutung erhielt: ein Stück Papier, ein Pachtvertrag, eine Vorstadtutopie. Diese Herrschaft gab dem Weißen Mann das Gefühl von Macht und Reichtum, doch ließ sie ihn gleichzeitig ein Gefühl der Einsamkeit erleben, das er zuvor nicht gekannt hatte. Um diesem Gefühl Ausdruck zu verleihen, schuf er ein neues Wort: die Entfremdung.

Der Mensch war allein. Im Himmel seiner eigenen Schöpfungen fühlte er zum erstenmal die Einsamkeit eines Gottes. So lamentierte dann auch einer der Wissenschaftspropheten in *The Second Genesis* (Die zweite Schöpfungsgeschichte): "Wenn jeder einzelne von uns sich fremd fühlt, wieviel einsamer muß sich dann erst der Mensch in seiner von ihm geschaffenen Welt fühlen," wo er "befreit" ist von der Familie des Menschen und von der kosmischen Harmonie; wo sich keiner zu irgendjemanden oder irgendetwas, außer zu sich selbst, zugehörig fühlt. Auch in den Städten spiegelte sich die Gottähnlichkeit des Menschen wieder. Sie wurden von ihm entworfen, gebaut und wieder zerstört, ganz nach seinem Willen. Der neue Herkunftsmythos des Weißen Mannes manifestierte sich in den Betonklötzen und den asphaltenen Tälern der Fernstraßen. Alles war vom Menschen gemacht. Selbst die Jahreszeiten wurden von ihm kontrolliert. In den Einkaufszentren und auf den Spielplätzen wuchsen künstliche Grashügel und im Sommer konnte man auf Plastikschnee skilaufen. In diesen Städten war ein Grashalm, ein Baum, eine Blüte oder ein Stein nur noch nostalgische Erinnerung und Zierde. Die Erde war zum Überleben nicht mehr notwendig. Die meisten Weißen lebten in den Städten. Auch die Indianer waren dazu gezwungen. In ihrem eigenen Land mußten sie im Zustand der Entfremdung leben. In der *Navajo Times* drückt ein Indianer das Gefühl aller aus:

> *Unser Volk wird von der Einsamkeit gequält ... Unsere Kinder wandern über die Reservate ... und suchen nach Trost ... Eltern weinen sich in den Schlaf ... Die Einsamkeit ist wie das Geheul eines Kojoten ... Wie das traurige*

Gurren einer Taube . . . Sie ist wie der Winter . . . Selbst wenn wir von denen umgeben sind, die wir lieben, bleibt dieses Gefühl bei uns . . . Die Menschen lachen, aber innerlich weinen sie . . . und der Alkohol macht alles noch schlimmer . . . Jeder spricht, aber keiner hört mehr zu. Warum ist das alles so? Der Blütenstaub des Mais liegt ungenutzt herum – und die Gebete kommen nicht mehr aus dem Herzen . . . Der Rat der Alten, die so viel Weisheit und Erfahrung besitzen, wird nicht mehr beachtet. Die gesamte Menschheit verlangt nach einer göttlichen Schöpfung und ein jeder von uns fühlt es in sich: den Wunsch nach Spiritualität, den Wunsch glücklich zu sein und sinnvoll zu handeln.

Was der Weiße Mann den Indianern angetan hatte, kehrte sich nun gegen ihn und das gesamte Land. Durch die Ausübung seiner Macht war er selbst zu einer gefährdeten Spezies geworden. Der Mensch eroberte die Energiequellen der Erde und verzehrte sie, ohne sich aber dabei zu nähren. Er verhungerte in den großen Agrarstaaten und in seinen Städten verkrüppelte er seelisch. Von allen Lebewesen auf der Erde war der Mensch das verwundbarste geworden. Für die einfachsten Handgriffe verbrauchte er bereits riesige Energiemengen. Mit dem Appetit eines Dinosauriers machte er sich auf die Suche nach Nahrung und zertrampelte sie gleichzeitig dabei.

Schon vor langer Zeit hatte der chief Seathe (Häuptling) der Suguamish Nation über diese Entwicklung gesprochen: "Eines wissen wir: die Erde gehört nicht dem Menschen. Alle Dinge sind miteinander verbunden, wie das Blut, das die Familie vereint." Die Erde ist nicht im kirchlichen Sinn heilig, wie eine Reliquie oder eine Heiligenskulptur. Die Erde ist heilig, weil sie die Quelle des Lebens ist. Die Indianer verehrten den Lebensgeist und dieser Geist war der gleiche, der auch dem menschlichen Körper innewohnte. Erde und Mensch bildeten also eine Einheit. Auf den Hügeln der Mountain hat es ein weiser Mann der Crow so ausgedrückt: "Die Erde, die ihr hier seht, ist keine gewöhnliche Erde. Sie ist der Staub des Blutes, des Fleisches und der Knochen unserer Vorfahren. *Das Land ist mein Blut und mein Tod*, es ist geweiht und ich werde kein Stück davon hergeben."

Die Vorfahren der heutigen Indianer wußten, daß das Leben aus der Erde entstanden war, so wie die Lebensenergie von der Sonne kam. Sie glaubten nicht an die Ursprungslegenden in den Religionen des Weißen Mannes. In ihrer Erinnerung waren die Menschen in vielerlei Formen und in verschiedenen Welten aus der Erde entsprungen, sei es in den vier Welten der Navajos oder unter den vier Sonnen der Azteken. In der Überlieferung von den Ursprüngen des Stammeslebens war die Evolution keine Theorie. Sie war eine sehr genaue und detaillierte Erinnerung an die kosmische Harmonie. Wissen und Weisheit waren nicht nur von den Männern angesammelt worden, sondern auch von Steinen, Bäumen, Insekten und allen Elementen durch die Millionen von Jahren ihrer Existenz auf der Erde. Der heilige Kreis war kein religiöses Geheimnis; seine Macht lag in der ihm innewohnenden Weisheit. Schäfer und Bauern, heilige Männer und Philosophen, hatten seit Anbeginn der Menschheitsgeschichte in enger Verbindung mit der Natur gelebt und von ihrer Weisheit gelernt. Sie gaben ihr Wissen und ihre Erfahrung weiter, so daß beides von Generation zu Generation lebendig gehalten wurde. Der Weiße Mann hatte das Wissen des Lebenskreises verloren und lebte nun in der Angst, einsam und verlassen sterben zu müssen. Yetsi Blue, eine Tulalip-Indianerin, sagte mir darüber: "Der Mensch ist wie ein Baum. Die Blätter sind unsere Gedanken, die Äste unsere Glieder. Der Stamm ist unser Körper. Die Wurzeln sind unsere Adern, durch die das Blut fließt, das aus der Erde kommt. Wenn man die Wurzeln des Baumes abschneidet, stirbt er. Auch die Menschen sterben, wenn man die Wurzeln des Baumes aus der Erde reißt. Wenn wir sterben, kehrt unser Körper zur Erde zurück und dient den Wurzeln des Baumes als Nahrung. Auf diese Weise werden wir zu einem Teil des Baumes. Wir füttern die Würmer und die Würmer füttern die Vögel. Also sind wir ein Teil des Ganzen und das Ganze ist ein Teil von uns. Ich bin ein Kind der Erde. Vielleicht ist das der Grund, weshalb der Weiße Mann so verletzlich ist; er hat seine Wurzeln abgeschnitten. Und weil er seine Schwäche spürt, möchte er die

Erde besiegen. Er ist einsam und wird einsam sterben. Er hat die Liebe seiner Mutter zurückgewiesen und ist dadurch zu einem Waisen geworden. Nun hat er Angst, daß die Mutter Erde ihn nicht mehr nähren und trösten wird. Damit hat er wahrscheinlich recht."

Einige der alten indianischen Philosophen spürten diese Unruhe des Weißen Mannes , als sie ihm vor mehr als hundert Jahren zum erstenmal begegneten. Er schien von einem Aktivitätszwang besessen zu sein und sich gleichzeitig einsam zu fühlen. Diese seltsame Nervosität war auch dem Lakota Luther Standing Bear aufgefallen und er kommentierte sie mit folgenden Worten: "Der Weiße versteht Amerika nicht. Er ist zu weit entfernt von den Entwicklungsprozessen dieses Landes. Sein Lebensbaum hat noch keine Wurzeln geschlagen. Der Weiße Mann wurde in Amerika noch von primitiven Ängsten geplagt. Für ihn war die Natur eine 'Wildnis' und das Land 'heimgesucht' von wilden Tieren und Menschen. Für uns Indianer war die Natur keine Bedrohung. Die Mutter Erde gab uns alles, was wir brauchten, und wir fühlten uns geborgen in den Geheimnissen des großen Geistes. Erst als der behaarte Mann aus dem Osten zu uns kam, wurde es für uns 'wild'. Als die Tiere im Wald vor seinen Annäherungsversuchen flüchteten, begann für ihn der 'Wilde Westen'. Deshalb sind die Menschen aus Europa immer noch Ausländer und Fremde. Die Menschen müssen geboren und wiedergeboren werden, um sich zugehörig fühlen zu können", sagte Standing Bear. "Ihre Körper müssen im Staub geformt werden."

Ganz allmählich drangen diese Worte der Indianer auch an das Ohr der Weißen. Sie verstanden zwar die darin enthaltene Weisheit nicht, fingen jedoch an, an ihrer eigenen Schöpfung zu zweifeln. Während seiner Zeit als Innenminister hatte Stewart Updall den Verträgen zugestimmt, die das Eindämmen von Flüssen, das Aushöhlen der Berge durch Bergwerke und den Bau von Kraftwerken, die die Erde aufzehrten, genehmigten. Später fing er an, sich darüber Gedanken zu machen, ob er nicht vielleicht einen Fehler begangen hatte. Denn der "indianische Weg" hatte ihn gelehrt, daß es notwendig war, den Kreis des Lebens wiederherzustellen. Die Zeit war gekommen, "den Entscheidungen der technokratischen Superoptimisten und den arroganten Technikern Einhalt zu gebieten." Lewis Thomas, ein Wissenschaftler an einem großen Krebszentrum und Autor des Buches *Life of a Cell* (Das Leben einer Zelle) schrieb, "daß es in der Natur Wechselprozesse gibt, die wir lange Zeit geleugnet haben." Die Demut in seinen Worten klang zwar etwas albern, aber sie drückte eine tiefe Beunruhigung aus. "Was wir bislang unter "Leben" verstanden haben, muß neu definiert werden. Desgleichen eine Vielzahl anderer Begriffe von uns selbst und der Welt, in der wir leben.", stand in einem Artikel der Zeitschrift *Scientific American*.

Eine kleine Wanderungsbewegung zurück zum Kreislauf des Lebens hatte begonnen. Damit ist nicht der Rückzug der Städter aufs Land gemeint und auch nicht der weltweite Kampf gegen Windmühlen auf der Suche nach "sauberer Luft", in einem Himmel, dessen Verdunkelung nicht mehr im Einflußbereich des einzelnen Menschen lag. Das alles war nur ein kleiner Teil der Bewegung, deren Kern in der Rückbesinnung auf die Natur des Lebens bestand - auf seine Kreisläufe, seine Ökologie, seine Harmonie und auch seine Unstimmigkeiten. Und der Mensch hatte damit begonnen, seinen eigenen Platz auf der Erde neu zu bestimmen. Für einige ging dieser Pilgerzug nicht weiter als bis zum nächsten leeren Baugelände. Ende der Sechzigerjahre haben Studenten in Berkeley/Kalifornien auf dem Universitätsgelände einen "Power to the people Park" (Park der Macht für das Volk) angelegt. Als sie aufgefordert wurden, das Gelände zu verlassen, druckten sie ein Flugblatt mit einem Bild von Geronimo. Obwohl keiner der Studenten ein Indianer war, übernahmen sie in dem Text indianische Worte: "Euer Besitzanspruch auf das Land ist mit Blut befleckt. Ihr habt das Land von den Indianern geraubt. Wenn ihr es zurückhaben wollt, dann müßt ihr dafür kämpfen." Die Rückkehr in den Kreis des Lebens hatte eine politische Wendung genommen. Aber der Volkspark verschwand trotzdem.

Es gab auch eine Reihe von Pilgern wie Anthony Rousselot. Elf Jahre lang war er Börsenmakler in New York gewesen. Dann verkaufte er sein Haus in der Stadt und seinen Landbesitz. Er zog quer durch die Vereinigten Staaten und wohnte unter Indianern, Chicanos und Hippies in Tao/New Mexiko. Wo er nach dem "Geist" des Landes suchte. "Der Ruf der Wildnis", schrieb das *Wall Street Journal*, wurde sogar in den Hochburgen der Finanz gehört. Ende der Sechziger- und Anfang der Siebzigerjahre begann eine wachsende Anzahl von reichen Leuten zur Natur zurückzukehren. "Es ist, als ob Daniel Boone das Zwanzigste Jahrhundert besucht." Dieses Phänomen war für die Zeitungen der Wall Street "naiv" und "beunruhigend", vor allem weil es gerade zu einem Zeitpunkt wirtschaftlichen Wohlstands auftrat.

Aus dieser Abwanderung aus den Städten entstand eine neue Umweltschutzbewegung. Ihre Anfänge gingen weniger von den altmodischen "Naturaposteln" aus, sondern von dem "Zukunftsschock" der modernen Techniker. Das Ziel dieser Bewegung lag nicht darin, das zu erhalten, was Gott geschaffen hatte, sondern das wieder neu zu gestalten, was der Mensch zerstört hatte. Diese neuen Umweltschützer waren mehr Wissenschaftler als Waldbewohner. "Kann die Wissenschaft die Redlichkeit der Wissenschaft wiederherstellen?", fragte Barry Commoner. Und seine Antwort lautete: "Die wissenschaftlichen Erkenntnisse sind unser bester Führer bei der Kontrolle der Naturkräfte." Wenn der Mensch die Wissenschaft einsetzt, ist er nicht nur in der Lage, den Lebenszyklus zu "kontrollieren", sondern er kann ihn umfunktionieren für eine humanere Lebensweise. Hier zeigt sich, daß sich der Ursprungsmythos der Umweltschützer von dem der Technologen nur in seinen Zielen unterscheidet, jedoch nicht was die eigene Selbstüberschätzung anbetrifft.

Das ist einer der Gründe, weshalb die Berichte der Umweltschützer so populär geworden sind. Sie ermutigen die Technologen darin, sich selbst für ungeheuer wichtig zu nehmen und die Technologie dahingehend zu verwenden, die Macht des Menschen zu bestätigen. Und was noch entscheidender ist, sie stellen den Einfluß des Menschen auf seine Umwelt in den Mittelpunkt ihrer Betrachtungen. Der Mensch soll seine Umwelt auf klügere Weise kontrollieren, indem er das Gleichgewicht in der Natur wiederherstellt. Wenn ihm das gelingt, kann er wie ein Gott-Mensch regieren und den zerbrochenen Lebenskreis wieder zusammenfügen. Das ist so ähnlich als ob man den Vergewaltiger beauftragt, die Genesung seines Opfers zu überwachen.

Diese neuen Suchenden nach dem Kreislauf des Lebens waren für ihre Reise schlecht ausgerüstet, sowohl in spiritueller als auch in intellektueller Hinsicht. Sie waren genau so arrogant wie alle anderen. Als Missionare dieses neuen ökologischen Schöpfungsmythos kamen sie einzeln oder in Gruppen, um den "Indianischen Weg" zu lernen, wie man mit Bedingungen der ländlichen Armut und mit der Regierungsbürokratie in Einklang leben kann. Es handelte sich um die Technokraten der Zeitschrift *Mother Earth*. In der Tat ein seltsames Zusammentreffen!

"Die Ökologen lösen die Anthropologen auf den Reservaten ab", sagte Russell Means von AIM (American Indian Movement). "Die 'Ologen' erzählen dem Weißen Mann, daß sie aus ihm einen Gott machen können. Genau das können sie nicht. Anstatt aus dem Menschen einen Gott zu machen, haben sie ihn in einen Käfig gesperrt. Um frei zu sein, muß sich der Mensch erst von den 'Ologen' befreien. Er muß seine Brüder und Schwestern in der Natur wiederfinden. Und er muß horchen, was ihm dort seine Brüder und Schwestern zu sagen haben, was ihn die Adler, die Prairiehunde, die Fische, die Pferde und die Heuschrecken lehren. Damit sollte sich die Ökologiebewegung befassen. Und genau das tut sie nicht. Der Mensch ist das schwächste von allen Tieren. Er ist verletzlicher als die Heuschrecke und kann nicht wie diese allein überleben. Alles, was der Mensch weiß, haben ihm seine Brüder und Schwestern in der Natur beigebracht. Er nennt es 'Wissenschaft'. Wenn er nicht lernt, auf sie zu hören, wird er verblöden." Aber die 'Ologen' hörten nicht und begannen bereits selbst zu lehren, bevor sie gelernt hatten.

Ein in den USA vielgepriesener Ökologe drehte einmal einen Dokumentarfilm zur Verteidigung des Heiligen Landes eines Stammes. Er regte sich darüber auf, wie die Indianer ihre Weiden abgrasten. Ihr Land war jedoch ein Wüstengebiet und seit Hunderten von Jahren hatten sie dort wunderbar überlebt – mit wenig Gras und wenig Wasser. Das beeindruckte den Ökologen allerdings nicht: "Die Indianer haben keine Ahnung davon, wie man das Land mit Hilfe von wissenschaftlichen Methoden umgestalten kann." Er redete davon, einem von ihm ausgewählten jungen Mann des Stammes 10 000 Dollar anzubieten, wenn er für die Wahl des Stammesvorsitzenden kandidiert. Ich sagte ihm, "daß sich nicht einmal die Regierung in solcher Weise in die Stammesangelegenheiten einmischt." Daraufhin meinte er nur: "Diese Leute wissen ja nicht, was sie ihrem Land antun. Irgendjemand muß es ihnen ja sagen."

In dem Dorf Tesuque regte sich eine Gruppe von Umweltschützern über die Unfähigkeit des Stammesrats auf, mit den Regierungsvertretern fertig zu werden, die ihr Land aufteilen wollten. Sic boten sich an, im Namen der Indianer einen Prozeß zu führen. Aber damit nicht genug. Sie unternahmen sogar den Versuch, "die Regierung der Pueblos umzustürzen." Ein schriftlicher Vorschlag wurde von ihnen ausgearbeitet und in Umlauf gebracht, in dem sie für eine Stammesregierung nach eigenen Vorstellungen warben. "Sie unterscheiden sich durch nichts von den Leuten, die unser Land aufteilen wollen," meinte eine Pueblofrau. In einem anderen Fall machten einige Ökologen auf dem Black Mesa eine landesweite Öffentlichkeitsarbeit mit dem Ziel "das Heilige Land der Navajos und Hopis vor der Zerstörung durch den Kohlebergbau zu retten." Ich fragte sie seinerzeit, ob sie denn mit den Führern des Stammes gesprochen hätten, bevor sie ihre Kampagne gestartet haben. Sie waren ihnen nicht bekannt. Daraufhin gab ich ihnen deren Telefonnummer, doch angerufen haben sie dort nie. Jahre später haben diese ökologischen "Rettungsengel" in mehreren Zeitungen ganzseitige Anzeigen veröffentlicht, in denen sie um Spenden für die Indianer baten – mit großem Erfolg. Zur gleichen Zeit hatten die Navajos ihr eigenes Komitee zur Rettung von Black Mesa, das allerdings nicht einen Pfennig besaß. So entschlossen sich die Indianer, ihre Retter aufzusuchen und um einen Beitrag zu bitten. “Nicht einen Cent haben sie uns gegeben, obwohl sie das ganze Geld gesammelt hatten, um *uns* zu helfen. Wie Kinder haben sie uns behandelt ... Diese Leute sind nicht besser als die Missionare!” Diese Worte kamen von einer jungen Navajofrau, die bei dem Treffen dabeigewesen war. Sie war den Tränen nahe, vor allem auch deshalb, weil allein der Gedanke daran, die Weißen um Hilfe zu bitten, bereits eine Demütigung für sie bedeutet.

Eine der grausamsten Schlachten zwischen Umweltschützern und Indianern ereignete sich in den tiefen Canyons, wo die Havasupia leben. Aufgrund einer Regierungsverordnung waren die Indianer in einer der engen Schluchten des Grand Canyons “eingesperrt” worden. Der einzige Zugang zu ihrem Gebiet verlief über einen unwegsamen Eselspfad, auf dem auch Nahrung, Medizin, und alle anderen Güter transportiert werden mußten. Ursprünglich lebten die Havasupia – “seit Tausenden von Jahren”, wie einer von ihnen sagte – auf den mit Gras und Wäldern bewachsenen Hochplateaus des Grand Canyon. Das war ein Gebiet von ungefähr zweieinhalb Millionen Morgen. 1882 richtete dann der Präsident Chester Arthur auf dem Grund des Canyons ein “Reservat” von vielleicht 500 Morgen für sie ein. Und 1969 nahm ihnen die Bundeskommission für indianische Ansprüche unter Verletzung einer Rechtssprechung des Obersten Gerichtshofes ihren “angestammten Rechtsanspruch” auf ihr Land wieder weg. Daraufhin wurden sie für alle Zeiten in das ausgedorrte Canyon “verbannt”. Verzweifelt bemühten sich die Havasupia, wenigstens einen Teil ihres Landes wieder zurückzubekommen. Der Kongreßabgeordnete Morris Udall und Senator Barry Goldwater unterstützten einen Vertrag, in dem die 169 000 Morgen, die bereits an die Verwaltung der Nationalparks abgegeben worden waren, wieder den Indianern zugeeignet wurden. Der Kongreß stimmte dem schließlich zu. Das löste einen Proteststurm bei den Umweltschützern aus – allen voran der Sierra Club, der die Natur für “das Leben in der Wildnis” und als “Erholungsgebiet” für Weiße erhalten wollte. Wer weiß denn schon, was die Indianer mit der Wildnis anstellen werden?

Ein Havasupia, der in Washington bei dem Hearing über den Landvertrag dabeigewesen war, berichtete: "Diese sogenannten Umweltschützer kommen zu dem Hearing und betteln darum, uns das Land nicht zu geben – zum Schutz der wilden Tiere und Pflanzen, die sie selbst erst im letzten Jahr entdeckt haben. Diese Leute wissen überhaupt nicht, wovon sie reden. Die meisten von ihnen haben das Land, das sie uns stehlen wollen, noch nicht einmal gesehen. Sie kennen sich in der Natur nicht aus und haben ihr Wissen nur aus Büchern. Wir leben in diesem Gebiet und es würde uns gefallen, mal einige von ihnen dort auszusetzen und dann abzuwarten, was sie anstellen werden, um am Leben zu bleiben. Wir Indianer sprechen vom Überleben, während sie von Erholung reden. Kennt denn die Gier dieser Menschen keine Grenze? Früher haben sie uns das Land geraubt für Tiere, die sie 'Vieh' nannten, jetzt wollen sie es für ihre Bergschafe haben. Dabei vergessen sie vollkommen, daß in der Natur auch Menschen leben."

In dem Gebiet der Ogallalas der Lakota-Nation lebt eine Frau, die die Enkelin des berühmten Mannes Schwarzer Hirsch ist. Auf English heißt sie Grace Schwarzer Hirsch. Sie sprach zu mir die folgenden Worte:

"Eines Tages wird der Weiße Mann zu uns kommen und sagen: Helft uns! Wir haben die Energie von Mutter Erde aufgebraucht! Wir haben die Energie von Vater Sonne verschwendet! Bitte zeigt uns, wie wir unsere Energiequellen auf kluge Weise nutzen können, so daß wir eine Überlebenschance haben! Wir haben Angst! Bitte helft uns. Ihr Indianer habt das Wissen. Teilt es uns mit!

Und wir werden antworten: Selbstverständlich! Zeigt uns euren Überlebensantrag. Arbeitet euren Vorschlag aus und reicht ihn uns ein. Wir werden ihn unseren Ratsvorsitzenden zur Einsicht und Diskussion vorlegen. Ihr könnt in zwei Jahren nochmal vorbeikommen. Dann werden sie sagen: Aber es handelt sich hier um einen Notfall! Wir haben eine Energiekrise! Das wissen wir, werden wir ihnen antworten: Wir verstehen die Notlage des Weißen Mannes, deshalb werden wir auch euer Gesuch sehr wohlwollend zu unseren Akten legen.

Wir wissen genau, daß es sich hierbei um eine Angelegenheit von Leben und Tod handelt. Deswegen müssen wir auch euer Gesuch sehr sorgfältig überprüfen. In zwei Jahren haben wir ein Treffen anläßlich eures Überlebensantrags. Wir werden sogar eine Konferenz und ein Hearing abhalten. Diese Methode, mit der Angelegenheit von Leben und Tod zu verfahren, haben wir von euch gelernt. Also kommt in zwei Jahren wieder!

Was bedeutet diese Energiekrise des Weißen Mannes? Es ist *seine eigene Energiekrise*. Der Weiße Mann hat sie selbst geschaffen, weil er die Mutter Erde nicht geachtet hat. Er verbraucht ihre Energie für seine elektrischen Zahnbürsten, seine Haarföhns, Glühlampen, elektrischen Rasenmäher, elektrischen Heizungen, für seine Air-Conditioner und seine elektronische Musik. Warum? Weil er nicht weiß, wie er seine Hände gebrauchen soll, um die Dinge herzustellen, die er benötigt und um das zu tun, was für sein Überleben notwenig ist. Ja, er gebraucht die Energie der Mutter Erde, weil er selbst keine Energie mehr hat. Er denkt nicht mehr nach.

Manchmal spreche ich auf der Universität zu Studenten. Ich frage sie: Was denkt ihr über die Energiekrise? Und sie antworten mir: Der Präsident und die Wissenschaftler müssen sich darum kümmern. Wir selbst können daran nichts ändern; wir haben keine Macht. Alles, was wir tun können, ist einen kleinen Garten anzulegen. Und ich sage zu ihnen: Vergeßt den Präsidenten und denkt an euch selbst. Ihr habt eigene Kräfte, eigene Energien. Das ist eure Macht, die Energie in euren Familien, die Energie der Sonne, die Energie der Erde. Sie schauen mich an, aber sie verstehen mich nicht. Einige dieser weißen Studenten fangen vielleicht an, mich zu verstehen, aber die meisten von ihnen schauen mich nur an ohne zu begreifen. Ihre Eltern sind ebenfalls blind.

Die Mutter Erde hat keine 'Energiekrise' und auch Vater Sonne hat keine. Das Volk der Indianer kennt auch keine 'Energiekrise'. Wer hat also eine? Nur der Weiße Mann, der die kosmische Harmonie des Lebens zerstört hat."

Die Schuld ist in unserem Blut

Manifest eines Rechtsanwalts aus South Dakota, einem Sohn der "Pioniere"

Im fahlen Dämmerlicht eines Wintermorgens fuhr ein Mann in seinem Auto über die Hügel. Die Stadt schlief noch. Zu beiden Seiten der Straße türmte sich der Schnee, der vom Prairiewind dorthingefegt worden war. Der Mann fuhr zur Morgenandacht in die Kapelle und wie an jedem Tag, so folgte ihm auch heute wieder in einigem Abstand ein einsames Auto. Sonst war niemand auf der Straße zu sehen. Seine schweigenden Begleiter waren Agenten des FBI.

Eines Morgens hatte er sein Auto am Straßenrand angehalten; der andere Wagen machte sofort dasselbe. Er stieg aus und ging langsam die Straße hinunter, um mit den beiden Männern zu sprechen, die ihn beobachteten. "Guten Morgen" begrüßte er sie freundlich; sein leicht ironischer Unterton war jedoch nicht zu überhören.

"Wenn Sie mich jeden Morgen zur Kirche begleiten, weshalb kommen Sie dann nicht mal mit rein, um mit mir zu beten? Das wär doch wirklich besser, als immer draußen im Auto zu sitzen und auf mich zu warten. Finden Sie nicht auch?"

Dann stieg er wieder in seinen Wagen und fuhr zu der kleinen Kapelle auf den heiligen Hügeln der Lakotas, um dort seine Gebete zu verrichten. Es war eine evangelische Kirche und er war ein "guter Katholik". Aber es war der "friedlichste Ort", den er kannte und manchmal "betete er dort sogar für diese FBI-Männer."

Die Kirche bestand aus Holz und hatte einen steinernen Altar. An den Wänden hingen einfache Kreuze. Sie war die Nachbildung einer Kapelle im norwegischen Borgund und wurde zur Erinnerung an die norwegischen Pioniere in den Prairien von Dakota gebaut. Vor allem war sie dem Geistlichen Anton Dahl und seiner Frau Lena Dorothea Elstad gewidmet, die 1880 als Evangelisten nach Red Wing und Battle Lake in Minnesota gekommen waren, einem Gebiet, das von den Lakotas bewohnt wurde. Der Mann stammte von schwedischen Pionieren ab. "Meine Leute haben sich vor drei Generationen hier in South Dakota niedergelassen", erzählte er. "Ich glaube, das macht aus mir einen Enkel der Gründungsväter."

Er war ein bekannter Rechtsanwalt im Staat und ein Klassenkamerad und ein alter Freund von einigen bedeutenden Bürgern. Mit einem der bekanntesten Politiker hat er regelmäßig Bridge gespielt. Aber nur bis zu diesem Zeitpunkt, als er die Rechtsvertretung von einigen älteren Lakotaindianern auf den Reservaten übernahm und anfing, die militanten jungen Indianer vom American Indian Movement bei Wounded Knee zu verteidigen.

Plötzlich war er ein Renegat, ein Ketzer, ein "Liebhaber der Indianer". Die FBI-Agenten, die ihm täglich folgten, verwirrten ihn etwas. "Vielleicht glauben sie, ich bete zusammen mit den militanten Indianern oder möglicherweise ist auch ein Katholik, der in eine evangelische Kirche geht, bereits verdächtig."

Aber das Ganze war kein Witz für ihn, denn sein Leben, seine Familie und seine Rechtsanwaltspraxis wurden fast täglich bedroht.

"Nachts bekommen wir obszöne Telefonanrufe, man schickt uns Drohbriefe und kippt uns Müll auf unseren

Rasen. Meine Kinder werden belästigt und die Autoreifen zerstochen. Oft kommt es vor, daß wir auf der Straße von Leuten geschnitten werden, die wir schon lange kennen. In einer kleinen Stadt in South Dakota bekommt man einfach die Ablehnung seiner Umwelt viel direkter zu spüren. Ich habe wirklich niemandem meine Meinung aufgedrängt. Aber anstatt daß die Leute mir ihre Meinung offen sagen, sprechen sie lieber nicht mit mir und schauen weg, wenn sie mir begegnen. Wenn es um Indianer geht, werden sie hier alle hysterisch."

Er bat darum, seinen Namen nicht zu erwähnen, aber natürlich wußte jeder, wer gemeint war. "Ich schäme mich nicht für mein Handeln, aber ich möchte nicht, daß auf meine Familie, auf meine Kinder und auf meine Frau noch mehr Druck ausgeübt wird."

"Manchmal glaube ich, es wäre besser, in einen anderen Staat umzuziehen. Aber nachdem meine Familie hier schon seit drei Generationen lebt, ist das gar nicht so einfach."

Wenn dieser Gedanke für ihn so schwer war, weshalb verteidigte er dann weiterhin die Indianer bei Gericht? Warum machte er das? Auf meine Frage gab er mir folgende Antwort:

Wenn du in Rapid City in South Dakota hinter einem Lakotaindianer oder hinter einem Lakotamädchen die Straße entlanggehst und den Weißen in die Augen schaust, die dir entgegenkommen, was glaubst du, wirst du in ihren Augen sehen? Angst und Haß. Und du erkennst ihre Gefühle auch dann, wenn sie versuchen, sie hinter einem Lächeln zu verstecken. Warum haben sie Angst, mitten in der Stadt und am hellichten Tag? Warum schauen die Weißen die Indianer auf diese Weise an?

Die Weißen sehen in den Indianern noch immer keine Menschen. Sie halten sie für Tiere!

Warum zum Teufel behandeln wir hier in South Dakota, wo wir im Schatten von Wounded Knee leben, die Indianer immer noch wie minderwertige Wesen?

Ich glaube, Rassismus wird durch Schuldgefühle hervorgerufen. Die Leute hier kennen ihre eigene Geschichte. Täglich fahren sie auf den Highways an den Wounded Knee - Schildern vorbei, und sie wissen genau, daß für jeden Weißen, der von einem Indianer getötet worden ist, Hunderte von Indianern durch Weiße massakriert wurden. Jetzt schlachten wir die Indianer nicht mehr ab, weil wir inzwischen subtilere Tötungsmethoden entwickelt haben. Unser Rassismus ist zivilisierter geworden.

Jeder weiße Kaufmann in South Dakota kann dir, wenn er sein Gewissen überprüft, Tausende von kleinen Begebenheiten berichten, in denen er einen Indianer als einen minderwertigen, als einen Bürger zweiter Klasse behandelt hat. Wenn du ihn darauf aufmerksam machst, wird er zunächst mit Angst reagieren, und dann mit Zorn. Seit vielen Jahren hat er diese Scheußlichkeiten begangen: keine Kapitalverbrechen; er hat niemanden getötet und niemanden geschlagen. Vielleicht hat er den einen oder anderen Indianer ins Gefängnis gebracht; aber das ist so ungefähr alles, was er gemacht hat. Und plötzlich wird ihm das von denselben Indianern vorgeworfen, denen er diese Dinge angetan hat. Er hat falsch gehandelt. Er ist ein Rassist. Einem Weißen gegenüber würde er sich so nicht verhalten. Vielleicht fühlt er im Unterbewußtsein, daß die Vorwürfe berechtigt sind.

Der Kaiser steht plötzlich nackt da, und natürlich reagiert er mit Wut.

Wenn er an Wounded Knee denkt, bekommt er es mit der Angst zu tun, daß die militanteren Indianer diese Gemeinheiten nicht mehr länger hinnehmen werden. Sein erster Gedanke wird sein: Wenn die damit anfangen, gleiche Behandlung zu verlangen, dann geht's mir an den Kragen. Deshalb bekommt er Angst.

Die Schuld hat schon immer existiert, schon seit dem Jahre 1. Die Schuld steckt in unserem Blut.

Ab und zu kommt es vor, daß wir den Vater spielen und einen Indianer adoptieren. Dann heißt es: Ich habe einen Freund, der ist Indianer. Das ist ungefähr das gleiche wie 'einer meiner besten Freunde ist Jude', und es bedeutet ebenso wenig. Im Grunde genommen heißt das nur, wenn du einen

Indianer auf der Straße triffst, den du 'adoptiert' hast, sagst du "Hallo" zu ihm.

Sie würden mit ihm nicht in ein Cafe gehen, zumindest nicht in ihrer Heimatstadt, weil sie dann von ihrer Gemeinde oder von den Geschäftsleuten in der Stadt ein Scherbengericht zu erwarten hätten. Man würde sie mit "Indianer-Liebhaber" oder mit noch schlimmeren Wörtern beschimpfen. Ein Indianer wird auch niemals nach Hause eingeladen und sie wollen auch keinen Indianer zum Freund, weil sie ihn nicht für eine sozial gleichwertige Person halten. Sie betrachten ihn nicht einmal als ein menschliches Wesen. Was für Hypokriten diese Weißen doch sind!

Aber sie können niemanden zum Narren halten, am allerwenigsten die Indianer.

Jeder Indianer weiß, wenn er in einer weißen Stadt erwischt wird, im System des Weißen Mannes, in seinen Gerichtshöfen, dann hat er keine Chance. Das ist der Grund dafür, weshalb er immer auf 'schuldig' plädiert und keinen Rechtsanwalt verlangt. Er geht einfach ins Gefängnis.

Für einen Weißen ist der sicherste Platz auf der Welt ein Indianerreservat. Denn jeder Indianer, ob betrunken oder nüchtern, ist sich darüber im klaren, wenn er sich mit einem Weißen anlegt, dann ist es immer der Indianer, der in den Institutionen des Weißen Mannes verschwindet. Es ist eine ausgemachte Sache, daß ein Indianer, der in North oder South Dakota bei Gericht erscheinen muß, ins Gefängnis abwandert. Seit Wounded Knee hat sich in dieser Hinsicht wenig geändert.

Natürlich wischt ab und zu auch mal ein Indianer dem System eins aus und kann das Gefängnis verlassen. Dann ist er stolz und sagt zu seinen Freunden: Schaut her, ich habe das System bekämpft und gewonnen! Er sollte lieber aufpassen, denn sie werden ihn solange nicht in Ruhe lassen, bis sie ihn wieder haben. Als Rechtsanwalt weiß ich das, weil ich es schon oft miterlebt habe. Bei den Leuten, die mit allen Mitteln versuchen, die Indianer hinter Gitter zu bekommen, hat es sich jedoch inzwischen herumgesprochen, daß es mittlerweile gewisse Individuen gibt, oder auch Familien, die sich zur Wehr setzen. Wir werden sie schon packen! sagen sie. Natürlich wissen sie auch, daß die Indianer versuchen, ihre verfassungsmäßigen Rechte zu bekommen; aber die sind offensichtlich in Dakota für Indianer nicht anwendbar. Wenn man bei Gericht einen vorübergehenden Sieg davonträgt, treten diese Leute für eine Weile den Rückzug an. Aber früher oder später "kriegen" sie diese "dreisten" Indianer schon auf die eine oder die andere Weise.

Die Weißen von South Dakota verschließen ihre Augen vor den Werten und der Schönheit der indianischen Lebensweise. Sie wollen davon nichts wissen. Sie sind vollkommen blind und es ist ein langer und mühsamer Kampf, ihnen beizubringen, daß die Indianer Menschen sind.

Natürlich gibt es auch Leute in South Dakota, die sind vollkommen in Ordnung. In der Kirche haben einige von ihnen ihren Job und ihre Erlaubnis zu predigen riskiert, weil sie den Indianern geholfen haben. Auch einige Juden haben sich gut verhalten. Und an der Universität gibt es Professoren und Studenten, die den Mut hatten, sich für die menschliche Würde und die Rechte des indianischen Volkes einzusetzen. Wenn diese sensitiven Menschen, die Jugend und die Intellektuellen an der Ost- und Westküste anfangen einzusehen, welche Werte die indianische Kultur hat, und daß man sie nicht zerstören, sondern achten sollte, wird sich hoffentlich auch der öffentliche Druck auf South Dakota auswirken. Vielleicht werden wir uns dann verändern. Aber dieser Prozeß wird weniger zu einem Akzeptieren des 'Indianischen Wegs' führen, als vielmehr zu einer selbstsüchtigen Übernahme der indianischen Lebensweise. Viele junge Menschen wenden sich der indianischen Spiritualität zu. Sie kommen ins Rosebud-Reservat, in das 'Paradies' von Crow Dog. Man kann beobachten, wie sie den krassen Materialismus der weißen Kultur zurückweisen.

Je mehr sich diese Haltung in der Jugendkultur ausbreitet, desto mehr übernehmen auch sogenannte Liberale an der Ost- und Westküste die Werte der Indianer. Dabei handelt es sich wirklich nur um einen mystischen Trip. Ich selbst bin ein guter Katholik, aber ich glaube an die indianische Religion. Ich habe viel gelernt bei meinen Treffen mit den spirituellen Führern der Lakotas, wie Black Elk, Crow Dog und Leonard Crow Dog.

Aber jetzt willst du sicher auch wissen, weshalb ich angefangen habe, mich mit der indianischen Sache zu beschäftigen ...

Ich bin nur ein Kleinstadtrechtsanwalt. Wenn ich nicht einen bestimmten Familienhintergrund gehabt hätte, wäre ich sicher ebenso schlecht wie jeder andere Rechtsanwalt von South Dakota. Damit meine ich ... wir sind Demokraten – die Familie meiner Frau und meine eigene. Ein Demokrat war in South Dakota ebenso selten wie ein Republikaner in Mississippi. Wir sind Ausgestoßene, Liberale.

1957 habe ich angefangen, mich mit den Bürgerrechten zu beschäftigen. Ich war damals in Arkansas beim Militär. Mir selbst hat nie jemand meine Bürgerrechte verweigert, noch bin ich jemals auf diesem Hintergrund diskriminiert worden. Ich wurde nie verhaftet oder von einem Polizeihund gebissen und bin nie mit einem Schlagstock geprügelt worden. Ich bin kein Schwarzer und kein Indianer. Aber ich versuchte zu helfen.

Und dann hat uns George McGovern, der ein alter Freund unserer Familie ist, davon überzeugt, daß der Krieg falsch ist. Ich erinnere mich noch an einen Abend, als ich mit meiner Frau darüber diskutierte, daß Martin Luther King gesagt hatte, der Krieg sei rassistisch. Ich konnte das zunächst nicht verstehen. "Kannst du dir vorstellen, wie wir Schweden bombardieren?" fragte mich meine Frau. Auf einmal wurde mir die Bedeutung des Krieges klar. Das Massaker in My Lai war genau das gleiche Massaker wie in Wounded Knee! Der Krieg in Vietnam unterschied sich nicht von dem Kampf gegen die Sioux in South Dakota!

Ja, ich fühlte mich dafür schuldig.

Ich fing an, mich mit der indianischen Kultur zu beschäftigen, und mit der Spiritualität der Indianer. Ich sah ihre Aufrichtigkeit und ihren Mut und mir wurde deutlich, daß sie niemals einen anderen Menschen in seinen Freiheiten einschränken würden. Das war für mich eine ganz wichtige Erkenntnis.

Ich fing also an, mich in der indianischen Bewegung zu engagieren. Schon vorher hatte ich Indianer vor Gericht verteidigt; aber das war irgendwie etwas anderes.

Ich spüre, daß die Indianer dich niemals als Weißen lieben werden.

Aufgrund der Erfahrungen in ihrer Geschichte haben sie zu viel Haß in sich angesammelt und den wirst du niemals ganz aus ihnen herausbekommen. Aber wenn du versuchst ihnen zu helfen, so wie ich es getan habe, werden sie dich vielleicht ein bißchen weniger hassen.

Die Erfindung Amerikas I

Die riesengroße Reproduktion der Unabhängigkeitserklärung bedeckte eine gesamte Wand des Raumes. Der Mann mit dem scharfen Blick schaute auf die Worte an der Wand. "Seht euch das an! Gerechtigkeit! Gerechtigkeit! Gerechtigkeit! Wir haben diese Gerechtigkeit nie erfahren und jetzt wollt ihr, daß wir sie mit euch feiern!" Auf einmal herrschte ein peinliches Schweigen in Washingtons Hauptquartier für die Zweihundertjahrfeier der Amerikanischen Revolution. Im Schatten dieses aufgeblasenen Patriotismus hatte noch nie jemand eine solche Ketzerei geäußert, denn die andächtige Stimmung im Raum ließ alles – bis auf das Murmeln eines Gebets – als Gotteslästerung erscheinen.

Der Direktor des '200-jährigen Geburtstags' der Nation zog schweigend an seiner Pfeife, als wolle er damit jene Worte einäschern. Dabei blickte er etwas trübselig auf den Dakotamann, der so undiplomatisch gesprochen hatte. Dieser Indianer hatte das windzerfurchte Gesicht eines ehemaligen Marinesoldaten, und er hatte auch tatsächlich bei der amerikanischen Marine gedient. Robert Burnett war Stammesvorsitzender der Indianer von Spotted Horse, die Sioux des Rosebud Reservats. Bei den Dakotas war er bereits zur Legende geworden. Sein Stolz, so hieß es, sei so wild und undurchdringlich wie die Prairie. Als er einmal während der Bürgerrechtsbewegung Streikposten vor der Zentralverwaltung des Stammes war, kam der FBI, um ihn zu verhaften. Er soll die FBI-Männer verprügelt und anschließend angezeigt haben wegen unbefugten Betretens von Sioux-Territorium. "Nur indem der Indianer für seinen Stolz gekämpft hat, konnte er überleben", hat Burnett einmal gesagt.

Von seiner Art gab es mehrere Stammesführer, und einige von ihnen waren bei dem 'Gebetsfrühstück' des Präsidenten im Weißen Haus anwesend. Irgendjemand hatte sich ausgedacht, daß es eine gute Publicity machen würde, wenn man die Indianer in die Festlichkeiten anläßlich der Zweihundertjahrfeier 'miteinbezieht'. Bisher hatten sie ihnen nämlich keine Beachtung geschenkt. "Indianer sind bereits Patrioten", schnauzte Burnett. Irgendetwas schien schief zu laufen. Aber was? Eine Schachtel mit Anstecknadeln wurde gebracht und auf den Tisch geschüttet. Alle wurden dazu ermuntert sich eine anzustecken. "Hurra", flüsterte Doreen Bond von den Nördlichen Cheyenne. "Hier kommen die Glasperlen und der Klunkerkram!"

Mit tiefer und ernster Stimme sprach jetzt der Stammesvorsitzende der Crow, Pat Stands Over Bull: "Dort wo ich herkomme, möchte der Weiße Mann bei Little Big Horn eine kleine Feier abhalten. Aber ich weiß gar nicht, was der Weiße Mann eigentlich zu feiern hat", sagte er und dachte dabei an Custers Niederlage. "Der Kampfplatz liegt allerdings auf unserem Reservat und wir wollen nicht, daß sie dorthin kommen und ihren Karneval bei uns veranstalten."

"Laß sie doch eine Statue von Sitting Bull errichten", schlug ein älterer Crow vor.

"Yeah". Pat Stands Over Bull grinste. "Ich wette sie werden das tun!" Die Indianer hatten was zu lachen.

Der Direktor schien immer noch zu hoffen, die Veranstaltung irgendwie retten zu können. Er legte seine Pfeife beiseite und richtete einen mutigen Appell an die skeptischen

Stammesleute: "Hier gibt es eine hervorragende Gelegenheit, der Nation den Reichtum eures Erbes und den Beitrag der Indianer für Amerika ins Bewußtsein zu bringen."

"Die gesamte Nation ist unser Erbe", brummte einer der Stammesvertreter, als er den Raum verließ. "Wir *sind* Amerika!"

An einem Sommernachmittag vor einigen Jahren hatten sich Burnett und ich im Schatten eines alten Baumes hinter seinem Haus niedergelassen. Es war der 4. Juli, aber wir beide feierten ihn nicht. Die Sonne war zu heiß. In der staubigen Hitze eines Prairienachmittags kann man überhaupt nur zwei Dinge tun: im Schatten eines Baumes sitzen und staunen. Wir taten beides.

Mein Freund hielt in seiner Hand einen Grashalm. "Gras ist wie ein menschliches Wesen. Es ist am kräftigsten, wenn es von der Erde genährt wird. Das mag einer der Gründe sein, weshalb wir Indianer den Weißen Mann nicht recht verstehen können. Es ist als ob ihr in der Luft leben würdet – wie die Falken – und wie diese ständig in Bewegung. Ihr scheint keine Wurzeln zu haben, keine Geschichte, keinen Ort, an dem ihr euch zuhause fühlt. Was bedeutet Amerika für euch? Es ist irgendein Ort, zu dem ihr an Feiertagen oder im Urlaub hinfahrt, wie Touristen, die einen entfernten Verwandten besuchen."

"Und ihr scheint gar nicht zu wissen, wo Amerika ist, deshalb sucht ihr ständig weiter."

Am Anfang wußte niemand, wo dieses Land war, außer jenen, die hier lebten. Die alten biblischen und europäischen Geschichtsschreiber besaßen nur geringe oder überhaupt keine Kenntnis über den amerikanischen Kontinent. Selbst Homers 'Inseln der Glückseligen' und Platos 'Verlorener Kontinent von Atlantis' basierten nicht auf konkretem Wissen. Sie waren eine Hölle und nur Narren und Dichter wagten sich dorthin.

Die Erde besaß drei, nicht vier Ecken. So glaubte man auch, daß es nur drei Himmelsrichtungen gäbe. Als die Drei Könige kamen und dem Christuskind Geschenke brachten, kamen sie aus diesen drei Ecken der Welt. Entsprechend der heutigen Glaubensauffassung werden sie als weiße, schwarze und gelbe Könige dargestellt, die aus Europa, Afrika und Asien kommen. Aber es gibt keinen König von Amerika, keinen roten König, der dem Christuskind Geschenke gebracht hat. Die Heilige Dreifaltigkeit, die dreieckige Mitra des Papstes und die drei Kreuze auf dem Kalvarienberg sind Symbole dieses Weltbildes.

Der Heilige Augustinus dachte, das *orbis terrarum* habe drei Ecken. Und was lag im Westen? Nichts als eine 'geisterhafte wässrige Einöde, wo es nicht schneit, kein Wind bläst und wo es niemals regnet', ein Niemandsland, das von keinem lebenden Wesen bewohnt wird. Und so kam es, daß die Europäer nicht nach Amerika reisten wie beispielsweise Marco Polo nach China; sie 'entdeckten' es oder sie 'erfanden' es, wie der mexikanische Historiker Edmundo O'Gorman so trefflich in seiner *Erfindung Amerikas* schreibt. Amerika wurde von seinen Eroberern nicht aus deren persönlichen Vorstellungen heraus 'geschaffen', sondern es entstand als ein Produkt des damals vorherrschenden mythischen Weltbildes. Die Neue Welt war die Alte Welt ihrer Phantasie. Die Europäer hielten sich für Götter und glaubten, sie hätten durch ihre 'Entdeckung' die Neue Welt geschaffen. Ebenso dreist 'erfanden' sie dann auch die Ursprungsmythen für diesen neuen Kontinent.

In seiner Verzückung dachte Kolumbus, er sei an die 'Pforten des Paradieses' gelangt und die Indianer, die so unglaublich 'freundlich und liebevoll' waren, seien die Nachfolger von Adam und Eva. Das war ein Traum von vielen der frühen Reisenden – das Verlorene Paradies zu entdecken, das Gelobte Land der biblischen Prophezeiung. Und entsprechend der Schöpfungsgeschichte waren die Indianer aller Wahrscheinlichkeit nach die Überlebenden der Sintflut.

Eine unter den Gelehrten jener Zeit weit verbreitete Schöpfungslegende war die Vorstellung, daß die Indianer Juden seien. Auf den Universitäten und in den Kirchen der gelehrten Männer Europas wurde dies wissenschaftlich bewiesen und stand somit jenseits jeglichen Zweifels. Hier waren nun endlich die 'Verlorenen Stämme Israels' wiedergefunden worden. In seiner *New Discovery fo a Vast Country in America* faßte der flämische Mönch Louis Hennepin alle Beweise für die hebräische Herkunft der Indianer zusammen: "Diese Wilden entstammten ursprünglich von den Juden", weil sie ebenso wie jene "in Zelten lebten, sich mit Öl salbten", und ihre Toten "mit großer Trauer" beklagten; sie hatten Vorstellungen von der "Schöpfung", die mit denjenigen Moses "übereinstimmten". Wie auf den Juden, so schien auch auf ihnen Gottes Fluch "zu lasten". Und sie waren "scharfsinnig und gerissen", was man im allgemeinen den Juden nachsagte. Wegen all diesen Übereinstimmungen müssen sie Juden sein – dachte sich der Mönch.

Es gab jedoch auch Gelehrte, die anderer Meinung waren. Einige glaubten, daß die Indianer keineswegs aus Israel gekommen waren. Für sie waren es Karthager, Phönizier, Ägypter, Babylonier, Kelten, Afrikaner, Waliser, Chinesen, Japaner oder sogar Indianer – die aus Indien kamen. Bis in die heutigen Tage hinein gibt es immer noch Anhänger dieses Glaubens an den Mythos eines fremden Ursprungs. Diese europäischen Schöpfungslegenden schienen sich hoffnungslos zu widersprechen, aber in einem Punkt stimmten sie alle überein: die amerikanischen Ureinwohner mußten von irgendwo herkommen, nur nicht aus Amerika selbst. Dieser Mythos hat fünf Jahrhunderte überlebt. Für die Nachkommen der ersten Europäer war er so überzeugend und selbstbestätigend, daß er sogar von den Anthropologen als ein Ursprungsmythos auf wissenschaftlicher Grundlage akzeptiert wurde: er ist uns heute als die 'Beringstraßentheorie' bekannt.

Nach Ansicht der modernen Gelehrten sind die ersten Amerikaner nicht Babylonier, sondern vermutlich Mongolen, die durch die Eiswüste der sibirischen Arktis nach Amerika gekommen sind. Sie überquerten die Landbrücke, von der man annimmt, daß sie in der Beringstraße existiert hat und wanderten über die Gletscher und durch die Tundra Alaskas. Von dort aus drangen sie in südliche Richtung vor in die Gegend, die zu ihrem Stammland wurde. Einige wanderten sogar bis an die äußerste Spitze Südamerikas. Die ganze Bewegung dauerte Jahrhunderte. Sie begann bereits vor 25 000

Jahren während der Eiszeit. Aber dafür können die Wissenschaftler keine Erklärung finden.

Mein alter Freund Herbert Blatchford von der Navajo-Nation sagte einmal zu mir: "Wenn die Landbrücke in der Beringstraße jemals existiert hat, dann muß es dort Gegenverkehr gegeben haben. Man konnte in beide Richtungen gehen. Vielleicht waren es die Indianer, die sie zuerst überschritten und wir haben Asien bevölkert!" Viele der überlieferten Stammesgeschichten berichten von Indianern, die sowohl aus dem Norden als auch aus dem Süden gekommen sind. Aber in keiner dieser mir bekannten Erzählungen über die Ursprünge Amerikas – und sie sind tausende von Jahren alt – wird irgendetwas über einen langen Marsch aus Sibirien berichtet. Die Indianer Amerikas schienen zu glauben, daß sie aus dem Land ihrer Geburt entstammen. Vielleicht war das eine rationale Auffassung für die Anhänger der europäischen Mythen.

Im Sommer vor einigen Jahren gab der berühmte Archäologe L.S.B. Leakey die Entdeckung von Werkzeugen eingeborener Amerikaner in Kalifornien bekannt. Sie waren vermutlich 75 000 Jahre alt. Das konnte nicht möglich sein, da man annahm, daß die ersten Amerikaner vor 50 000 Jahren über die Beringstraße gekommen waren! Und später hörte man von einer noch unmöglicheren Entdeckung: "In einem alten mexikanischen Flußbett", hatte ein Wissenschaftlerteam des U.S. Geological Survey einige "relativ hoch entwickelten Werkzeuge gefunden, deren Alter mittels verschiedener Techniken bestimmt werden konnte". Sie waren ungefähr 250 000 Jahre alt! Das war nun in der Tat ein Dilemma! "Wir sind uns der peinlichen Tatsache bewußt", sagten die Geologen, "daß diese Ergebnisse das bereits erkannte Dilemma verschärfen, daß ein solch hohes Alter des Menschen in der Neuen Welt unter archäologischem Gesichtspunkt absurd ist." Aber das war es nicht. Denn der große alte Mann der Archäologie des Südwestens, Edgar Hewett, hatte bereits vor vielen Jahren etwas zur Sprache gebracht, das er die "Archäologie des gesunden Menschenverstands" nannte. "Ich kann mich nicht erinnern, jemals die Frage gehört zu haben, 'Wer entdeckte Europa, Asien oder Afrika?' Es gibt keinen Grund das zu fragen. Ich kenne auch keinen Grund für die Annahme, daß Amerika jemals entdeckt wurde", schrieb Hewett. "Das menschliche Tier ist wahrscheinlich über die Arktis hin- und hergewandert ohne zu wissen oder sich darum zu kümmern, ob es in Asien, Europa oder Amerika ist. Und es hörte nicht damit auf, bevor es den bewohnbaren Teil der Erdkugel erreicht hatte. Auf welchem Kontinent der Mensch seinen Ursprung hat, weiß niemand. Die Frage nach der "Wiege der menschlichen Rasse" muß ihren Platz neben den anderen Torheiten der Wissenschaft einnehmen."

In England schrieb John von Holywood im Jahre 1499, daß diese seltsamen "Kreaturen" in der neuen Welt eine Haut "von blauer Farbe" hatten und daß ihre Köpfe "quadratisch" seien. Velasquez, der erste spanische Gouverneur von Cuba, beschrieb einen Stamm mit "Hundegesichtern und flachen Ohren"; während de Oviedo von Menschen zu berichten wußte, die wie Affen aussahen, bis auf die Tatsache, daß sie "halb mit Federn und halb mit Fell bedeckt waren und wie Lerchen sangen". Selbst der präzise Geschichtsschreiber der Aufzeichnungen Kolumbus', der Mönch Peter Martyr, erzählte von Menschen in dem Land von Inziganin, die Schwänze von 10 Meter Länge besaßen. Gleichwohl waren sie nicht so seltsam wie die "Menschen ohne Kopf, deren Augen sich in der Brust befanden".

Kein Wunder also, daß die Gelehrten, Juristen und weisen Männer Europas darüber debattierten, ob es sich bei den Indianern überhaupt um Menschen handelt. In Spanien wurde es 1537 für die Katholiken entschieden, als Papst Paul II. seine Bulle *Sublimis Deus* herausgab. Darin stand geschrieben, daß "die Indianer wirkliche Menschen seien." Die Protestanten Englands hingegen gestanden ihnen zu, daß sie allenfalls "halb Mensch, halb Bestie" seien, um mit Cotton Mather von New England zu sprechen.

Für die Europäer der Renaissancezeit bedeuteten diese seltsamen Kreaturen die Wiedergeburt der Bestien und Dämonen ihrer mittelalterlichen Mythen. Nach dem Historiker Lewis Hanke "begannen" die Europäer "ihre Eroberung (Amerikas) mit der Erwartung, den Ausgeburten dieser mythischen Wesen und Ungeheuer, wie sie in der mittelalterlichen Literatur geschildert wurden, zu begegnen".

Und genauso trug es sich zu. Denn diese aufgeklärten Männer der Renaissance "neigten dazu, die Neue Welt durch ihre mittelalterlichen Brillengläser zu betrachten", und was sie sahen, war die Alte Welt in der Neuen.

Hatte nicht auch Kolumbus daran gedacht "die Welt zu vereinen und den seltsamen Ländern die Form *unseres eigenen* aufzuprägen?" Der spanische Humanist Hernan Perez de Oliva hatte dies bereits 1528 so empfunden, als er sein bedeutsames Buch *History of the Invention of the Indies* (Geschichte über die Entdeckung der westindischen Inseln) schrieb. Der Traum der Eroberer "war ein europäischer Traum und hatte wenig zu tun mit der amerikanischen Realität", bemerkte der englische Historiker J.H. Elliott. "Und vielleicht waren in der Beziehung der Alten und der Neuen Welt die Träume immer wichtiger als die Realität."

Wenn diese Europäer das nicht fanden, wonach sie suchten, dann bildeten sie es sich zumindest ein. Als die beiden Seefahrerbrüder Niccolo und Antonio Zeno etwa um 1390 Richtung "Grönland" segelten, berichteten sie ganz ernsthaft von der Entdeckung eines Königreichs bei den Eskimos, das dem des italienischen des 14. Jh. sehr ähnlich war. Manche Historiker haben allerdings die Logbücher ihrer Reise mit kritischen Augen betrachtet, aber die Gebrüder Zeno zweifelten nicht daran, daß sie das Land der "vielen Städte und Schlösser" entdeckt hatten, wo es "in der königlichen Bibliothek lateinische Bücher" gab und am arktischen Eismeer eine große gothische Klosterkirche stand. Dieser Anblick hätte die Eskimos von "Grönland" bestimmt erfreut!

Viele dieser europäischen Versuche, Amerika entsprechend der europäischen Vorstellungen umzuformen, waren komisch. Aber nicht alle. Als König James I. von England davon erfuhr, daß Powhatan, der Vater der Pocahontas, "König der Indianer" war, schickte er im Jahre 1608 einen königlichen Gesandten nach Virginia, um den Stammesältesten mit einem Ehrentitel der Tudor und einer scharlachroten Königsrobe zu "krönen". Bei seiner Ankunft hatte der Gesandte des Königs "schändliche Schwierigkeiten" damit, den alten und würdevollen Powhatan davon zu überzeugen, niederzuknien und die Ehre in Empfang zu nehmen. Er lehnte entschieden ab. Powhatan "kannte weder die Majestät noch die Bedeutung" der Krone, sagte Kapitän John Smith. "Höflich ertrug er die Überredungsversuche, Beispiele und Anweisungen" des Gesandten, weigerte sich aber nach wie vor hinzuknien. Da gab der königliche Gesandte dem alten Mann von hinten einen Stoß und "sprang auf seine Schultern", so daß Powhatan sich nach vorne beugen mußte. Auf diese Weise wurde er gekrönt. Triumphierend feuerten die englischen Kanoniere einen Salutschuß ab, dessen Lärm Powhatan als "barbarisch" empfand. Der verblüffte Stammesälteste "besann sich jedoch wieder auf sich selbst" und erhob sich würdevoll. Er dankte seinen Angreifern huldvoll für die Ausführung einer Handlung, deren Sinn allerdings nur ihnen selbst einsichtig war. Powhatan zog seinen abgetragenen Umhang und seine alten Mokassins aus und überreichte sie dem Gesandten als Gegengabe für die Geschenke, die man ihm gebracht hatte. Beide Gegenstände sind heute noch in einem britischen Museum ausgestellt. Welch ein Triumph des Weltreichs!

Diese Form der Verpflanzung von Vorstellungen schlug jedoch kaum Wurzeln. Während die eingeborenen Amerikaner nur selten zu Europäern wurden, entwickelten sich viel häufiger die Europäer zu einer Imitation der Indianer. Und hier wiederholt sich die Ironie der Geschichte: der Eroberer wird von seiner Eroberung besiegt. Schon allein in ihren Namen sind die Kolonien New England, New Amsterdam, New France, New Britain, New York, New Jersey und New Spain Bestandteil dieser neuen Welt. Die mittelalterlichen Mythen der Menschen aus der Renaissancezeit wurden durch den Geist Amerikas vollkommen verändert. Die Europäisierung der Wildnis war kein großer Erfolg und auch die Indianer waren nicht sonderlich davon beeindruckt. Im

Grunde genommen ereignete sich genau das Gegenteil: die Europäer wurden zu "weißen Indianern", wie es der Pionier J. Hector St. John de Crévecoeur ausgedrückt hat.

Mit dem Wind eines raschen Wandels war Europa vorangesegelt, daß die Winde möglicherweise in beide Richtungen geblasen haben, wurde nicht erkannt. Es wurde nicht einmal untersucht, ob nicht vielleicht der Wind, der von Amerika Richtung Europa wehte, der stärkere war. Ein solcher Gedanke – in der Entdeckung der Neuen Welt die Befreiung Europas aus seiner mittelalterlichen Trägheit und Provinzialität zu sehen – wäre für das Gefühl des Weißen Mannes von seiner rassischen Überlegenheit historische Ketzerei gewesen. In *The Condition of Man* (Die Lebensbedingungen des Menschen) schreibt Lewis Mumford: "Was die westliche Kultur im allgemeinen und die westliche Technik im besonderen den primitiven Völkern verdankt (sic), ist kaum erkannt, geschweige denn anerkannt worden. Mehr als die Hälfte des landwirtschaftlichen Reichtums der Welt stammt von der amero-indianischen Kultur der Neuen Welt." Und mehr als das. Die zur Renaissancezeit noch unterentwickelten Wissenschaften, wie Medizin, Botanik, Astronomie, Chemie, Physik, machten große Fortschritte. Sie wurden sogar inspiriert von den neuen Phänomenen, die die Europäer in Amerika entdeckten und katalogisierten. In dem Jahr, als Kolumbus die Küsten der westindischen Inseln erreichte, war Kopernikus noch keine zwanzig Jahre alt und Galilei noch nicht geboren. Ihr Weltbild hätte sich durch die Existenz Amerikas ganz sicher verändert. Es überrascht daher nicht, daß Sir Francis Bacon die Neue Welt der wissenschaftlichen Entdeckungen das "Neue Atlantis" nannte. Die Entdeckung der neuen Welt schuf einen "geistigen Umsturz" in Europa, sagte Mumford. Sie "beschleunigte das Ende" der "sich auflösenden mittelalterlichen Kultur", indem sie das mythische Denken des Mittelalters für das Wissen der Klassiker öffnete. Diese Welt des europäischen Denkens war klein, gesittet, unbeweglich und engstirnig; sie wurde überwältigt durch die Flut von neuen Erscheinungen, neuen Ideen, neuen Welten. Die neuen "Werte, Bedeutungen und Formen" des

Wissens, die in Amerika entdeckt wurden, waren "bisweilen ebensoviel wert wie das Beste, das Palästina, Griechenland und Rom hervorgebracht hatten," schrieb Mumford. Sie waren die wirkliche "Entdeckung".

In der neuen Welt gab es "neue Inseln, neue Länder, neue Meere, neue Völker; und was noch wichtiger war, einen neuen Himmel und neue Sterne", sagte der verzückte Portugiese Pedro Nunes im Jahre 1537. Das war "das größte Ereignis seit Erschaffung der Welt", rief Lopez de Gómara 1552 aus. Es kam an zweiter Stelle nach dem Erscheinen von Christus! Selbst jener Agnostiker, der Schotte Adam Smith, konnte sich 200 Jahre später in seinem Buch *Wealth of Nations* nicht einer gewissen Ehrfurcht vor diesem Schöpfungsmythos enthalten: "Die Entdeckung Amerikas und die eines Seeweges zu den westindischen Inseln sind zwei der größten und bedeutendsten Ereignisse in der Geschichte der Menschheit."

Seit den Kreuzzügen in die Heiligen Länder des Ostens war nichts mehr so belebend und befreiend für den europäischen Geist gewesen wie die Reisen in die Heiligen Länder des Westens. Es war eine neue Welt für das Bewußtsein, nicht nur für die Landkarte. Die Alte Welt wurde selbst zu einer Neuen Welt. Im Jahre der "Entdeckung" war Martin Luther gerade im Begriff, in den Augustinerorden einzutreten. Später jedoch schrieb er: "Wir leben heute in einer Neuen Welt und die Dinge werden anders getan." Etwas wehmütig schrieb der Gelehrte Lipsius 1603 an einen Freund in Spanien: "Die Neue Welt, durch euch erobert, hat euch selbst besiegt." Wer hat nun wen erobert? Wenn Amerika Europa so stark beeinflußt hat, wieviel größer war dann erst die Wirkung auf jene Europäer, die sich in Amerika niedergelassen hatten. Das ist unsere noch am wenigsten bekannte Geschichte. Aber gerade sie muß berichtet werden, weil sie lange Zeit versteckt war hinter dem Glauben an die "Entdeckung", der so andächtig in unseren Büchern und Mythen bewahrt wird.

In der Kolonie von Plymouth in Massachusetts bauten die Pilgerväter ein Dorf, das man kaum als englisch bezeichnen kann. Es glich eher einem Dorf der Algonkin. Bis hin zu der

Einpfählung der Bäume, die es umgaben, und der Bepflanzung des Gartens mit Mais, war das Dorf amerikanisch. Nur so konnte es überleben. Und wenn es nicht Indianer wie Squanto gegeben hätte, ein Sachem (Häuptling) der Wampanoag-Nation, hätten die Europäer wahrscheinlich nicht überlebt. In den Legenden der Weißen wird Squanto als ein "Freund der Pilgerväter" beschrieben, der sie gelehrt hat, wie man einen Truthahn für Thanksgiving kocht; auf den Gemälden wird er jedoch als jemand dargestellt, der in einer Ecke hockt und dunkles Fleisch ißt. In Wahrheit handelte es sich um einen gebildeten Mann, der schon des öfteren über die Meere gesegelt war, und das bereits 15 Jahre bevor die *Mayflower* die Küsten Amerikas erreicht hatte. Er war durch ganz Europa gereist, hatte in England studiert und war sehr bewandert in den Gebräuchen der fremden Völker. Es ist gut möglich, daß Squanto von Massasoit, dem Häuptling der Wampanoag und vom Stammesrat beauftragt worden war, sich um die kriegerischen Pilgerväter zu kümmern. Der Versuch, sie friedlich zu stimmen, blieb allerdings wirkungslos. Es stand außerhalb des Vorstellungsvermögens der Europäer, daß die "Heiden und Ungläubigen" bestrebt waren, *sie* zu zivilisieren. Sie glaubten, wie es Gouverneur Bradford ausdrückte, daß Squanto "ein von Gott zu *ihrem* Wohlergehen entsandtes Hilfsmittel sei." (Auf dem Siegel der Society of Massachusetts in Nova Anglia war ein nackter Eingeborener in einem Tabakfeld abgebildet. In der rechten Hand hielt er einen Bogen und in der linken einen Pfeil und aus seinem Mund kam die Bitte: "Kommt und helft uns!")

Die Indianer lehrten die Europäer weit mehr als nur Mais anzupflanzen und Truthahn zu kochen. Die Lehren von weißen Männern wie Massasoit enthielten die Grundlagen des "American Way", die philosphischen und materiellen Ursprünge der Demokratie, die damals in Europa noch unbekannt waren. Wie diese Akkulturation vor sich ging, soll im folgenden durch eine Geschichte veranschaulicht werden.

Als der Geistliche Roger Williams im Jahre 1638 auf der Kanzel der Kirche in Salem eine Predigt hielt, in der er die Meinung vertrat, daß es möglicherweise unchristlich sei, Kirchenmitglieder, die der Sonntagspredigt nicht beiwohnten, zu schlagen, wurde er aus seiner Kirche verjagt. Es war Massasoit, der Häuptling der Wampanoag, der Roger Williams, dem "Vater der Religionsfreiheit" in Amerika, ein Asyl auf dem Land seines Stammes gewährte, dem späteren Rhode Island. Dort wurde die erste Europäische Kolonie errichtet, in der Religionsfreiheit praktiziert wurde. Für die Indianer war das kein neues Gedankengut.

Roger Williams dankte Gott, nicht Massasoit. "Gott gefiel es, mir einen geduldigen Geist zu geben, um mit ihnen in ihren schmutzigen dunklen Löchern wohnen zu können", sagte er zu den anderen Europäern, nicht zu den Wampanoag. In der Nachbildung der Plymouth-Siedlung für Touristen gibt es nur einen einzigen bedeutenden Hinweis auf den Häuptling Massasoit: Die Eßwarenautomaten in der Cafeteria tragen den Namen Massasoit-Company.

Die Geschichten darüber, wie die Europäer zu Amerikanern wurden, sind häufig vergessen, wenn nicht sogar ignoriert worden. Der Ursprung des "American Way" wurde von den Wissenschaftlern in allen möglichen obskuren Winkeln unserer Vergangenheit gesucht. Er wurde auf das englische Gewohnheitsrecht zurückgeführt, auf die Magna Charta, auf das englische Parlamentssystem, auf die Philosophie der Französischen Revolution, auf die spanischen Gesetze der westindischen Inseln und ebenso auf die calvinistischen Glaubensvorstellungen wie auf die Nachkommen der europäischen Pioniere an der Frontier zum Westen. Aber der augenscheinlichste Ursprung des "American Way" ist weitgehend ignoriert worden: Amerika selbst und die Indianer. Und warum? Wenn die Europäer Amerika "erfinden" konnten, dann waren sie ebenso gut in der Lage, auch die Geschichte Amerikas zu erfinden.

1744, als die Kolonialisten durch die repressiven Steuern und andere Restriktionen des englischen Kolonialismus in Schwierigkeiten gerieten und anfingen, an ihre Unabhängigkeit zu denken, trafen sich die Gouverneure der Kolonien in Lancaster/Pensylvania, um darüber zu beraten, was sie dagegen unternehmen könnten. Sie hatten keine ausgeprägte Vorstellung darüber, was aus Amerika werden sollte. Angesichts des mächtigen englischen Weltreichs waren sie schwach. Sie waren nicht geeint. Aus dieser Situation heraus taten sie etwas, was ihnen bislang nicht in den Sinn gekommen wäre: sie hörten auf die Worte eines Sachems der Irokesen, Canasatego, den sie eingeladen hatten, um zu ihnen zu sprechen. Er erkannte sofort ihre Schwierigkeiten und riet ihnen zu Folgendem: "Unsere weisen Vorväter gründeten Einheit und Freundschaft unter den 5 Nationen (der Irokesen). Das hat uns große Stärke verliehen. Es gab uns Gewicht und Autorität unseren benachbarten Nationen gegenüber. Wir sind eine machtvolle Konföderation; und wenn ihr dieselben Methoden wie unsere Vorväter anwendet, werdet *ihr* solche Stärke und Macht erlangen." Ben Franklin, der ein scharfsinniger Beobachter und Bewunderer des Stammeslebens war, begriff sofort die Vorteile des Demokratiesystems der Irokesen. Schon bald darauf wendete er das Gelernte auf die Situation der Kolonien an. Bei dem Kongreß von Albany 1754 ermahnte er die Anwesenden, die Weisheit der Indianer zu beachten. "Wenn 6 Nationen von unwissenden (sic) Wilden dazu in der Lage sein sollten, einen Plan für solch eine Nation zu entwerfen und diesen auch in einer Weise durchzuführen, daß er Jahrhunderte überdauert hat und unauflöslich zu sein scheint, wäre es doch seltsam, wenn sich eine ähnliche Union für 10 oder 12 englische Kolonien nicht verwirklichen ließe." Franklin erklärteden versammelten Kolonialisten,daß es für sie "noch notwendiger und vorteilhafter sein mußte", wenn sie das gleiche täten wie die Irokesen. Die zukünftigen Amerikaner bildeten tatsächlich eine solche Union, wie sie ihnen der Häuptling Canasatego geraten hatte.

Aber nicht nur die Einheit der Irokesen-Konföderation, sondern auch die Art und Weise ihrer Durchführung war eine Lektion, die jene Kolonialisten lernen sollten. Das Regierungssystem der sechs Nationen war so demokratisch aufgebaut, daß jede von ihnen innerhalb des Ganzen selbständig und gleichgestellt war. Keine der Nationen konnte einer anderen befehlen. Es war eine Form der Demokratie, die von den Kolonialisten in der amerikanischen Verfassung als ein "System des Gleichgewichts" zwischen der Autonomie des Einzelstaats und der Autorität der Bundesregierung umbenannt wurde. Dieses System war "uramerikanisch".

In *Our Brothers Keeper* hat Edgar Cahn geschrieben: " Die Konföderation der Irokesen war ein Modell für unser Bundessystem." Es war der "Indianische Weg". Bei dem Kampf um die Unabhängigkeit Amerikas hatte dieser Weg sogar noch mehr Bedeutung für die Kolonialisten. Symbolisiert wurde er von jenen Patrioten, die sich bei der Boston Tea Party mit "indianischen Decken" und "Kriegsbemalung" als Irokesen verkleideten. Als sie an diesem Tag im Hafen von Boston die Ladung mit englischem Tee ins Wasser kippten, sangen sie folgenden Vers:

Versammelt euch, Mohawks!
Bringt euer Kriegsbeil mit!
Und sagt König George,
daß wir keine Steuern mehr zahlen
für seinen fremden Tee!

Im Grunde genommen war es keine Maskerade, wie es üblicherweise geschildert wird. Der Indianer war das Symbol für Mut, Kühnheit und individuelle Waghalsigkeit und vor allem das Symbol für die Herausforderung angesichts unmöglich erscheinender Gewinnchancen. Die "Mohawks" bei der Boston Tea Party sagten vieles vorher über die Art und Weise, wie die Revolution durchgeführt werden sollte.

Weniger bekannt waren die eigenen "indianischen Taktiken" von General Washington. Dieser Gentleman von Virginia wollte zunächst auf die "feine englische Art" kämpfen: Soldaten in Reih und Glied, Mann gegen Mann, ganz wie es der mittelalterlichen Kriegsführung entsprach. Diese europäische Militärstrategie endete mit der vernichtenden Niederlage auf Long Island. Jetzt erinnerte sich Washington daran, was er in seiner Jugend bei den Indianern von Ohio gelernt hatte und an den Hinterhalt, in den der englische General Braddock im Französisch-Indianischen Krieg gelockt wurde. Er schickte die restlichen Soldaten seiner Armee in die Wälder von Pensylvania und befahl ihnen, "wie Indianer zu kämpfen." Zum Ärger der Engländer, die diese Soldaten

"Wilde" nannten, kämpfte die Revolutionsarmee aus der Deckung von Bäumen und Felsen. Sie führten Überraschungsangriffe aus dem Hinterhalt durch und schlichen sich anschließend wieder in die Wälder zurück. Dies war durchaus nicht die vornehme Art des Kämpfens; sie war zu amerikanisch. Aber sie führte zu dem Sieg von Trenton, von dem einige Leute behaupten, daß er in dem Krieg einen Wendepunkt bewirkte. Hocherfreut über den Erfolg seiner indianischen Taktik, machte Washington eine Eingabe bei dem Continental Congress und bat um die Erlaubnis, "Wildlederhäute" zur offiziellen Uniform der Revolutionsarmee machen zu dürfen. Der Kongreß antwortete mit einem diskreten Schweigen. Die Kolonialisten begannen die Stärke der Indianer zu achten, eine Stärke, die ihre Wurzeln in dem Land hatte, mit dem sie so vertraut waren und für das sie bereit waren zu kämpfen. Daneben verblaßten die militärischen Berichte darüber, welche Stämme auf wessen Seite und in welcher Schlacht gekämpft hatten, obwohl zu Zeiten der Kampfgeist der Indianer für den Ausgang einer Schlacht entscheidend war. Die Zeitungen der Kolonien waren damals voll mit Berichten über ihre "Heldentaten" und sie lasen sich wie Gleichnisse.

Ein typischer Bericht war der über den "Häuptling Ninham des Wappnachi Dorfes" im Staat New York, der mit 60 anderen zu "Washington in Albany" stieß und zusammen mit Lafayette ausgeschickt wurde, "die Engländer aufzuhalten". Er zwang sie zum Rückzug. Bei der Schlacht von Van Cortland im Jahre 1778 wurde der Häuptling Ninham getötet. "Ich bin ein alter Baum" sagte er "und ich möchte hier sterben." Der Kampf wurde an der Stelle ausgetragen, wo sich früher das Dorf seines Stammes befunden hatte, bevor das Land von den Engländern gestohlen wurde. Er starb für sein Land, nicht für General Washington. Doch dieser glaubte, die Wappnachi waren gestorben, damit sich seine Armee retten konnte. "Sie haben ihr Versprechen wortwörtlich eingehalten, das sie in Albany gegeben hatten, das Gelöbnis von 'Ruth' ", sagte der General. Weshalb die Indianer gekämpft hatten, begriff er nicht. Nur wenige der Europäer, die zu Amerikanern geworden waren, wußten überhaupt, was sie den Indianern verdankten. Den meisten von ihnen waren die Ursprünge ihrer eigenen Stärke unbekannt. Die Unabhängigkeitserklärung zu Beginn der Revolution erwähnte die Indianer nicht, mit Ausnahme einer Verunglimpfung als "gnadenlose indianische Wilde". Im Friedensvertrag von Paris, der die Revolution beendete, waren sie überhaupt nicht mehr erwähnt. Auch die neuen Amerikaner glaubten, Amerika sei ihre eigene "Erfindung". Deshalb haben sie auch nicht einen einzigen Indianer dazu aufgefordert, ihrer Imitation der Irokesen-Konföderation beizutreten. "Habt ihr jemals darüber nachgedacht, was die Vereinigten Staaten so deutlich von allen anderen Ländern der Erde unterscheidet? Es sind die Indianer", stand in einem Leitartikel, der in den Stammeszeitungen der Sechzigerjahre abgedruckt wurde. "Wenn es nicht die reichen demokratischen Traditionen der Amerikaner gegeben hätte, ließe es sich nur schwer voraussagen, welches Regierungssystem wir heute hätten ... die Idee von mehreren Einzelstaaten innerhalb eines Gesamtstaats (Föderalismus), das Prinzip, daß die Häuptlinge Diener und keine Herren ihres Volks sind und die Forderung, daß die Gemeinde den Unterschied zwischen Menschen und ihren Träumen erkennen muß, gab es hier alles schon in der praktischen Anwendung bevor Kolumbus gelandet ist." Aber nicht nur das. Auch das Recht der Frauen, zu wählen und selbst gewählt zu werden, wurde bei einigen Stämmen damals bereits praktiziert. Selbst das "Nichtvorhandensein leibeigener Bauern" und ganz allgemein die Unbeliebtheit eines Feudalsystems "stammten von unseren indianischen Vorfahren."

"Die Wissenschaftler fangen jetzt erst an zu begreifen, daß der Einfluß der indianischen Kultur auf die Sitten und Gebräuche der Weißen bei weitem die Einwirkung der europäischen Kultur auf die Indianer überschattet. Indem sie eine Menge indianischer Kulturgüter, Einstellungen und reichlich viele Produkte übernommen haben (wie Zigaretten, Kaugummi, Gummibälle, Popcorn, Cornflakes, Pfannkuchen, Ahornsirup), sind die Vereinigten Staaten als Nation vollkommen verschieden im Vergleich mit anderen Nationen. Sie sind einzigartig und ebenso ist es das Volk." In diesem Sinne "betraten" die Europäer "die indianische Geschichte," und wurden erst dadurch zu Amerikanern, schrieb *Aborigine*, eine wissenschaftliche Zeitschrift der Indianer. Amerikanische Geschichte ist "Indianische Geschichte."

Daß der Mensch sich von seiner Geschichte und von seinem Land entfremden konnte, war nichts Neues. Das gab es bereits zur Zeit der Azteken. Bevor die Europäer kamen, schrieb darüber ein Dichter und Priester der Nahuatl:

Haben die Menschen Wurzeln, gibt es sie wirklich?
Niemand wird es je wissen,
Worin Euer Reichtum besteht, welches eure Blumen sind,
O Erfinder Deiner selbst!

Der Präsident von allen Stämmen

Manifest von James Canan, dem Direktor des Büros für Indianische Angelegenheiten in Billings/Montana.

Mit seiner Sensitivität und Intelligenz paßte dieser Mann nicht in das stereotype Bild eines Regierungsbürokraten. James Canan hatte sein Leben voll und ganz den indianischen Angelegenheiten gewidmet. Fünfundzwanzig Jahre hatte er bereits im Dienste der Regierung verbracht und "für die Stämme gearbeitet" – wie er sich ausdrückte. Vor einigen Jahren wurde er zuständiger Gebietsdirektor für die Indianerstämme in Wyoming und Montana und als solcher hatte er geholfen, den Kohlen-Tageabbau in der Navajo-Nation zu entwickeln.

Ich fragte ihn, ob es stimmt – wie des öfteren behauptet wird – daß das Büro für Indianische Angelegenheiten ein Vorreiter der Bergwerksgesellschaften sei. "Das ist nicht richtig", gab er mir zur Antwort. "Es gibt Leute, die sagen, es sei kein Zufall, daß in dem Augenblick, als die Cheyenne verlangten, daß ihre Verträge mit den Minengesellschaften für ungültig erklärt werden, das Büro den Crow-Indianern den Tageabbau empfohlen hat. Viele sind der Ansicht, man sollte das Büro für Indianische Angelegenheiten lieber in 'Büro für gemeinsame Angelegenheiten' umbenennen."

"Das ist doch ein vollkommener Unsinn", versicherte er mir, und er schien mit Recht ein bißchen verärgert zu sein. "Ich bin von niemandem der Vorreiter." Sein irisches Temperament trieb ihm die Zornesröte in die Backen. "Wir befassen uns mit der wirtschaftlichen Entwicklung der indianischen Resoucen, und das tun wir schon seit einer langen Zeit. Aufgrund des Gesetzes und nicht aufgrund unseres freien Willens sind wir die Wächter ihres Landes. Wir tun auch nichts anderes als unseren Job."

In Billings/Montana befanden sich die schallgedämpften und durch eine Klimaanlage gekühlten Amtszimmer des BIA in dem modernen Regierungsgebäude. Den größten Raum nahmen dort die Planungsbüros ein, die eine "Vorlage für eine Verpachtung von Crow-Land zum Zwecke des Minenausbaus" vorbereitet hatten. Einer der Planer hatte mir erzählt, daß es sich dabei um "Canans Lieblingskind" handelte. "Die wichtigste Aufgabe, die das Büro in dieser Angelegenheit übernimmt, sind Vorbereitungsarbeiten für den Landverkauf", hatte mir Canan diesbezüglich gesagt.

Und genau das fand auch statt. Das Büro empfahl den Tageaubbau auf dem Crow-Land, weil dadurch "das Einkommen der lokalen Bevölkerung und insbesondere das der Crow, deren Lebensstandard erhöhen und eine Ausweitung der Selbstbestimmung zur Folge haben wird." Dieser Aspekt wurde nicht nur einmal, sondern siebenmal erwähnt. Natürlich wird es dann auch bessere Straßen geben und die Rancher werden sich nur ganz "minimal" räumlich verändern müssen. Den Indianern erzählte das Büro, daß es nur "wenige" weiße Arbeiter geben wird und nur eine "geringfügige" Veränderung der "ländlichen Kultur". Der Bericht für das Weiße Haus in Washington hingegen enthielt eine Prognose über "den in Verbindung mit der Urbanisierung auftretenden sozialen Wandel." Letztere war eine wesentlich realistischere Einschätzung der herannahenden Entwicklung.

Denn in ihrer Folge würde es viel Lärm und Staub geben und die Heiligen Stätten werden vermutlich "vollkommen und für immer zerstört werden." Und bis auf die "kleinen Nagetiere werden wahrscheinlich alle in der freien Wildnis lebenden Tiere vertrieben werden." Doch diese ganzen Veränderungen wurden mit Geldversprechungen wieder "ausgeglichen": "durch das Anwachsen des persönlichen Einkommens", durch "stabile Arbeitsplätze" und durch die "Kapitalanlagen und die Verbesserung von Stammes- und Familieneinkommen."

Canan war kein Romantiker und er war auch kein "Indianer-Verehrer". Er wußte besser Bescheid über die Kohle als über die spirituelle Bedeutung der Erde. "Die indianische Geschichte kommt hier nicht besonder stark zum Tragen", stand in dem Bericht des Planungsbüros über die Crow. Canan war sich selbst nicht darüber im Klaren, warum er sein Leben der "Indianischen Sache" gewidmet hatte. Die Indianer waren auch niemals Gegenstand seiner Jugendträume gewesen. Als junger Mann war er rastlos, wohl mit ein Grund, weshalb er an drei verschiedenen Colleges studierte. Nach seinem Abschlußexamen "hatte er keine klaren Vorstellungen über seine berufliche Zukunft." 1949 wurde ihm dann im Innenministerium ein "vorübergehender Job" angeboten. Was später zu seiner Lebensaufgabe werden sollte, war also mehr oder weniger ein "Zufallsprodukt". Er besaß keine Kenntnisse über die Indianer; weder war er während seines Studiums noch sonst auf irgendeine Weise persönlich mit ihnen in Kontakt gekommen. Nach einem "Managertraining" wurde ihm in der Hauptabteilung des BIA in Washington der Posten eines "Betriebswirts" für Indianerstämme übertragen. Bis 1960 hatte er sich dann so viel Wissen angeeignet, daß man ihn als "Experte" in die Navajo-Nation entsenden konnte, als zuständiger Gebietsdirektor für die "Resourcen". Diesen Aufgabenbereich bekam er zu einem Zeitpunkt zugeteilt, als die Pachtverträge über den Tageabbau der Kohle und über die Errichtung von Kraftwerken ausgehandelt wurden. Es war Canan, der dazu beitrug, dem größten Energieprojekt des Landes seine Form zu geben. Da er sich bei der Erfüllung seiner Aufgabe so gut bewährte, wurde er sogar zum Gebietsdirektor für sämtliche Reservate in Montana und Wyoming ernannt, und als solcher leitete er die Planung eines Energieprojektes, das noch größere Ausmaße haben sollte; allerdings nur, wenn Canan Erfolg mit seinen Ideen hatte. Doch an diesem Punkt wurde er mit Schwierigkeiten konfrontiert.

Die Zeiten waren vorüber, in denen ein Stammesrat höflich zugunsten der Vorschläge von Männern wie Canan abstimmten, unabhängig davon, ob sie die Vorschläge für richtig oder falsch befanden. Einige dieser Stammesräte hörten nicht mehr auf ihn und viele haßten seine forsche Vorgehensweise, sagte mir Canan. Die Cheyenne hatten mittlerweile seine Pachtverträge wieder rückgängig gemacht, die Blackfoot übernahmen ihre eigenen Schulen, die Kootenai erhoben Mautgebühren an den Highways, und die Crow hatten den Bighorn-Fluß für den Weißen Mann "gesperrt".

Ich fragte ihn, ob es jetzt nicht an der Zeit sei, zurückzutreten. War das Ende des BIA gekommen? Würden die Amerikaner Amerika zurückerobern? Canan hatte früher einmal gesagt, daß er weder seine Handlungen und das Leben, das er geführt hat, noch die Ratschläge, die er den Indianern gab, "bedauern" würde. Traf diese Aussage auch noch auf die heutige Situation zu?

Im Folgenden gebe ich wieder, was Canan mir bei unserem Gespräch darüber sagte:

Warum liegen sich die Indianer mit der Regierung in den Haaren? Die Ursache ist das Vetorecht, das die Gebietsdirektoren und andere Beauftragte des BIA bezüglich der Beschlüsse eines Stammesrats besitzen. Wenn ein Stamm einen Beschluß fällt, muß *ich* ihn bestätigen. Deshalb bin ich sozusagen der Vorsitzende von sämtlichen Stämmen, obwohl ich kein Mitglied bin. Es gibt Leute, die nennen das Kolonialismus. Aber letztlich ist es nichts weiter als das 'ausgleichende Prinzip', welches Bestandteil des Gesetzes zur Reorganisierung der Indianerstämme von 1934 ist. Darin wurde unsere Form der gesetzgebenden Demokratie den Indianern angeboten. Hier geht es um die Landeshoheit!

Souveränität ist nicht nur eine Angelegenheit der Bürgerrechte und der Selbstbestimmung. Der Begriff wurde auch nie eindeutig definiert. Bevor dieses Problem nicht gelöst ist, wird man auch keine weiteren lösen können. Es liegt sozusagen allen anderen zugrunde. Wenn versucht wird, zuerst die anderen Fragen zu lösen, spannt man im Grunde genommen den Karren vor das Pferd.

Betrachten Sie doch mal meinen Job: auf der einen Seite bin ich dafür zuständig, den Indianern zu helfen, innerhalb des dominanten Gesellschaftssystems der Weißen ihre eigene Identität zu bewahren. Aber auf der anderen Seite bin ich gerade für die Indianer ein Vertreter dieser herrschenden Gesellschaftsform. Ich habe also eine Doppelrolle, und in welche Richtung sich auch mein Handeln bewegt, ich werde in jedem Fall verflucht. Einige der Stammesvorsitzenden sprechen überhaupt nicht mehr mit mir. Man kann sogar sagen, daß fast die ganze Kommunikation unterbrochen ist. Ich nehme das Wort zwar nicht gerne in den Mund, aber für mich ist das nichts anderes als ein umgekehrter Rassismus. Diese ganzen Stammesbeschlüsse über die Vertreibung der Weißen von den Reservaten und das Verbot jeglicher wissenschaftlichen Untersuchungen über die Indianer durch Weiße, wie es gerade von einigen Stämmen im Nordwesten ausgesprochen wurde, – was ist das anderes als ein umgekehrter Rassismus? Die Verhältnisse haben sich geändert. Immer mehr Stämme möchten ihre Angelegenheiten selbst regeln. Sie wollen ihre eigenen Schulen einrichten und verlangen nach örtlicher Kontrolle. Die Stämme beanspruchen, selbst darüber zu entscheiden, wer ihre Kinder unterrichtet und vor allem auch über die Art und Weise des Unterrichts und dessen Lehrinhalte.

In Busby, einer Stadt im Gebiet der Nördlichen Cheyenne, kamen die Leute zu mir und verlangten die Kontrolle über ihre Schule. Ich stimmte dem Antrag zu. Daraufhin verließ die Hälfte der Lehrer die Schule, weil sie nicht unter der Aufsicht des Stammes arbeiten wollten. Als die Cheyenne die alleinige Kontrolle über die Schule beanspruchten, gingen noch weitere Lehrer.

Wie will der Stamm eigentlich seine Schulen verwalten, wenn sich die weißen Lehrer weigern zu unterrichten? Ich kann mir den Tag nicht vorstellen, an dem die Indianer ihr Schulsystem vollkommen selbständig verwalten. Selbstbestimmung ist eine Sache; aber sich selbst zu regieren, ist noch etwas ganz anderes. Auf einigen Reservaten, wo die Stämme wie 'kleine Nationen' handeln, verursacht das eine Menge Probleme. So leben z.B. in dem Blackfoot-Reservat 2 500 Indianer und 13 000 Weiße. Wenn die Blackfoot die Gerichtsbarkeit innehaben, dann bedeutet das, daß die Mehrheit der Weißen keine Stimme in der Regierung haben. Die Indianer sagen ganz einfach, daß sie sich selbst regieren. Sie wollen nach ihrem eigenen Gutdünken handeln. Und das schafft natürlich Probleme.

Ich weiß keine Lösung. Während der Nixon-Regierung hieß das Schlagwort 'Selbstbestimmung'. Das BIA sollte jedem Stamm das 'Recht geben', darüber zu beschließen, ob er sich assimilieren oder seine eigene Identität bewahren möchte. Aber die Entscheidungen darüber wurden in Washington gefällt. Die Programme und das Geld, um sie durchzuführen, kamen aus dem Weißen Haus.

Jedesmal wenn die Regierung in Washington wechselt, ändert sich auch die Politik und das BIA ist dazu verpflichtet, sie auszuführen. Es ist also kein Wunder, wenn die Indianer dem BIA nicht vertrauen.

Bis 1920 erzählte uns die Regierung, daß sich die Indianer zu assimilieren hätten; sie waren eine 'aussterbende Rasse'. Die Stämme sollten in dem 'Schmelztiegel' ihre Identität aufgeben. Und 1928 wurde der Merriam-Bericht herausgegeben: jetzt hieß es mit einem Mal, die Indianer sollen ihre Identität behalten. Der Beauftragte John Collier entwickelte diese Idee in den Dreißigerjahren. Während des 2. Weltkriegs wurde der für Indianerfragen zuständige Senatsausschuß durch den Senator Burton Wheeler von Montana geleitet und dieser war ein Feind von Collier. Wheeler rief das BIA an und verlangte von dem Beauftragten Zimmermann einen Bericht zu dem Thema "Wie können wir uns aus der Beschäftigung mit den Angelegenheiten der Indianer wieder herausziehen?" Bis zu seinem Tode hat Zimmermann geschworen, daß es sich dabei nicht um seine Idee gehandelt hat. Er wurde dazu gezwungen. Und 1940 kam dann sein Bericht heraus, der einer Beendigung der Verantwortlichkeit der Bundesregierung für diese Stämme das Wort redete.

In den Fünfziger Jahren tauchte unter Eisenhower wieder die 'Politik der Assimilation' auf: Die Indianer sollten wiedermal ihre Identität aufgeben. Später wurde das 'Umsiedlungsprogramm' entwickelt, nach dessen Richtlinien die Indianer die Reservate verlassen und in den 'Hauptstrom' integriert werden sollten – wie man den Schmelztiegel jetzt nannte. Während der Kennedyregierung vertraten die Beauftragten Phileo Nash und Robert Bennett wieder eine neue Indianerpolitik: seht zu, daß ihr mit dem Hauptstrom mitschwimmt, aber assimiliert euch nicht.

Nicht eine einzige dieser verschiedenen politischen Richtungen kam von den Indianern selbst. Sie stammten alle aus Washington. Als ich vor 25 Jahren zum BIA kam, dachte jeder, daß nun das Ende der Stammesregierung gekommen sei. Wir mußten zwar mit ihnen arbeiten, aber sie waren für uns nur ein Übergangsstadium. Amerika war ein Schmelztiegel und auch die Indianer sollten sich darin – so wie alle anderen – auflösen. Sie waren am Aussterben.

Aber daran habe ich nie geglaubt. Dieses Land ist groß genug für ein friedliches und demokratisches Nebeneinanderleben von Menschen unterschiedlicher kultureller Herkunft. Und das scheint mir das eigentliche Problem zu sein: wie muß eine Regierung und eine Gerichtsbarkeit aussehen, die einem solchen kulturellen Pluralismus entspricht? Heutzutage erkennen wir das Fortbestehen der Stammesregierungen an. Aber das Problem bleibt weiterhin bestehen, auf welche Weise und bis zu welchem Ausmaß die Menschen der verschiedenen ethnischen Gruppen diese Rechte auch *wirklich* ausüben können.

In Europa gibt es mehrere Länder, in denen die ethnischen Minderheiten einen autonomen Status haben, wie z.B. die Basken in Spanien. Einige von ihnen besitzen sogar ihre eigene Regierungsstruktur innerhalb des dominanten Systems. Europa ist uns in dieser Hinsicht um Meilen voraus. Es kommt darauf an, daß wir unseren eigenen Weg finden.

Die Erfindung Amerikas II

An der Küste von Massachussetts, im Süden von Boston, gibt es einen großen Stein, zu dem jährlich Tausende von Weißen pilgern. Es handelt sich dabei um den Felsen von Plymouth, auf dem, einer alten Sage nach, die Pilgerväter gelandet sind. Weder der Schrein, in dem der Felsen aufbewahrt wird, noch seine Anbeter konnten es verhindern, daß sich der heilige Stein fast in zwei Teile aufgespalten hat, ähnlich wie die Freiheitsglocke.

Als die ersten Siedler von der *Mayflower* an Land gingen, waren sie von den kärglichen Mahlzeiten auf ihrer langen Reise vollkommen ausgehungert. Der Geistliche Theodore Parker, ein bekannter Gegner der Sklaverei und Freund Emersons, erzählte einst eine Geschichte über diesen Ankunftstag, die in seiner Familie überliefert worden war: Gleich nachdem die Pilger die Küste betreten hatten, fingen sie an, die Fischernetze der Indianer zu plündern und den Mais auf den Feldern der Wampanoags zu stehlen. Doch dieser Diebstahl belastete das Gewissen der Puritaner, und sie zahlten ihn deshalb später in englischen Shillingen zurück.

Es gibt aber weder einen Schrein, der an dieses erste Abendessen mit gestohlenem Fisch und Mais erinnert, noch existiert eine Gedenkstätte für die Wampanoags. Auch wird der weisen und heiligen Männer Amerikas nicht gedacht, die dem mittelalterlichen Bewußtsein der Europäer das Gedankengut der Stammesdemokratie und individuellen Freiheit näherbrachten. Hingegen gibt es Statuen und Ansichtskarten mit altvälterlichen Hinweisen auf den "Beitrag der Indianer" für Amerika, so als ob die Europäer die Indianer zu "Amerikanern" gemacht hätten. Aber es wäre unsinnig anzunehmen, daß es andere Gedenkstätten geben könnte, denn bis zu dem heutigen Tage werden immer nur die Europäer und nicht die Amerikaner verehrt. Zudem wäre ja auch ein gestohlener Fisch ein etwas seltsames Denkmal anläßlich der Gründung einer Nation.

Mit der Zeit wurde es auch notwendig, die amerikanische Geschichte von dem Geist Amerikas zu säubern. Das geschah bereits an der Frontier. Als die Bewohner der Ostküste anfingen Richtung Westen zu ziehen, begannen sogar Männer wie Thomas Jefferson das Ende dieses amerikanischen Geistes herbeizurufen. Bislang war er sich immer des Ursprungs unserer Einzigartigkeit bewußt gewesen und er wollte, daß man das Land von den Indianern nur auf "ehrliche und friedliche Weise" erwirbt und niemals "ohne deren Zustimmung". Doch jetzt war er anderer Meinung. "Wir müssen sie (die Indianer) zusammen mit den Tieren des Waldes in die felsigen Berge (der Rockies) zurücktreiben", schrieb Jefferson 1812 von der Frontier.

Das "Grasmeer" des Westens war eine "neue" Neue Welt, die es zu "entdecken" gab. Man mußte sie "wiedererfinden". Hier lag das "Gelobte Land", schrieb ein Schriftsteller des Westens, "das Märchenland, Atlantis und El Dorado". Der Westen war ein zweiter "Garten Eden", er war sogar der "Garten der Welt". William Thayer bezeichnete die Eroberung in den *Wundern des Neuen Westens* als eine "göttliche Schlacht": "Es scheint, als ob Gott seine Weisheit und Macht auf diesen Teil unseres Landes konzentriert hat, um daraus sein Krönungswerk der modernen Zivilisation zu schaffen." Der Westen war nicht nur eine Schöpfung Gottes, sondern noch mehr, er war eine "himmlische Vorsehung".

Thomas Jefferson sah in Lewis' und Clarks' Entdeckungsreisen im Pazifischen Ozean die sagenumwobene und schon seit langem versunkene "Straße nach Indien" und Walt Whitman nannte sie die "Seefahrt nach Indien". Nach Ansicht des Senators William Benton erfüllte also der Westen den von Columbus nicht realisierten Traum: Hier warteten die "Reichtümer Indiens" auf die Europäer und die Indianer taten gut daran, sich den Eroberern der Neuzeit nicht in den Weg zu stellen.

Die Männer der Renaissance hatten Amerika scheinbar deshalb so leicht in Besitz nehmen können, weil die Indianer für sie nicht existierten, es sei denn nur in Gestalt ihrer eigenen "Schöpfungsmythen".

Auf eine ähnliche Weise haben sich auch die Männer an der Frontier den Westen angeeignet, indem sie einfach die menschliche Existenz der Indianer leugneten. Aber gemessen an den Realitäten der Frontier waren die Ängste der Feudalzeit und die mittelalterlichen Schöpfungslegenden zu mythisch und metaphysisch. Deshalb mußten sie amerikanisiert werden; die phantastischen Kreaturen der Bestiarien wurden ganz einfach zu Tieren umgestaltet.

General Custer bezeichnete die Indianer im "Wilden Westen" als "wilde Tiere" oder als "Bestien des Waldes". Und diese "Tatsache" rechtfertigte nach Auffassung des Beauftragten für indianische Angelegenheiten, Francis Walker, ihre Vernichtung. "Bei den Wilden und bei den Tieren stellt sich nicht die Frage nach der nationalen Würde", äußerte dieser "Wächter" über das indianische Volk im Jahre 1872. Denn "Bestien" besaßen keine Kultur, sie konnten keine Nation bilden und auch kein Land besitzen. "Es ist unsinnig zu behaupten, daß wir die Indianer von ihrem Land vertrieben hätten", meinte Präsident Theodore Roosevelt. "Im Sinne von uns Weißen besaßen sie überhaupt kein Land." Jahre später verfeinerte sein Sohn, Colonel Theodore Roosevelt jr., die "Bestien-Theorie": "Gegen farbige Nationen Krieg zu führen war gefährlicher und aufregender als eine Großwildjagd, lag aber mehr oder weniger in derselben Kategorie."

Es war nichts Außergewöhnliches, daß die "Bestien-Theorie" bei den Leuten an der Frontier sehr beliebt war. Im frühen 18. Jahrhundert berichtete ein Waldbewohner aus Kentucky von der Jagd auf Bären und Panther, die aber lange nicht solchen Spaß macht wie "die Jagd auf Indianer". Seine Begeisterung hätten Daniel Boone und Oberst Frémont sicher geteilt.

Daß aber die "Bestien-Theorie" auch heute noch bei einigen Historikern sehr beliebt ist, ist tatsächlich überraschend. Zwar jagen sie kein menschliches Wild mehr, aber ihre Auffassung von den Indianern, wie sie in einer Veröffentlichung des Innenministeriums von 1967 unter dem Titel *Goldsucher, Cowboys und Taugenichtse* zum Ausdruck kommt, ist nicht viel besser. Dort heißt es, daß die weißen Siedler nicht nur "das wilde Land" gezähmt hätten, sondern auch "die Zivilisation brachten". Durch diese Heldentat "zwangen sie die nomadisierenden Indianer in Reservate und trieben das Wild in die Berge zurück". Sowohl bei dem Waldbewohner aus Kentucky als auch bei den Historikern sind die "feindlichen" Indianer nichts anderes als "wilde" Tiere und unterliegen somit "Befriedungsstrategien", die sich nur in ihrer Form voneinander unterscheiden. Wenn die Indianer dasselbe waren wie wilde Tiere, dann hatten sie weder eine Kultur noch eine Geschichte, die es wert war in Betracht zu ziehen; es war natürlich auch undenkbar, daß die Pioniere etwas von ihnen hätten lernen können. Sie existierten ganz einfach nicht als Menschen.

Auf den Wohnwagen und Postkutschen, die nach Westen zogen, wurde der Schöpfungsmythos der Renaissance von neuem geboren. Aber diesmal war er häßlicher und grausamer. Die Flüchtlinge vor den irischen Hungersnöten und vor den Revolutionen in Deutschland in den Vierzigerjahren des 18. Jahrhunderts bevölkerten die Pionierpfade. Sie waren keine Forscher und Abenteurer, sondern hungrige und verzweifelte Menschen. Für das harte Leben an der Frontier waren diese armen Bauern und kleinen Ladenangestellten schlecht ausgerüstet. Sie mußten sich abhärten, und dies erreichten sie zum Teil dadurch, indem sie ihre Angst und ihren Haß auf ihre Umwelt projizierten. Ihr "Entsetzen vor den Wilden" wird in *Our Wild Indians* von Oberst Richard Dodge beschrieben; es härtete ihre Sinne ab und gab ihnen das Gefühl von Kühnheit, auch dann, wie der Oberst schrieb, wenn es nichts zu fürchten gab.

Aber die Pioniere hatten auch Angst vor dem Land. In einer Ausgabe von *Prose and Poetry of the Livestock Industry,* die 1905 von der National Livestock Association herausgegeben wurde, finden wir eine "liebevolle" Erinnerung an die Frontier: "Sie stieß Warnrufe aus, die sich an die waghalsige Menschheit richteten: 'Wer auch immer sich hier hineinwagt, muß all seine Hoffnung fahren lassen.' Denn in diesem beinahe unerforschten Gebiet herrschen Schrecken und mühselige Bedingungen ... in dieser heulenden und unfruchtbaren Kakteenwüste gibt es keine Hoffnung ... sie wird von grimmigen und gemeinen Wilden bewohnt und heimgesucht von umherstreifenden Bestien von unvergleichlicher Grausamkeit."

Auch die Nachkommen der ersten europäischen Siedler, die sich im Westen Amerikas niederließen, wurden noch von denselben Ängsten geplagt. Die Ursachen dafür sind im Zusammenhang mit der Situation zu sehen, der sie sich aufgrund ihrer Herkunft und der harten Lebensbedingungen an der Frontier ausgesetzt sahen. Sie waren gezwungen, alle Bequemlichkeiten aufzugeben, die früher für sie von Bedeutung waren. Ihre Heimat hatten sie verlassen und sie besaßen kaum eine Vorstellung davon, was sie in dem fremden Land erwarten würde. Sie waren keine Amerikaner. In der "Neuen Welt" der Frontier waren die ersten Siedler schwedische und norwegische Bauern, holländische Bürger, englische Landbesitzer, französische Pelzjäger, entflohene afrikanische Sklaven, mexikanische Cowboys, spanische Priester, russische Aristokraten, chilenische Minenarbeiter, chinesische Eisenbahnarbeiter und australische Seeleute. Viele der größten Farmen und Viehzucht-Gesellschaften waren im Besitz von Europäern; sie gehörten französischen Grafen, englischen Lords und zaristischen Baronen. Selbst die amerikanische Armee an der Frontier bestand nur zu einem geringen Teil aus Amerikanern. General Custers berühmte Siebte Kavallerie enthielt eine große Anzahl von Berufssoldaten und Abenteurern aus Irland, Deutschland und Italien. So waren z. B. die einzigen Militärerfahrungen, die der Irländer Hauptmann Myles Keogh gemacht hatte, bevor er Crazy Horse am Little Big Horn gegenüberstand, sein Dienst bei der päpstlichen Garde am Vatikan.

Das Paradoxe daran ist, daß die Europäer zu Amerikanern wurden, indem sie die eigentlichen Amerikaner bekämpften. Und es waren die "Wilden", die aus ihnen Amerikaner machten, indem sie die Europäer "indianisierten".

Keiner der weißen Siedler kannte die Beschaffenheit des Landes und wußte die Naturbedingungen zu nutzen. All das mußten sie erst von den Indianern lernen, die seit Tausenden von Jahren dort gelebt hatten.

Sie nahmen die ersten europäischen Siedler in ihren Dörfern auf und gaben ihnen zu essen. Sie boten ihnen an, in ihren Zelten zu schlafen und führten sie zu ihren fruchtbarsten Weiden. Sie zeigten ihnen den Weg durch die Berge und die Stellen, an denen man die Flüsse durchwaten konnte. Die ersten Forschungsreisenden, wie Lewis und Clark, hatten alle "indianische Reiseführer". Aber vor allem waren es die Indianer, die ihnen unterwegs begegneten, die sie lehrten, in einem fremden Land, beziehungsweise in der "Wildnis", zu überleben. Wenn sie krank waren, wurden sie von ihnen gepflegt, und fühlten sie sich einsam oder hatten sich verirrt, dann waren es auch die Indianer, die sie freundlich bei sich aufnahmen – in ihren Familien und in ihren Stämmen.

In einem Geistertanz gedachten die Arapahos Jahre später dieser Begebenheiten. Doch in ihrem Lied liegt eine Trauer:

Meine Kinder, meine Kinder,
Als ich die Weißen traf
Gab ich ihnen meine Früchte.

Selbst die Pionierpfade wurden nicht von den Pionieren selbst angelegt. Fast alle waren alte Handelswege der Indianer, auf denen diese seit Jahrhunderten entlang gegangen waren. Im Gebiet von Gran Chichimeca im Südwesten "wanderten die Spanier auf ihren Entdeckungsreisen entlang der alten *Puchteca*-Pfade (Puchteca sind aztekische Kaufleute)", schrieb Charles Di Peso von der Amerind. Foundation. Sowohl die Eroberer als auch die Pioniere gingen in den Fußstapfen der eingeborenen Amerikaner; nur wenige Wege durch die Wildnis wurden von ihnen selbst geschlagen.

Diese "einheimischen Hauptverkehrsstraßen", wie sie H. H. Bancroft nannte, durchzogen den Kontinent von Osten nach Westen und von Norden nach Süden. Die Historiker verglichen sie mit den Straßen der Römer in England, die die Anfänge unserer heutigen Autostraßen bildeten. An der Frontier wurden die weißen Siedler nicht nur von diesen einheimischen Wegen und von den Indianern selbst geleitet, sondern auch von den Lebensformen der amerikanischen Urbevölkerung; wenn sie auf ihren Reisen überleben wollten, waren sie gezwungen, ihre eigene dieser Lebensweise anzugleichen.

An der Frontier des östlichen Blue Ridge und der Appalachen waren die Männer und Frauen beinahe zu Indianern geworden, wie Crèvecoeur in seinen *Briefen eines amerikanischen Farmers* 1782 schrieb. "Wir machen eine Metamorphose durch" und "übernehmen die Sitten und Gebräuche der Wilden ... Betrachte mich in dem Wigwam; ich bin mit den Verhaltensweisen dieser Menschen so vertraut, daß ich keine Besorgnis zu haben brauche. Ich fühle mich sicherer, wenn ich mich auf ihre Gastfreundschaft als auf Verträge der Europäer verlasse ... Die Menschen sind wie die Pflanzen" und sie haben die Natur des "Erdbodens in sich, auf dem sie wachsen ... Dennoch bin ich wegen meiner indianischen Erziehung besorgt!", schrieb Crèvecoeur. Es bestand die Gefahr, daß der Pionier den "indianischen Weg" zu gut lernen und dabei seine eigene europäische Kultur vergessen könnte. Er war ein Fremder "in einem fremden Land". Deshalb betete er: "Ich flehe Dich an, O Vater der Natur, laß unsere alten Tugenden und unseren Fleiß nicht vollkommen verlorengehen ... in diesem neuen Land".

Die Europäer, die in den Städten des Ostens geblieben waren und dort weiterhin ihre europäische Kultur pflegten, idealisierten die Menschen an der Frontier, machten sie aber auch zugleich lächerlich. Sie bezeichneten sie als "verspielte Wilde" und als "rationale Barbaren", die selbst "nicht besser waren als die Indianer", die sie bekämpften. Die Ironie daran ist, daß jene Männer, die sich aufgrund ihrer Kleidung, ihres Verhaltens, ihrer Sprachgewohnheiten und ihrer Lebensweise wie "Indianer" vorkamen, gleichzeitig stolz verkündeten, "Bekämpfer der Indianer" zu sein: Daniel Boone, Christopher

("Kit") Carson und Davy Crockett. Und dennoch wurden diese Volkshelden der Weißen oft als "halbe Indianer" dargestellt. Je weiter sie Richtung Westen zogen, desto "indianischer" wurden sie. In seinen Prairie-Tagebüchern von 1830 schrieb George Catlin, daß sie "in der Wildnis ganz nach dem indianischen System lebten". Was ihre "Kleidung und ihre Verhaltensweisen" anbetraf, waren die Händler und Pelzjäger ganz wie die eingeborenen Amerikaner. Und vor allem lernten sie von ihnen wesentlich mehr als sie umgekehrt von ihrem eigenen Wissen an die Indianer weitergaben, denn – so meinte Catlin – die städtische Zivilisation nützte ihnen "auf dem Land" überhaupt nichts.

In den Prairien des Westens war es den Farmern und Cowboys nur selten bewußt, auf wen sich ihre Herkunft zurückführen ließ. Ihre Vorfahren und Lehrer waren die mexikanischen Viehhirten, ein Erbe, das von den Angelsachsen erst seit kurzer Zeit und nur mit äußerster Zurückhaltung anerkannt worden ist; und das, obwohl es fast in jedem Wort in der Welt des Cowboys zum Ausdruck kommt – sein Land: Tejas, Las Californias, Nuevo Mexico, Nevada, Colorados; sein Heim: el ranchero, el corral; seine Werkzeuge: la reata, el lazo; seine Tiere: broncos, burros; seine Vorfahren: los Indios und er selbst – el vaquerro – der Cowboy.

Arnold Rojas, ein alter Viehhirte aus Californien, erinnerte sich, daß von einem Cowboy, der "besondere Fähigkeiten" besaß, gesagt wurde, "Se crio entre los Indios, pues" ("Er ist unter Indianern aufgewachsen"). Und er selbst behauptete von sich, "Me crie entre los Indios" ("Ich bin von Indianern aufgezogen worden). "Ein Mann war damals stolz darauf, sich selbst als Indio zu bezeichnen", schrieb Rojas. Zu jener Zeit "beschäftigten die alten spanischen und mexikanischen Landbesitzer fast ausschließlich indianische Kuhhirten. Das änderte sich erst mit dem Einsetzen des Goldrausches".

Aber mehr noch als seine Fertigkeiten und Gefühle glich die geistige Einstellung eines Cowboys der eines Indios. Als einsamer Reiter zog er durch das Land, welches er wie ein Bruder liebte. Er sprach nur wenig und behielt seine Gedanken für sich. Handeln war für ihn wichtiger als Reden. So verhielt sich ursprünglich auch der indianische Kuhhirt, sagte Rojas, und die angelsächsischen und mexikanischen Cowboys lernten diese Einstellung von ihm. "Er war kernig und sprach oft in Metaphern." Und er hatte Mut, "gebrauchte aber nie viele Worte und war in jeder Situation heiter". Vielleicht hätten der einsame Ranger und sein getreuer Indianer Tonto die Rollen tauschen sollen.

In einem von John Waynes ersten Filmen, *The Big Trail,* spielt er einen Wagenführer, der eine Gruppe von Pionieren in die Wildnis geleitet. Als ihn jemand fragt, wie es kommt, daß er soviel über den Westen weiß, antwortet er in einem der seltenen Momente der Wahrheit: "Alles, was ich weiß, habe ich von den Indianern gelernt."

Das gesamte Land war das Land der Indianer. Die Natur formte sie, ebenso wie sie selbst die Natur gestalteten. Das war die Geschichte des amerikanischen Westens, eine Wahrheit, die als Mythos wiedergegeben wurde. Vielleicht haben die Schuldgefühle der Europäer wegen der Art und Weise, in der sie die Indianer beraubt haben, und der Zorn der Indianer über ihr verlorenes Land das Wissen über die Bedeutung des Landes zerstört und die Geschichte Amerikas verfälscht.

"Die Stämme zu vernichten ist das Gleiche wie hinauszugehen und sämtliche Bücher in den Bibliotheken zu zerstören und mit ihnen alle Aufzeichnungen und geschichtlichen Dokumente", sagte Gerry Wilkinson vom National Indian Youth Council. "Dabei handelt es sich um eine tief sitzende Angst der Weißen vor der Erde, vor ihrer Geburt und vor ihren Vorfahren."

In der Erinnerung des Weißen Mannes war die Geschichte des Westens eine Anhäufung von Kriegen gegen die Indianer und von "indianischen Aufständen". Diese Schlachten wurden in Tausenden von Büchern, Filmen und Fernsehserien wiedergegeben, aber dabei handelte es sich nur um Geschichten von Eroberung und Tod und nicht um eine geschichtliche Darstellung der Indianer des Westens. Die Geschichte Amerikas wurde in historische Reservate menschlicher Artefakte gesperrt und von weißen Historikern bewacht.

Die Indianer wurden ein weiteres Mal als nicht existent erklärt. Das ging soweit, daß ihr Sieg über die Siebte Kavallerie von General Custer bei Little Big Horn Napoleon Bonaparte zugeschrieben wurde. In der *Yankton Dakotaian* und auch in anderen Zeitungen des Westens wurde ernsthaft behauptet, daß Sitting Bull in seinem Tipi "die Kriegsführung Napoleons studiert hätte".

In einer zeitgenössischen Geschichtsschreibung über diese Schlacht schrieb W. Fletcher Johnson: "Sitting Bull hat sich mit der französischen Geschichte eingehend befaßt. Er ist besonders angetan von der Karriere Napoleons und ist bestrebt, seine eigene Kriegsführung nach der Napoleons auszurichten."

Nichts von dem, was die Indianer taten, war ihre eigene Leistung, weder ihre Siege noch ihre Niederlagen. In vielen Geschichtsbüchern über die "Indianerkriege" konzentrierten sich die Berichte über Little Big Horn auf Custers Niederlagen und nicht auf den Sieg der Lakotas und Cheyenne.

Zu Beginn des Zwanzigsten Jahrhunderts waren die Indianer sowohl historisch als auch zahlenmäßig aus dem Blickfeld der Weißen verschwunden. "Wir wurden in dem Augenblick unsichtbar, als wir nicht mehr länger eine Bedrohung waren", sagt Vine Deloria jr..

In seiner menschenfreundlichen Liebe für den amerikanischen Westen hatte Frederick Jackson Turner, der "Vater der Frontier-Geschichtsschreibung", behauptet, daß die Indianer nur wenig oder überhaupt keinen Einfluß auf die geschichtliche Entwicklung hatten. Die Frontier selbst war es gewesen, die die Europäer "amerikanisiert" hatte und das Demokratieverständnis hatte sich aus dem "freien Land" herausentwikkelt. "Es kam stark und voller Energie aus den amerikanischen Wäldern", wie ein Frosch, der plötzlich unter einem Pilz hervorspringt. Die Indianer wurden in diesem Zusammenhang auf eine bloße Szenerie reduziert. "Die amerikanische Geschichte war weitgehend die Geschichte der Kolonisation des Weiten Westens durch die weißen Siedler", schrieb Turner.

In diesem Zusammenhang waren die Indianer nur in ihrem Kampf gegen die "Kolonialisierung 'geschichtliche Wesen' ". Ebenso wie die ersten europäischen Siedler Amerika gemäß ihren eigenen Vorstellungen "erfanden", war auch die amerikanische Geschichte, so wie sie von den Nachkommen dieser ersten Europäer "erfunden" wurde, das Produkt ihres eigenen Bewußtseins. "Die amerikanische Geschichte vor dem Zeitpunkt der Entdeckung Columbus' enthält wenig Bedeutsames", war in einem *Guide to the Study of American History* (Studienführer für die amerikanische Geschichte) von 1896 zu lesen, der von zwei bekannten Gelehrten jener Zeit, Edward Channing und Albert Bushnell Hall in Zusammenarbeit mit Frederick Jackson Turner geschrieben wurde. Da die "Indianer nur wenig eigene Geschichte im modernen Sinn besaßen", läßt sich nach ihrer Ansicht "der Begriff 'amerikanische Geschichte' erst mit dem dominierenden Einfluß der Angelsächsischen Ideen und Institutionen anwenden".

Wieder einmal wurden die Schöpfungsmythen des mittelalterlichen Europas den veränderten Bedingungen angepaßt. Jetzt herrschte nicht mehr der Glaube aus der Renaissancezeit an die übernatürlichen Ungeheuer vor, sondern eine mehr rationale Auffassung von den übernatürlichen Kräften der Männer des Westens, die die Geschichte aus sich selbst heraus geschaffen hatten; ein Glaube, der die amerikanische Geschichtsschreibung bis in die heutige Zeit hinein beeinflußt hat.

Nirgends war die "Schöpfungslegende" naiver niedergeschrieben als in dem *Handbuch für Bürgerrechte*, das von den Töchtern der amerikanischen Revolution viele Jahre lang herausgegeben wurde. Es begann folgendermaßen: Die amerikanische Geschichte fing "mit der Entdeckung von Columbus an". Vor dieser Zeit "lebte niemand in dem Land, bis auf wilde Indianer und wilde Tiere". Sie besaßen keine Städte, Dörfer oder Häuser. Deshalb mußten die "wirklichen Siedler" aus Europa kommen, denn weder die "wilden Indianer" noch die "wilden Tiere" hatten die Fähigkeiten von "wirklichen Siedlern". Und es waren jene Europäer, "hauptsächlich" diejenigen aus England, "die ihre Gesetze und freien Institutionen mit sich brachten" und auf diese Weise Amerika "geschaffen" haben.

Glücklicherweise waren diese Geschichten nicht sehr historisch, denn die Indianer waren zu keiner Zeit unsichtbar gewesen und auch die Geschichten der Indianer verschwanden nicht mit dem Zeitpunkt, als die Weißen sie vergessen hatten.

Die Mythen und Methoden, mit denen zunächst die Ureinwohner Amerikas unterdrückt wurden, exportierte man nun in andere Länder der Kolonialwelt und wandte sie auf die dortigen Eingeborenen an. Die Männer, die den Westen erobert hatten, wurden jetzt nach Übersee in den Krieg gegen Spanien im Jahre 1898 geschickt. Ähnlich wie im Krieg gegen Mexiko 1838 ging es auch jetzt darum, noch dunkelhäutigere Männer und Frauen zu bekämpfen.

Bei ihrer Eroberung von Cuba, Puerto Rico und den Phillippinen wurde die U.S. Armee von General Nelson A. Miles angeführt, der seine Auszeichnung als verantwortlicher Befehlshaber bei der Niederlage der Häuptlinge Joseph von den Nez Percé und Geronimo von den Apachen erhalten hatte. Er war ein Veteran vieler "Indianerkriege". (Der Befehlshaber der U.S. Armee im Krieg gegen Mexiko, General Winfield Scott, hatte sich seine Auszeichnung als Hauptverantwortlicher für den brutalen "Weg der Tränen" verdient. Dieser war das Vorspiel für die Invasion von Mexiko, und die Niederlage von Häuptling Joseph führte nach Havanna.)

Die meisten der Soldaten waren alte "Indianerkämpfer", sagte Colonel Theodore Roosevelt. Seine eigenen Rough Riders "hatten bei der Vernichtung der großen Büffelherden teilgenommen und die Indianer bekämpft, als sich die Stämme noch auf dem Kriegspfad befanden". Mehr als die Hälfte waren Cowboys und Viehrancher; acht waren "Sheriffs und Marschalls", drei von ihnen "Postkutschenfahrer" und fünf bezeichneten sich einfach als "Indianerkämpfer". Fast alle von ihnen wurden aus New Mexiko, Arizona und Oklahoma eingezogen. Einige waren auch Indianer.

Nachdem die Indianer besiegt waren, setzten diese "Mythenmacher" einfach den Krieg woanders fort. Damals sprach man von den "Indianerkriegen in den Tropen".

In den wilden Angriffen und Hinterhalten der Rough Riders wiederholte sich die Vorgehensweise der Siebten Kavallerie. Einer der Korrespondenten schrieb damals etwas

Nostalgisches über die Schlacht von Santiago, "die Custer bestimmt Freude bereitet hätte". So war auch vieles in der Haltung und der Taktik der Truppen nur eine Ausweitung ihres tief verwurzelten Indianerhasses. Als das spanische Weltreich zusammenbrach und die U.S.-Armee in Puerto Rico eine Militärherrschaft eingerichtet hatte, erzählte ein Offizier im Hafen von Fajardo voller Abscheu, daß diese Inselbewohner "ähnlich wie die Indianer seien" – faul und glücklich.

Die New York *Herald Tribune* bezeichnete diesen Krieg als einen Kampf gegen "verwirrte Stämme, die zivilisiert, halbzivilisiert und barbarisch seien". In einer Ausgabe dieser Zeitschrift, die eine Wiederauflage der Berichte über die "Indianerkriege" hätte sein können, gab der Herausgeber Whitelaw Reid folgende Erklärung ab: "Es handelt sich nicht um Imperialismus, wenn wir es als unsere Pflicht betrachten, diesen Stämmen, soweit es möglich ist, zu helfen bei der Einrichtung einer Selbstregierung auf der Grundlage unserer Bürgerrechte." Genau dieselbe Auffassung vertrat und vertritt auch heute noch das Innenministerium gegenüber den indianischen Stämmen.

Von Männern, die in der Unterwerfung der "Wilden" eine Verpflichtung der Zivilisation sahen, war es zu erwarten, daß sie es moralisch rechtfertigen würden, auch in anderen Teilen der Welt die Eingeborenen zu bekämpfen. Ihre Auffassung von den dunkelhäutigen Stämmen war die gleiche wie die von den rothäutigen Stämmen Amerikas.

Dieses Phänomen gab es schon früher und es wird immer wieder auftreten. Mit der Zeit verklang das Echo der "Indianerkriege" und die Indianer hatten ihre Erfindung durch die Weißen wieder rückgängig gemacht. Dennoch geisterte dieser alte Schöpfungsmythos der Europäer weiterhin in der Nation umher und verzerrte ihr Selbstbild.

Als die amerikanischen Soldaten nach Vietnam geschickt wurden, hatte ein Zeitung in Pueblo/Colorado unheimliche Erinnerungen an das Massaker von Sand Creek. Sie stellte einen Zusammenhang her mit der Vietnam-Politik der Regierung. In der chemischen Entlaubung der "Reisfelder des Feindes" sah sie das Abschlachten der Büffelherden. In den

Vorposten der "Green Berets" am Mekong Delta erkannte sie die Frontierfestungen im Westen. Das Einsperren der vietnamesischen Bauern in sogenannten "Schutzdörfern" hatte für den Autor eine Ähnlichkeit mit den Indianerreservaten, und bei den Angriffen mit Napalmbomben auf unschuldige Menschen hörte er die Schreie der Sterbenden in Sand Creek.

Ein indianischer Marinesoldat, der in Vietnam stationiert war, drückte seine Situation in einem Brief nach Hause mit folgenden Worten aus: "Manchmal habe ich das Gefühl mich selbst zu bekämpfen."

Aber es gibt immer noch Menschen, die anscheinend nichts aus ihren eigenen Mythen lernen. In einem Interview mit der italienischen Journalistin Oriana Fallaci bot der Außenminister Henry Kissinger eine Erklärung an für seine erfolgreichen Verhandlungen bei dem Friedensvertrag, der den Vietnamkrieg "beendete". Sein charismatisches Selbstbild glich dem eines einsamen Banditen, der in die Stadt reitet, um dort eigenhändig Frieden und Gerechtigkeit herzustellen.

"Das Ganze war eine 'Wild-West-Geschichte' ", sagte Kissinger.

Die Liebhaber der Indianer I

*Für die Frau ist der Mann wie der kleine Mond
für die Sonne.*

(Bernhard Second, Mescalero Apache)

In dem Grandhotel einer Präriestadt, die für ihre Furcht vor den 'dreckigen Indianern' des angrenzenden Reservats bekannt ist, aß ich mit zwei mutigen weißen Männern zu Abend. Diese beiden hatten sich dem öffentlichen Gespött ausgesetzt, als sie sich für die Rechte der ursprünglichen Bewohner dieser Stadt einsetzten. Dafür wurden sie als 'Indianer-Liebhaber' beschimpft, denn in dieser Stadt wagte es kaum ein Weißer, die 'Liebe' für einen Indianer öffentlich zu bekennen.

Einer dieser Männer war ein Rechtsanwalt in der kleinen Stadt und der andere war ein bundesweit bekannter Anwalt für die Bürgerrechte, der in den Westen gekommen war, um für die 'Indianische Sache' zu kämpfen. Bei vorgerückter Stunde und nach etlichen Gläsern Whiskey fragte ich den 'Bürgerrechtler', weshalb er in die einsame Prairie gekommen war und sich für die Indianer einsetzte, obwohl beides mit seinem sonstigen Leben wenig zu tun hatte. Warum blieb er hier? Der Anwalt begann die rhetorische Litanei der Ungerechtigkeiten, die an den Indianern verübt worden waren, aufzusagen. Es sei an der Zeit, so meinte er, daß ihre Menschen- und ihre Vertragsrechte anerkannt würden und er persönlich möchte für diesen Tag kämpfen. Allein wegen der Gerechtigkeit hatte er sich diesem Kampf gewidmet. Seine Worte waren edelmütig und beeindruckend und ihre Wirkung wurde nicht dadurch geschmälert, daß ich sie schon früher einmal von ihm bei einer Fernsehsendung gehört hatte.

Dem angetrunkenen Kleinstadtanwalt war diese Ansprache ebenfalls bekannt. Während er sich über den Tisch lehnte und dabei ein Glas Wasser verschüttete, flüsterte er laut, "das ist überhaupt nicht der Grund, weshalb er hierbleibt. Ich werde dir den wahren Grund erzählen." "Pussy", grinste er. "Indianerpussy!" Und nun fing er an, in schillernden Farben von den 'drei Tagen und drei Nächten' zu berichten, die er in dem alten Grandhotel mit einer jungen Indianerin verbracht hatte. "Dieses Mädchen hatte schwer was los! Wir haben die ganze Zeit das Bett nicht verlassen!" Die beiden Männer schwelgten in der Erinnerung an ihr gemeinsames Abenteuer.

Laß meine herumstreifenden Hände gewähren.
Laß sie vorne, hinten, zwischen, über und unten herumwandern.
Oh mein Amerika! Mein neu entdecktes Land. . .

Mit diesen Worten verewigte John Donne, der Domherr der St. Pauls Kathedrale in London, die erotischen Phantasien der europäischen Männer, in denen Amerika die Frau ihrer geheimsten Träume war. Seine Anfang des Siebzehnten Jahrhunderts verfaßte Liebesode an Amerika trug den Titel 'An Seine Geliebte während des Zubettgehens'.

Und am Anfang war 'Amerika' synonym für die indianische Frau. Von den männlichen Künstlern im Europa der

Renaissancezeit wurde das 'Jungfräuliche Land' oftmals als eine wunderschöne nackte und stark gebaute Göttin dargestellt. Wenn sie nicht gleichzeitig so wollüstig und nackt gewesen wäre, hätte es dieser Venus mit dem gefiederten Kopfschmuck nicht an den königlichen Eigenschaften einer Elisabeth von England oder Isabella von Spanien gefehlt.

Auf den Bildern wurde sie meistens als eine Exotin dargestellt, die auf einem Gürteltier oder einem Krokodil reitete und den weißen Mann aus Europa verheißungsvoll erwartete. Ihre Gebärden schienen ihm sämtliche paradiesischen Freuden zu versprechen. In diesen Abbildungen kamen romantische Phantasien zum Ausdruck, die sich z.T. bis in die heutige Zeit hinein erhalten haben.

Als die Seefahrer die Küsten Amerikas erreichten, verglichen sie die Neue Welt mit einer Frau, deren Eroberung die Inbesitznahme des neuen Landes symbolisierte. Somit wurde dann auch die Gestalt einer Eingeborenen zum Sinnbild Amerikas. In diesem neuentdeckten Garten Eden mußte es auch eine Eva geben, andernfalls wäre das Paradies ein steriler Ort gewesen. Auf der Suche nach dieser Eva gaben sie ihr die Gestalt, die den Phantasien der Männer entsprungen war. "Aphrodite ist das Ergebnis eurer Gedankenwelt", schrieb Euripides über die Vorstellungen des Menschen von den griechischen Göttinen der Liebe und der Fruchtbarkeit. "Aphrodite ist der Begriff für alle menschlichen Torheiten."

Mit Amerika verhielt es sich ähnlich. Das Bild von der eingeborenen Eva wurde von Männern für Männer geschaffen, so wie die biblische Eva aus der Rippe Adams entstand. Ihre Eigenschaften und auch die des neuentdeckten Landes bildeten sich entsprechend den männlichen Sehnsüchten heraus; wie ein Traum, der gerade wegen seiner Unerfüllbarkeit so große Kraft besitzt.

Dieser Traum wurde 1497 von Amerigo Vespucci, nach dem Amerika benannt wurde, 'entdeckt'. An den KüstenBrasiliens war er den Töchtern Evas begegnet: "Ihre Körper sind makellos und eher füllig. Obwohl sie gänzlich nackt herumlaufen, ist ihr Geschlecht nicht zu sehen, da sie es mit ihren Schenkeln verbergen; bis auf den Teil, den man als Liebeshügel bezeichnet. Man kann vielleicht sagen, daß sie sich diesbezüglich ebensowenig schämen wie wir, wenn wir unsere Nase oder unseren Mund zeigen." Aber nicht nur das. Sie hatten auch kaum Falten und sahen so aus, "als hätten sie noch nie ein Kind geboren"; Vespucci hatte ein 'jungfräuliches Land' mit ewigen Jungfrauen entdeckt.

Ihre Art zu lieben war jedoch noch beeindruckender als ihr Äußeres. "Sie scheinen ein starkes Verlangen danach zu haben mit uns Christen zu kopulieren", schrieb Vespucci, da sie sehr 'lustvolle' Frauen sind. Und an seine katholischen Leser berichtete er, daß diese Frauen wegen ihrer "extremen Gastfreundlichkeit schlimmer als Heiden" seien.

Die Aufzeichnungen anderer europäischer Seefahrer standen denen Vespuccis in nichts nach. Eine von ihnen trug den Titel *A New Voyage to Carolina* (Eine neue Reise nach Carolina) von John Lawson. Sie wurde 1709 in London gedruckt und ist eine angelsächsische Version von Vespuccis Garten von Eden: "Wenn die Frauen jung und im vollen Besitz ihrer körperlichen Reife sind, ist die Schönheit ihrer Gestalt mit keiner anderen Kreatur des Universums zu vergleichen. In den Künsten der Liebe sind sie weder Fremde noch unbewandert. Ihre körperliche Verfassung ist sehr gesund; ihr Atem duftet süß, so wohlriechend wie die Luft ihrer Umgebung. Diese Frauen besitzen soviel Zärtlichkeit als wären sie eigens für die Liebe und nicht für die Knechtschaft geschaffen worden." Allerdings hatte John Lawson das Pech, daß seine Bewunderung für die Indianerinnen bei den eingeborenen Männern auf wenig Gegenliebe stieß. Als er einige Jahre später nach Carolina zurückkehrte, wurde er "von eifersüchtigen indianischen Männern ergriffen und getötet."

In den Machophantasien der europäischen Männer gab es einen Aspekt bei der Eroberung Amerikas, den die "Prüderie der nachfolgenden Jahrhunderte zu verbergen versuchte", schrieb ein Historiker. Er bezog sich damit auf die 'fleischlichen Schwächen'. Die Alte Welt war in Aufruhr geraten und begann damit, sich von den Fesseln jener feudalistischen Verbote zu befreien, die die Frauen lange Zeit in den Schleier eines religiösen Aberglaubens gehüllt und sie auf den Normencode des römischen Patriarchats verpflichtet hatte: Liebe war in diesem Rahmen nichts weiter als eine ritterliche Vergewaltigung und Sex war eine Sünde gegen Gott. Doch jetzt war ein neues Zeitalter angebrochen, das unter dem Zeichen der Wiederentdeckung der Sinnlichkeit stand. Boccaccios *Decamerone*, die lustvollen Abenteuer Rabelais' und Ariosts Liebeslyrik, sind ebenso wie Tizians Bilder einer fülligen Venus oder die sinnliche Religiosität in Rembrandts und Michelangelos Frauendarstellungen Ausdruck dieses veränderten Zeitgeistes. Das Auskosten der Freiheit, die Amerika den europäischen Männern verhieß, war vermutlich die Suche nach einer 'körperlichen Befreiung', die sie – ähnlich wie Don Quixote – stets idealisiert, aber niemals realisiert hatten.

Doch die Männer der Renaissancezeit hatten über die Frauen noch immer mittelalterliche Vorstellungen. Für sie war die Frau 'ein geweihtes Gefäß Gottes'; gleichzeitig sahen sie in ihr auch eine Magd der 'Schlange im Paradies'. Denn sie besaß und wurde besessen von der ehrfurchtgebietenden Macht, neues Leben hervorbringen zu können. Dieses Mysterium ihres Geschlechts machte sie auch empfänglich für Hexerei und Zauberkräfte. Gefangen von ihren eigenen Ängsten gab es für die Männer nur zwei Möglichkeiten: die Frauen zu erobern oder sich von ihnen loszusagen.

Die Furcht vor den Hexenkräften der Frauen, aufgrund derer sie die Männer ihrer gesellschaftlichen Macht zu berauben vermochten, wurde von zwei Dominikanermönchen in dem Kodex *Malleus Maleficarium* zusammengefaßt, der 1486 in Deutschland veröffentlicht wurde. Es handelte sich dabei um eine Art 'Handbuch' für Männer, die sich von der 'Teufelskraft' des weiblichen Geschlechts befreien wollten. Dabei bezogen sie sich auch auf die Schriften des Hl. Hieronymus und des Hl. Augustinus. Obwohl Hexen sowohl männlich als auch weiblich sein können, sind sie meistens Frauen, schrieben die Mönche. Die Gründe liegen darin, daß Frauen "sinnlicher sind als Männer" und sich durch "zügellose Gefühle und Leidenschaften auszeichnen". Deshalb sind die Frauen auch "schwächer als die Männer in Körper und Geist". Und die Mönche kamen zu dem Schluß, daß "jegliche Hexerei ihren Ursprung in der fleischlichen Lust hat, die bei den Frauen unersättlich ist" ("Weshalb der Aberglaube hauptsächlich bei Frauen zu finden ist").

Wegen dieser Angst waren die Frauen auch im Zeitalter der Entdeckungen nicht auf den Schiffen zugelassen. Wenn man eine von ihnen dort fand, kam es nicht selten vor, daß sie einfach über Bord geworfen wurde. Auf ihren Schiffen schufen sich die Männer ihre eigene Welt; sie waren die Domäne des Mannes. "Die Frauen waren von der Eroberung (Amerikas) ebenso ausgeschlossen wie von den Entdeckungsreisen dorthin", schrieb Charles Ferguson in *The Male Attitude* (Die männliche Verhaltensweise). Im Bewußtsein der männlichen Eroberer waren es nur sie allein, die die Neue Welt gestalteten: "In ihrem Konzept gab es keine Befruchtung, keine Schwangerschaft, keinen Fötus, kein Wachstum im Uterus und keine Geburt." Der Mann schien darauf bedacht zu sein, nur seine eigenen Vorstellungen dem Land einzupflanzen. Er erforschte es. Er entdeckte es. Er eroberte es. Die Überwältigung anderer Völker durch die Armeen europäischer Männer ist möglicherweise der materielle Ausdruck ihrer eigenen 'Männlichkeitsmythen'.

Vielleicht waren sie deshalb so unfähig, die Hintergründe der gesellschaftlichen Freiheit und politischen Macht der Indianerfrauen zu begreifen. Sie verwechselten die Unabhängigkeit dieser Frauen mit "Unzüchtigkeit" und fühlten sich dadurch in ihrer männlichen Überlegenheit bestätigt. Die 'Eroberer' waren weit davon entfernt, die Autonomie und Gleichberechtigung der Indianerfrauen zu verstehen, deren Ursprung in einer Lebensweise lag, die sich im Einklang mit der Natur vollzog. Ebenso schien es ihnen unmöglich zu sein, sich ein Matriarchat vorzustellen, das nicht dieselben autoritären Charakteristika wie ein Patriarchat aufwies.

Besonders verwirrend war die Machtposition der Irokesen- und Algonkinfrauen. Für diese Indianer "existiert Gott nicht nur im Himmel", schrieb der holländische Kolonialist Adrian Van der Dronk 1655 in seiner *Description of New Netherland* (Die Beschreibung von Neu-Holland). "Er (der Indianer) hat an seiner Seite eine Göttin, eine Frau von unvergleichlicher Schönheit". Sowohl auf Erden wie im Himmel regierten die Irokesenfrauen neben ihren Männern und manchmal auch über sie. Sie waren es, die die Führer auserwählten und politische Entscheidungen zu treffen hatten. Dieses Phänomen war in Holland unbekannt. Noch unglaublicher war, daß diese Frauen "tun und lassen konnten, was sie wollten". Im Alter "prahlten sie häufig mit ihren Beziehungen, die sie mit ihren Häuptlingen und großen Männern gehabt haben". In den Augen des Holländers hatte dies etwas mit 'Prostitution' zu tun.

Da die Frauen die Kühnheit besaßen, sich wie "heidnische Göttinnen" zu verhalten, war es notwendig, daß ihnen die Moralpatriarchen der reformierten Kirche Hollands Demut beibrachten. Sie 'bekehrten' sie, indem sie sich ihrer sexuell bemächtigten. "Unsere holländischen Männer sind verrückt nach diesen Indianerinnen" beschwerte sich der Siedler Johannas Megapolensis im Jahre 1644.

Die englischen 'Gentlemen' in der Kolonie von Virginia trugen hingegen ihre Bedürfnisse wesentlich offener zur Schau. 1611 hatten bereits zwischen 40 und 50 Siedler eingeborene Frauen 'geheiratet'. Der spanische Reisende Diego de Molina stellte seinerzeit fest, daß es nicht nur die englischen Männer waren, die "zu den Indianern überliefen", sondern auch die weißen Frauen "ließen sich mit ihnen ein". Diese Welle der Leidenschaft war so stark, daß ein Pastor in Virginia von den Männern der Kirchengemeinde gesteinigt wurde, als er in seiner Predigt Liebesverbindungen mit Heiden verdammte.

Wenn die europäischen Männer auch nicht die spirituelle Verbindung der Indianerinnen mit ihrem Land verstanden, so empfanden sie doch zumindest die Kraft, die dadurch von den Frauen ausging. Sie übte eine magische Anziehung auf die Europäer aus. Das mag auch einer der Gründe sein, weshalb Amerika von ihnen zu einer Geliebten personifiziert wurde. Einer der Kolonialisten nannte es ein "Paradies, von bezaubernder und begehrenswerter Schönheit; die Augen vermögen sich von der Anmut der nackten Natur nicht loszureißen". Er beschrieb, wie er eines schönen Tages über eine

Weide ging und seine Augen vom Anblick einer "fleischfarbenen Blume" gefangen wurden. "In ihrer Form vereinte sie die Vagina einer Frau und das Glied eines Mannes, die sich lieben." Die jungen Indianerinnen hatten für ihn ein "Übermaß an Lebenslust und Feuer. Sie wirkten dadurch sehr fröhlich, ohne dabei den Charakter ihrer Unschuld zu verlieren." Nach seiner Ansicht waren die meisten Kolonialisten jedoch zu vulgär, um diese Feinheiten zu erkennen. Für ihn "machen die Engländer den Fehler, die 'unschuldige' Freiheit mit Ausschweifung zu verwechseln." Aber ungeachtet dieser Unterscheidungen, war es in jedem Fall schwer "diesen Frauen zu widerstehen."

Die Kolonialregierung reagierte auf die 'romantischen Fehltritte' der Siedler mit einer Reihe von Gesetzen, die man als die ersten Rassengesetze des Landes bezeichnen kann. Die Heirat zwischen weißen Männern und eingeborenen Frauen wurde verboten, und Kinder, die aus einer Liebesverbindung entstanden, hatten keinen Erb- und Besitzanspruch. 1705 wurden sie per Gesetz zu 'Mulatten' erklärt. Historisch betrachtet waren also die Rassengesetze des Südens ursprünglich eine Maßnahme der Europäer gegen die Amerikaner und nicht gegen die Afrikaner.

In dem Augenblick, als die Liebe illegal wurde, war sie auch gleichzeitig unmoralisch. Aber der Kolonialist Beverly stimmte damit nicht überein. "Keinem guten Christen", so schrieb er, "sollte man eine gesunde und ehrliche Bettgenossin verwehren, wenn dadurch die Möglichkeit gegeben ist, *ihre Seele zu retten.*" Eine Liebesverbindung mit einer eingeborenen Frau war also "für einen Christen" eine Gelegenheit "diese armen Ungläubigen zu bekehren und sie vor der Barbarei zu bewahren" – nicht mit der Bibel, sondern mittels des Penis! Vielleicht würde dadurch sogar "ihre kupferfarbene Haut eine hellere Tönung annehmen." Außerdem "waren es gerade die Indianer, die am Anfang darauf gedrungen hatten, Mischehen einzuführen. Wenn die Engländer diesen Vorschlag angenommen hätten, wäre es für das Land ein großes Glück gewesen." Diese Ansicht vertrat Thomas Jefferson, der seit jeher von einer 'Blutsverbindung' geträumt hatte.

In welchem 'moralischen Dilemma' sich so manche Siedler befanden, läßt sich am Beispiel von John Rolfe zeigen, der in aller Öffentlichkeit seinen Wunsch geäußert hatte, die Indianerin Pocahontas zu heiraten. Seine Liebe zu ihr war keine "ungezügelte fleischliche Lust", sondern sie diente "der Ehre unseres Landes, der Verherrlichung Gottes und meiner eigenen Reinigung (von den Sünden). Eine Verbindung mit Pocahontas bedeutet das Heranführen einer ungläubigen Kreatur an die Wahrheit Gottes und Jesus Christus'." Er durfte die Heirat mit der Indianerin eingehen, wurde aber deswegen geächtet. Rolfe kannte nicht einmal den richtigen Namen seiner geliebten "ungläubigen Kreatur". Sie hieß natürlich nicht Pocahontas, wie er sie nannte. In ihrer eigenen Sprache war ihr Name Motoaka.

In der Massachusetts-Kolonie der Pilgerväter wuchs sich Rolfes Dilemma zu einer Neurose aus, die die Beziehung zwischen Männern und Frauen noch Jahrhunderte später beeinflussen sollte. Die Puritaner lebten in einer patriarchalischen Theokratie, in der die Herrschaft des Mannes durch eine autoritäre Religion abgesegnet wurde. Man kann sich die Verwirrung dieser Siedler gut vorstellen, als sie herausfanden, daß die Stämme nördlich von Plymouth von einer Frau angeführt wurden, der 'Squaw Sachem' (weiblicher Häuptling) von Massachusetts, die Witwe von Nanepashemet. Sie gehörte mit zu den Häuptlingen, die den Vertrag von 1648 unterschrieben. Ihren Gästen bot sie das Gebiet von Cambridge an und drückte damit ihre Zuneigung für einen von ihnen aus, den Kapitän Edward Gibbons. Viele dieser Algonkinstämme wurden von Frauen angeführt, wie beispielsweise Wetamo, die 'Squaw Sachem' der Wampanoag, Awashonks von den Sogkonates und Cochenoe von den Shinnecocks. Die puritanischen Patriarchen fürchteten zweifelsohne von ihnen verhext zu werden.

Einer der Puritaner erkannte die Macht der Indianerinnen an. Es war Thomas Morton von Merry-mount, der seine eigene freie Siedlung errichtet hatte. Dorthin "lud er indianische Frauen als seine Gespielinnen ein. Sie tanzten und sprangen herum wie Zauberinnen oder Furien. Manche Praktiken waren sogar noch schlimmer. Es war, als würden sie die Feste der römischen Göttin Flora wiederbeleben wollen." Eine "Schule des Atheismus" nannte der Gouverneur von Massachusetts Mortons' Siedlung. Eine der Frauen, die den Festen beiwohnte, war die 'Squaw Sachem' von Massachusetts. Morton gab seiner Kolonie den Namen "Das neue Kanaan" und nach seinen Aussagen feierte er Amerika "wie eine schöne Frau, die sich danach sehnt entjungfert zu werden und in ihrem Hochzeitsbett auf ihren Liebhaber wartet." Wie für eine Geliebte, so dichtete er Hymnen und Lieder für Amerika:

Trinkt und seid glücklich, ihr Männer.
Wendet all eure Freuden dem Hymen zu;
Sei gegrüßt Hymen, jetzt ist der Tag gekommen,
den glücklichen Maibaum zu empfangen.

Thomas Morton wurde schließlich nach England 'deportiert'. Wenn die Puritaner fähig gewesen wären mit derselben "Warmherzigkeit" die Indianer aufzunehmen, "hätten sich die Vereinigten Staaten vermutlich anders entwickelt", meinte der Historiker Wilvomb Washburn.

Die Idylle von Evas Töchtern fand ihr jähes Ende, als die Puritaner in ihrem rechtschaffenen Zorn die Freiheiten durch restriktive Maßnahmen einschränkten. Jedwede 'menschliche Regung' zwischen Indianerinnen und weißen Männern wurde von nun an gnadenlos verfolgt. Während 1623 ein Kolonialist noch verbal dafür bestraft wurde, sich "eine eingeborene Frau zu halten" und Edward Ashley wegen des "Ausübens von Unreinheiten mit indianischen Frauen" nur Züchtigungen über sich ergehen lassen mußte, wurden später solche 'Vergehen' mit dem Tode geahndet. Wenn ein Kolonialist in der Öffentlichkeit den Wunsch äußerte, eine Indianerin zu heiraten, wurde er geköpft, sein Körper "geviertelt, seine Arme und Beine ausgerissen, und sein abgetrennter Kopf auf einen Pfahl gespießt und öffentlich zur Schau gestellt."

Die Angst der Puritaner vor den Frauen war so groß, daß sie meinten, ihnen den Teufel austreiben zu müssen. "Ihr Glaube an die Kontrolle der Gesellschaft durch den Mann war unerschütterlich'', schrieb Charles Ferguson. "Sie verachteten die Frau als Mensch und als Vertreterin eines anderen Prinzips." Ihre Furcht vor der Kraft sowohl der indianischen als auch der weißen Frauen war allerdings nicht unbegründet.

Im Jahre 1634 kam eine starke und unabhängige Frau in Boston an: Anne Hutchinson. Während die Männer nach der Sonntagspredigt ihre Angelegenheiten in der Kirche diskutierten, hielt sie indessen mit den Frauen in ihrem Haus ihr eigenes Treffen ab. Die Frauen besaßen damals nur wenige Rechte. Keiner von ihnen war es erlaubt, den Mayflowervertrag zu unterschreiben. Aber von Anfang an hatten sie gegen die Autokratie der Männer rebelliert. In jenem Winter, als von achtzehn Frauen nur fünf überlebten, protestierten sie: "Die Verpflichtung der Ehefrauen, auch für andere Männer Dienste leisten zu müssen, halten wir für Sklaverei." Unter diesen Bedingungen fiel es Anne Hutchinson leicht, für ihre Lehre von der religiösen Demokratie und Erlangung des Seelenheils durch Liebe eine weibliche Anhängerschaft zu finden. Nach ihrer Meinung war es nicht möglich, eine Sünde zu begehen, wenn man Gott "in seinem Herzen trägt"; eine Behauptung, die patriarchalischen Männern natürlich ''die schlimmste aller Ketzereien'' war.

Für die Puritaner hatte die Liebe für Gott eine geringere Bedeutung als die Furcht vor Gott. Um diese Angst auch den Indianern einzuflößen, entschloß sich 1637 der Rat der Männer, die gesamte Pequod-Nation abzuschlachten. "Damit säte der Herr die Furcht und das Zittern unter den Indianern." Die Gemeinde von Anne Hutchinson weigerte sich, an dem Gemetzel teilzunehmen. Dafür wurde sie der Ketzerei beschuldigt und der Geistliche Hugh Peters zürnte: Es wäre besser gewesen, wenn sie als Ehemann und nicht als Frau geboren worden wäre. Ihre Sünde war ihre Geschlechtszugehörigkeit. Schließlich wurde sie aus Gottes "auserwähltem Land" verstoßen und ging nach Westchester in New York zu den Heiden. Ironischerweise kamen sie und ihre Familie bei einem Indianerüberfall ums Leben.

Die Angst vor den Frauen artete allmählich in Hysterie aus. Bereits einige Jahrzehnte vor den 'Hexenprozessen' von

Salem wurden die Frauen, die Anne Hutchinsons Treffen beigewohnt hatten, des "Paktes mit dem Teufel" beschuldigt. 1638 schrieb John Josselyn von einer dieser Frauen, daß sie ein Kind geboren habe "ohne Kopf, aber mit Hörnern wie eine Bestie, Schuppen an den Ohren wie ein Fisch und mit Beinen und Krallen wie ein Vogel", mit anderen Worten "einen weiblichen Satan". Josselyn beschrieb keine eingeborene Frau, sondern eine Puritanerin aus Boston, deren Sünde darin bestanden hatte, von der Liebe Gottes zu sprechen, die er in gleichem Maße an Männer und Frauen verschenkt.

Eva wurde zum zweiten Mal aus dem Paradies vertrieben. In den Vorstellungen der europäischen Männer war Amerika nicht mehr länger die personifizierte Unschuld. Im 16. Jahrhundert wurde es von einem Holländer als muskulöse Kriegerin dargestellt, deren Schamhaare wie Flammen emporzüngelten, während sie über die Leichen ihrer Opfer hinwegschritt, in der einen Hand ein Speer und in der anderen den abgeschlagenen Kopf eines weißen Mannes haltend. Die Unterschrift lautete: "Das grausame Amerika hat viele Männer verschlungen."

Im 18. Jahrhundert wurde es dann üblich, Amerika als eine bewaffnete Indianerin abzubilden. Meistens bewachte sie das Land wie eine nackte Freiheitsstatue und hieß die Europäer mit einer überdimensional großen Lanze willkommen. Den Höhepunkt erreichten diese Darstellungen in Tiepolos Deckengemälde in einem deutschen Schloß: seine majestätische Eva war nur mit einer großen Kopfbedeckung bekleidet und hatte einen Medizinbeutel zwischen ihren Brüsten hängen. Auf dem Rücken eines Mississippi-Krokodils segnete sie das Panorama sämtlicher Rassen der Welt. Sie war eine römische Gottheit und auf einem seidenen Kissen zu ihren Füßen lagen die Köpfe von drei weißen Männern.

Während der amerikanischen Revolution wurde in London ein Bild in den Zeitungen veröffentlicht, auf dem die Gründungsväter in der Gestalt einer Indianerin erschienen, die außer einem winzigen Lendenschurz aus Federn und ihren Waffen nichts am Leibe trug. "Wir wollen die Freiheit !" rief sie aus und schwang ihre Fäuste gegen das Symbol von England: eine königliche Dame, die Amerika auf ihre nackten Brüste schlug und dabei schrie: "Ich werde dich zum Gehorsam zwingen, du aufsässige Schlampe!"

Mein Volk stirbt unter den Gewehren

Manifest von Grace Black Elk, Ogallala Nation, Pine Ridge, South Dakota.

Die friedliche Stille des Abends wurde nur durch leise Trommelklänge unterbrochen, zu denen einige Indianer tanzten. Ab und zu sprach ein Medizinmann und einer von ihnen hatte gerade ein altes Lied gesungen. Dann setzte er sich wieder zu den anderen, die in der Mitte des Raumes auf dem Boden einen Kreis gebildet hatten. Jetzt stand eine kräftige Frau auf. "Mein Volk stirbt", sagte sie und bei diesen Worten liefen ihr die Tränen über das Gesicht. "Mein Volk stirbt!"

Die Leute im Raum waren verwundert über ihren Ausruf. Sie hatten sich bislang gut gefühlt und es tat ihnen wohl, den Medizinmännern zuzuhören, die davon sprachen, daß es "gut ist, ein Indianer zu sein" und in Harmonie mit der Erde zu leben.

Aber hier stand diese Frau und weinte. “Für mich ist es schlimm, ein guter toter Indianer zu sein! Mein Volk stirbt!” Ihre Augen waren schwarz vor Zorn und ihr Körper zitterte. Sie war keine junge Frau mehr und schämte sich nicht, in aller Öffentlichkeit zu weinen. Ihr Name war Grace Black Elk. Sie kam von der Ogallala-Nation und hatte bei der Verteidigung von Wounded Knee II mitgewirkt. In ihrem Leben hatte sie so viele Lakotas sterben sehen, daß sie ihre Tränen nicht mehr länger zurückhalten konnte. In Wounded Knee II hatte sie einmal gesagt: “Ich weiß, daß sie uns erschießen wollen, aber wir haben keine Angst mehr davor. Wir wollen für uns selbst denken, mit unserem Verstand, den uns der Große Geist gegeben hat. Wir können nicht leben, wenn wir durch den Verstand anderer bestimmt werden.” Jetzt sprach eine junge Lakota-Frau: “Grace ist eine so starke Frau, daß sie kein Gewehr braucht, um eine Kriegerin zu sein.” Einige der Indianer im Raum konnten Grace nicht ansehen; sie starrten auf den Fußboden. Viele ihrer Worte taten sehr weh und andere wiederum machten sie froh.

Es war nicht schwer, die Dinge, über die sie sprach, im Gedächtnis zu behalten. Ich habe ihre Worte damals nicht mitgeschrieben und hatte auch kein Tonband dabei; aber als ich an dem Abend nach Hause kam, konnte ich mich noch an alles erinnern:

In Denver, dort wo ich lebe, kenne ich meine Nachbarn nicht. Keiner weiß, wer nebenan wohnt . . . Das ist kein Leben für mich. Was für mich in Wounded Knee am schönsten war, war das Gefühl, eine Familie zu sein. Von überall waren die Stämme dort zusammengekommen. Die Lakotas kannten wir, sie gehörten zu uns, aber wir fühlten, daß auch die anderen Menschen zu uns gehören. Wir waren eine Einheit! Weiße, Chicanos, Chinesen, Schwarze, es machte keinen Unterschied. Jeder, der dort war, war deine Schwester und dein Bruder.

Geld war für uns damals nicht wichtig. Es hatte keine Bedeutung für uns! Wir haben gelernt, ohne viel Geld auszukommen und dabei die Erfahrung gemacht, was das Geld wirklich wert ist für unser Leben. Als ich nach Wounded

Knee kam, hatte ich ganze 250 Dollar. Dieser Betrag bedeutet in Denver überhaupt nichts; ich hätte ihn sofort ausgegeben. Und was hätte ich mir davon kaufen können? Glück? Würde? Geistigen Frieden oder vielleicht Achtung vor mir selbst und den anderen Menschen? Hätte ich dafür Schwestern und Brüder bekommen? In Wounded Knee hatte ich das alles und noch viele Dinge mehr; und nichts davon hätte ich mir in Denver von meinem Geld kaufen können. Auf diese Weise haben wir gelernt, daß man auch mit viel Geld arm sein kann.

Nachts haben die Polizei und der FBI manchmal auf uns geschossen während wir schliefen. Jeder von uns mußte in Deckung gehen. Wenn wir dann am nächsten Morgen jemanden auf der Erde liegen sahen, gab es nur einen Ausruf: Bist du verletzt? Bist du am Leben? Keiner hat danach gefragt, um wen es sich handelt. Alles, worauf es ankam, war, daß dieser Mensch noch lebte. Nur das *Leben* war wichtig für uns! Die Polizei und den FBI interessierte nur der Tod. Sie wollten uns töten.

Im Fernsehen wurden sie natürlich immer als die Guten dargestellt, die jedem helfen, der in Schwierigkeiten war. Sie riskierten ihr Leben für andere. In Denver stand ich noch ganz auf ihrer Seite. Aber dann in Wounded Knee, als sie anfingen auf uns zu schießen, habe ich meine Meinung geändert. Eines Tages kamen diese FBI-Leute auch zu mir. Es klopfte an meiner Tür und als ich öffnete, standen zwei große FBI-Männer draußen. Zunächst war ich etwas erschrocken. Wir kommen vom FBI, sagten sie. Ich bin auch vom FBI, gab ich zur Antwort. Daraufhin öffneten sie ihre Brieftaschen und zeigten mir ihre glänzenden Abzeichen. Ich möchte auch ein solches Abzeichen haben, sagte ich zu ihnen, denn ich gehöre ebenfalls zum FBI. Auch ich beschütze mein Land. Sie schauten sich etwas verwirrt an und wußten nicht, was sie sagen sollten.

Werdet ihr eure Erkennungszeichen auch mitnehmen, wenn ihr zum Großen Geist geht?, fragte ich sie. Werdet ihr sie vorzeigen, wenn ihr in den Himmel wollt? Ich glaube, wenn ihr das macht, werden sie euch dort nicht hineinlassen. Mrs. Black Elk, wir wollen mit ihnen über Wounded Knee sprechen! Genau das tue ich, antwortete ich ihnen und schloß die Tür. Ich konnte sie noch eine Weile hören, wie sie draußen standen und etwas unsicher lachten.

Als ich jung war, wurde ich getauft und gehörte dem katholischen Glauben an. Ich betete zu den Heiligen und ging auf eine Missionsschule. Einige der Lakotas wurden mehrere Male getauft. Einer hat mir erzählt, daß er mehr als zweihundertmal getauft wurde. Er war Baptist, Methodist, Episkopale, Katholik und noch vieles mehr. Als Katholik wurde er erzogen.

Eines Tages fragte ich einen Priester: Was geschah mit unserem indianischen Volk bevor ihr zu uns gekommen seid? Keiner war getauft und alle hatten so seit Tausenden von Jahren gelebt. Sie versuchten entsprechend ihrer Möglichkeiten ein gutes Leben zu führen; nur manchmal machten Teile von ihnen, wie ihre Hände, ihr Fuß oder ihre Zunge etwas falsch. Glauben Sie, daß diese Menschen, weil sie nicht getauft waren, die Teile, die falsch gehandelt hatten, zurücklassen mußten, als sie zum Himmel kamen? Der Priester wußte nicht, was er mir antworten sollte.

Ich glaube, Gott handelt nicht so. Wenn er es war, der alles geschaffen hat, dann hat er auch jeden Teil von uns als gleichwertig geschaffen. Alles, was vom Großen Geist kommt, ist heilig. Die Erde ist heilig und das Gras. Und die menschlichen Wesen sind auch heilig. Das gesamte Leben ist heilig und wir sollten zu ihm beten. Nach meiner Religion ist alles, was der große Geist uns auf dieser Erde gegeben hat, heilig. Wer braucht denn schon Heiligenstatuen?

Deswegen bin ich jetzt keine Katholikin mehr. Diese Religion ist mir nicht religiös genug.

Ich bin eine ungebildete Frau und ich habe kein Geld. Alles was ich bin ist eine arme Lakota-Frau. Aber eines weiß ich: Mein Volk stirbt!

Mein Volk stirbt auf den Straßen und in den Krankenhäusern. Und warum? Wegen der Verbrechen, die sie uns angetan haben, wegen des Alkohols, den diese sogenannten Christen an unsere Männer verkauft haben, an unsere Söhne und an unsere Frauen. Und dann haben sie uns gesagt, daß wir daran selbst schuld sind und daß wir dafür bestraft werden. Aber niemand macht die Christen für den Alkoholverkauf verantwortlich. *Sie* werden nicht bestraft und *sie* sind es nicht, die sterben müssen. Mein Volk stirbt unter der Tyrannei des Weißen Mannes im BIA. Wer hat den Indianern das Land weggenommen und sie verhungern lassen? Auf meinem Reservat sterben die Menschen an Hunger.

Mein Volk stirbt unter den Gewehren! Bevor der Weiße Mann kam, gab es hier keine Gewehre. Er hat sie uns gebracht. Er hat uns gezeigt, wie man damit tötet. Unsere jungen Männer müssen beim Militär lernen, wie man mit Gewehren tötet. Gleichwohl sagt der Weiße Mann: Es soll Frieden auf der Erde herrschen. Jedes Jahr zu Weihnachten spricht er von diesem Frieden und dann geht er hinaus in die Welt und tötet. Am Sonntag geht er in die Kirche und betet und am Montag kehrt er zu seiner Arbeit zurück und stellt mit denselben Händen, mit denen er am Sonntag noch gebetet hat, Gewehrkugeln her.

Wenn der Weiße Mann Frieden auf der Erde haben will, dann müssen wir verhindern, daß er seine Kugeln anfertigt. Er darf keine Maschinengewehre und keine M-1 Karabiner mehr herstellen. Vielleicht werden wir dann Frieden haben. Früher hat ein 'guter' Indianer über solche Dinge nicht gesprochen. Er hat geschwiegen. Er war deshalb ein 'guter' Indianer, weil er nirgends hingegangen ist, wo ihn der Weiße Mann nicht haben wollte und er hat nichts gesagt, was der Weiße Mann nicht hören wollte.

Ich werde nicht mehr länger schweigen! Mein Volk stirbt. Mein Lakota-Stamm stirbt! Die Menschen der Ogallala-Nation sterben! Ich werde nicht mehr länger schweigen! Ich werde dem Weißen Mann sagen, daß er in die falsche Richtung geht. Wenn er nicht menschlicher wird, wird auch er eines Tages sterben.

In Wounded Knee haben wir unser Leben für unser Volk eingesetzt. Für unsere Lakota-Indianer und für alle anderen. Wir haben unser Leben für unsere Schwestern und Brüder und für alle Menschen eingesetzt. Das ist eine gute Einstellung zum Leben und zum Tod.

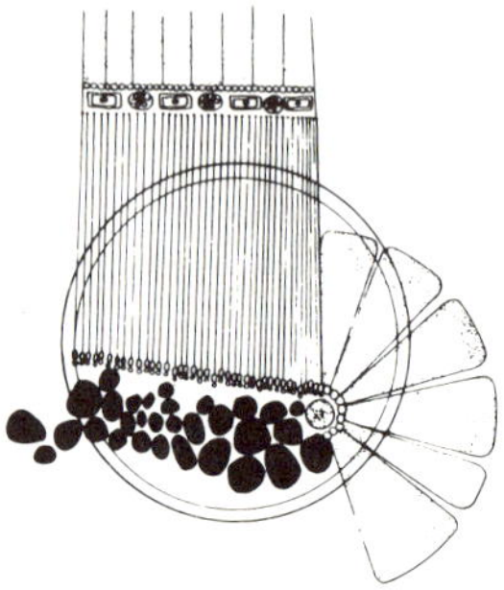

Die Liebhaber der Indianer II

Die Männer, die Eva aus dem Paradies vertrieben hatten, machten sich auf die Suche nach einem neuen Garten Eden. Dabei gingen sie Richtung Westen, und diesmal hielten sie Ausschau nach einem Paradies für die Männer. Sie machten das jungfräuliche Land zu ihrer Geliebten. Das Frontierleben vermittelte ihnen das Gefühl, ihr eigener Herr zu sein. Diese "überlegene Maskulinität des Westens" war eigens für die Männer geschaffen:

Du schamhaftes und frauliches Paradies!
Ich möchte in dich die Lippen
eines entschlossenen Mannes einpflanzen.

Dies sind keine verliebten Worte an eine Frau, sondern das Liebeslied für die Erde. "Weg mit der alten Romantik", sagte Walt Whitman. Die neue Romantik des Westens bestand darin, die Erde "zu pflügen, zu hacken und umzugraben." Die Samen seiner Männlichkeit "pflanzten entlang der Flüsse Amerikas eine Kameradschaft, die so dick war wie ein Baum." Er wollte den Erdboden die "robuste amerikanische Liebe" lehren. Dafür brauchte er keine Frau mehr.

Die Beziehung zwischen dem Mann und dem Land war eine ungleiche Romanze, doch in einem gewissen Sinn war sie auch vollkommen. Ein Mann pflügte die Erde, wühlte sie auf, legte Eisenbahnschienen, durchbohrte sie und beanspruchte sie als sein Eigentum. Schließlich wurde er in ihr begraben und dadurch ein Teil von ihr. Und die Erde lag bereitwillig unter seinem Pflug und gab sich seinen Wünschen hin wie die Geliebte eines Mannes oder wie eine Mutter. Nach Ansicht des Historikers West Francis Parkman war die historische Entwicklung der Frontier des Westens eine "männliche" Zivilisation durch den weißen Mann. "Die germanische Rasse und insbesondere der angelsächsische Zweig, ist typisch maskulin." Im Paradies des Westens bestand kein Bedarf mehr nach einer Eva. Ihre Nachfolgerin war eine vollkommene Frau – die Erde. "Ma femme", nannte sie Walt Whitman. Die Wildnis war das "Königreich der Männer", schrieb Henry Thoreau, "das Erdparadies der amerikanischen Gedankenwelt, ein Garten Eden" für Adam.

Auch von Ralph Waldo Emerson wurde diese Einstellung bestätigt. Für ihn war Amerika "der Garten Eden des *Mannes*. Genesis und Exodus treffen hier zusammen. Amerika ist ein solcher Garten des Überflusses", daß Eva nicht mehr benötigt wird. "Als unsere Bevölkerung Richtung Westen ausschwärmte und an die Grenzen des Ackerlandes stieß, war es, als sollten durch den Anblick dieser unfruchtbaren Wüste unsere Energien stimuliert werden: mit einem Mal wurde Gold, Silber und Kohle entdeckt. Es war wie im Märchen." In diesen Fruchtbarkeitsphantasien, die die Mutter Erde beim Mann auslöste, wurde die Frau nicht mehr erwähnt. Die Männer der Frontier lebten "ihre Virilität bis zum Exzeß aus"; wie neugeborene Kinder saugten sie "die Milch aus den Brüsten der Natur", schrieb Emerson. In diesem Sinn war die Erde weniger eine Geliebte als vielmehr eine alles umfassende Mutter. Selbst die grimmigsten Männer der Wildnis tauchten in diesen "jungfräulichen Wald" ein. In seiner Huldigung an Daniel Boone gebrauchte Charles Wilkins Webber die übliche Metapher der damaligen Zeit: "Mit seiner ganzen ruhelosen Kraft drang er immer tiefer auf den kühlen Grund des alle ernährenden Busens seiner Urmutter." Der Mann besaß den starken Wunsch, zu der Unschuld seiner frühen Kindheit zurückzukehren, "zu deinen unsterblichen Brüsten, Allmutter Erde", schrieb Walt Whitman damals.

Dieses Phänomen nannte der Autor des Buches *The Frontier Mind* (Das Frontierbewußtsein), Arthur Moore, "die ewige Suche des Mannes nach seinem verlorenen Selbst im Schoß der Rasse." Nach seiner Meinung handelte es sich dabei um "den allgemeinen Wunsch nach Wiedergeburt und Neuentdeckung der ursprünglichen Kraft." Es war, als ob die Männer im Westen wieder einen Neuanfang machen könnten. Die Erinnerung an ihre vergangene Unmoral war durch diese Wiedergeburt wie ausgelöscht. Aus diesem Grund war es auch dem Historiker der späteren Frontierszeit, Frederick Jackson Turner, möglich, im Westen die ewige Mutter zu sehen, wo die "europäischen Männer und ihre Ideen wie in dem Busen (Amerikas) geborgen waren und von ihr in einer "immerwährenden Wiedergeburt" ständig neu hervorgebracht wurden. "Durch ihre materiellen Schätze öffnete sie neue Bereiche und stattete die entlegendsten Gebiete mit neuen Demokratien aus".

Das Ganze war ein Traum. Weder war das Land die Mutter oder die Dienerin des Mannes, noch war die Erde weich und gefügig wie eine unterwürfige Geliebte. Sie war auch nicht von jedem die Mutter, der über sie hinwegschritt. Im Gegenteil, die Erde war grausam und gab nichts freiwillig her. Ihre Brust waren die Rocky Mountains und das Land im Westen eine Wüste. Wie immer war die Realität anders und wesentlich härter als die Phantasien. Die Träume der Weißen Männer an der Frontier wurden niemals erfüllt.

Natürlich gab es auch Frauen in der Welt des Westens; ihre Stärke zog die Männer an und wurde von ihnen mißbraucht. Diese ersten 'Pioniermütter' der Frontiersiedlungen waren die eingeborenen Frauen und es besteht kein Zweifel darüber, daß die weißen Männer ohne sie niemals überlebt hätten. In den frühen Pionierzeiten gab es kaum einen Forscher, Pelzjäger oder sonstigen Bergbewohner ohne eine Sacajawea (die

Führerin der Lewis und Clark Expedition). Sie war für das "verlorene Selbst" der Männer in jenem fremden Land Lehrerin, Führerin, Geliebte und Mutter in einer Person.

Nach einer offiziellen Volkszählung von 1870 lebten damals im Westen 172 000 weiße Frauen. Die Indianerinnen zählten nicht. In Montana gab es daher anscheinend ein Verhältnis von "acht zu eins", d.h. "auf acht weiße Männer kam eine weiße Frau". In Wyoming war es sechs zu eins, in Californien 1860 dreiundzwanzig zu eins und in Colorado vierunddreißig zu eins. Wenn die Indianerinnen in die Volkszählung miteinbezogen worden wären, hätten sie wahrscheinlich sowohl die weißen Männer als auch die Frauen in ihrer Anzahl übertroffen.

Trotz dieser Fakten wurde von den Männern der Mythos von der Frauenknappheit aufrechterhalten. Es gab einige Historiker, die der Ansicht waren, "daß die Bedeutung der Frauen auf ihre geringe Anzahl zurückzuführen ist; mit ein Grund weshalb sie mit übertriebenem Respekt behandelt wurden" (America Moves West, von Robert Athearn und Robert Riegel). Die Indianerinnen waren aber weder eine Minderheit noch wurden sie geachtet. Die Einstellung der Männer den Frauen gegenüber – nicht ihre Phantasien – resultierten vermutlich aus den Anfangserfahrungen, die sie mit den Eingeborenen machten, denn diese waren oft die einzigen Frauen, mit denen sie in Berührung kamen. Die "unzüchtige Squaw" und die "indianische Jungfer" traten an die Stelle der "Töchter Evas" und der "Huren Satans".

In den frühen Kolonien des Ostens war die Stärke und die Unabhängigkeit der Indianerinnen eine Quelle für das Entstehen romantischer Mythen bei den weißen Männern. Im Westen hingegen wurden die Frauen zu Feindinnen. Die Prairieindianer hatten aus den Niederlagen der Stämme an der Ostküste gelernt und bekämpften deshalb den Weißen Mann von Anfang an. Und als Reaktion darauf sammelten die Eroberer "die Frauen wie Skalps". John Fremont, einer dieser Eroberer, meinte, daß die "Sinnlichkeit des Wilden" keine paradiesische Verheißung mehr war, sondern eher eine teuflische Falle für den "zivilisierten Mann". In der Vergangenheit hatten die weißen Männer "ihre Würde in leichtfertigen Amouren verloren", schrieb der Pastor Theodore Parker, und es mußte verhindert werden, daß sie "ihr Blut durch eine Eheschließung mit einer anderen Rasse vermischten." An der Frontier war es für die Pioniere eine Notwendigkeit, gegenüber der Heirat mit einer Indianerin, mit der sie geschlafen hatten, eine "Antipathie" aufrechtzuerhalten. Eine "Trennung der Rassen" war ein Selbstschutz der 'aufrechten Christen' vor der Gefahr, durch leichtfertige Liebesabenteuer erobert zu werden. Die "sexuellen Schweinereien der Wilden" – wie es der Viktorianer Karl Marx ausdrückte, bedrohten den "zivilisierten Mann".

Das Land und die eingeborene Frau zu erobern war ein und dasselbe. Die "dunklen Mädchen" hatten die Farbe des Erdbodens und dementsprechend wurden sie auch behandelt. Im 17. Jh. waren es die französischen Pelzjäger an der Frontier, die "mit den eingeborenen Männern umsprangen, wie es ihnen gerade paßte und deren Frauen wegheirateten." Sie führten sich auf wie im "alten Sodom" und waren wesentlich weniger selbstgerecht als die Engländer. Aber auch sie verachteten die Indianerinnen. "Die Wilden kennen weder Liebe noch Feingefühl", sagte Pierre-Antoine Tabeau, der 1803 die Loisel-Expedition am oberen Missouri begleitete. Nach seiner Meinung sitzt bei den Männern des Westens die "Romantik im Schwanz", weil die eingeborenen Frauen die "obszönsten Dinge ausführten". Aus diesem Grund waren die französischen Männer auch nicht dazu verpflichtet, moralisch oder liebevoll zu sein.

Das ganze Gerede war natürlich nichts weiter als Scheinheiligkeit, denn die französischen Pelzjäger "waren fast ausschließlich mit den Indianerinnen verheiratet", schrieb John Townsend in seiner *Narrative of a Journey Across the Rocky Mountains* im Jahre 1830. Diese Männer sahen so "dunkel und wild" aus, daß sie unter dem Namen "Französische Indianer" und "Squaw-Männer" bekannt waren. Ähnlich verhielt es sich im gesamten amerikanischen Westen. Wohin die weißen Männer auch kamen, "es wurde immer von Keuschheit geredet". In Wirklichkeit waren sie jedoch "alles andere als

Beispiele für ein keusches Verhalten – von der Religion ganz zu schweigen." Diese Aussagen sind bei David Thompson zu lesen in seiner *Narrative of His Exploration in Western America*, 1784-1812 (Erzählungen von seinen Entdeckungsreisen im Westen Amerikas). Und ein anderer Frontierschriftsteller schreibt darüber: "Für viele der jungen Männer war die kurze Saison an der Frontier ein 'Mardi Gras' ohne nachfolgende Fastenzeit." Im übrigen lebten "alle diese Männer mit Indianerinnen oder kalifornischen Frauen", meinte einer der Goldgräber an der Sutters Mühle in der Sierra Nevada.

Für die Pioniere war es oft nicht leicht, ihre "Antipathie" aufrechtzuerhalten. Denn "eine indianische Frau zu heiraten und mit ihrem Stamm zu leben" war nicht immer ein Akt der Liebe, sondern sehr häufig eine geschäftliche Angelegenheit, schrieb Caleb Greenwood in seinem Buch *I Married a Crow*. Durch eine Heirat bekam der Weiße Mann ein "Heim mit all seinen Annehmlichkeiten" und darüberhinaus "war es ihm dadurch erlaubt, seiner Beschäftigung nachzugehen ohne dabei Gefahr zu laufen, belästigt zu werden." Nichtsdestotrotz führte ein Trapper "das einsame Leben eines Einsiedlers." Denn die Weißen, die unter den Indianern lebten "wurden als 'indianische Männer' klassifiziert und von der anderen Gruppe der weißen Männer bitterlich gehaßt", sagte ein Rancher im Westtexas. "Wenn du mit den Indianern lebst, bist du selber einer". So erging es den Weißen, die die Komanchen 'bevorzugten'. Weil sie ihre weiße Herkunft verraten hatten, waren sie "ebenso wild wie eine Hyäne und gnadenlos wie ein Tiger". Diese Haßgefühle führten zu einer Herabwürdigung sowohl der eingeborenen als auch der weißen Männer und Frauen. In den Minenlagern und Frontierfestungen des Westens lebten nur die Ehefrauen der Offiziere. Alle anderen dort anwesenden Frauen wurden von draußen 'eingeschleppt' und waren Huren oder wurden wie solche behandelt.

Ein Militärbote beschrieb 1846 die Situation in Fort Laramie wie folgt: "Überall gab es herausgeputze Squaws und die Bastardkinder der Männer streunten in der Festung herum." Einige Jahre später schrieb der Leutnant Sylvester Mowry aus Fort Yuma in Arizona: "Die Hauptbeschäftigung der

Offiziere bestand darin, Bier zu trinken" und sich mit den Frauen "einzulassen". . . "Yuma ist die reine Hölle. Den ganzen Tag sind wir von fast nackten Squaws umgeben." Und für ein Pfund Glasperlen im Werte von 2.50 Dollar war es möglich, sich "einen zärtlichen Augenblick" mit 15 oder 20 "dunkelfarbigen Mädchen" zu kaufen. Obwohl er selbst eine "moralische Aversion gegen Squaws hat", hatte er selbst "einige Jungfrauen in seiner Schule." Und in einem offenen Bericht, der im Jahr 1866 aus Fort Summer an das Innenministerium geschrieben wurde, konnte man lesen, daß "die indianischen Frauen nicht die mindeste Vorstellung von Tugend haben."

Bei all diesen Aussagen handelte es sich nicht ausschließlich um platten Rassismus, denn viele Männer glaubten auch an die "wissenschaftliche Begründbarkeit" der Fakten. Dr. Cesare Lombroso, ein international bekannter Soziologe des 19. Jh. hatte beispielsweise in seiner Untersuchung *The Female Offender* (Die weibliche Straffällige) anhand von Statistiken folgendes nachgewiesen: "Bei den weiblichen Tieren, den Frauen in primitiven Gesellschaften und allgemein bei den Frauen unserer Zeit ist die Großhirnrinde weniger aktiv als bei den Männern." Und da die Frauen "primitiver" sind, stehen sie auch den "niederen Tieren" näher und zeigen eine größere "Promiskuität". "Die primitive Frau . . . war schon immer eine Prostituierte und blieb es bis in die halb-zivilisierten Epochen hinein." Sie war eine "geborene Prostituierte."

Und weiter ist in der Studie zu lesen, daß man "die Indianerinnen nur schwer als Frauen bezeichnen kann", aber "wir brauchen uns nur daran zu erinnern, daß Männlichkeit eines der besonderen Merkmale der Wilden gewesen ist", um zu verstehen, daß die "Prostituierte eine atavistische Ähnlichkeit mit ihrer primitiven Vorfahrin, dem Lustweib, hat." Diese "Indianerinnen stehen mit ihrem Verhalten im Gegensatz zur Kälte der Normalfrau", meinte Lombroso. "Sie lieben mit der Intensität einer Heloise." Und weiter heißt es dort, daß "bei den normalen Frauen die Liebesfähigkeit nur schwach entwickelt ist."

Hier zeigt sich wieder einmal, wie die Verbindung von männlicher Phantasie und weiblicher Realität schizophrene Ausgeburten zur Folge haben kann. Um ihren moralischen Konflikt zu rationalisieren und ihr eigenes inhumanes und sadistisches Verhalten zu rechtfertigen, mußten diese 'Pioniere des Westens' scheinbar 'wissenschaftliche Tatsachen' zur Hilfe ziehen und damit gleichzeitig das Selbstbild von der männlichen Überlegenheit aufpolieren. Niemals zuvor hatten die weißen Männer so gierig dieses Land vergewaltigt. Und niemals zuvor hatten sie die Frauen so bedenkenlos gemordet. Emerson nannte es den "Raub der Sabinerinnen" des Westens, dessen Ergebnis möglicherweise die Geburt von "römischen Helden" ist. Nach dem Massaker von Wounded Knee gab es ein Foto, auf dem ein lächelnder Offizier zu sehen war, der ein Lakota-Kind auf seinen Knien hält, während die Mutter tot in einer Leichengrube liegt.

Sand Creek war der Höhepunkt dieser besonderen Form von Geisteskrankheit. Nach der Ermordung Hunderter von Cheyennemännern, -frauen und -kindern im Jahre 1864 führten die Colorado Volunteers (freiwillige Soldaten) unter der Leitung des Methodistenpfarrers Colonel John Chivington eine Art sexuelles Opferritual durch, das später auch von anderen Soldaten im amerikanischen Westen wiederholt wurde. Weder damals noch heute hat irgendjemand den Sinn und Zweck jener Blutzeremonien verstanden; aber wegen ihrer Grausamkeit sind viele Tränen geflossen.

Es gab Soldaten, die schnitten den Cheyennefrauen die Geschlechtsteile heraus und steckten sie sich ans Hutband. Einer spießte die Geschlechtsorgane eines Mädchens auf einen Stock und hielt ihn triumphierend in die Höhe. Und ein anderer löste sie fein säuberlich mit seinem Jagdmesser ab und spannte die Haut über seine Sattelspitze. "Ein ungefähr dreijähriges Kind, das vollkommen nackt war" wurde mit einem Gewehrschuß getötet. Einer schwangeren Frau wurde mit dem Säbel der Bauch aufgeschlitzt, so daß das ungeborene Kind neben ihr auf die Erde fiel. Es gab Frauen, die sich zu mehreren in ausgetrockneten Kanälen und hinter Sandhügeln versteckt hatten. Sie wurden ganz systematisch – eine nach der anderen – mit dem Schwert oder dem Gewehr abgeschlachtet.

Bei den Kämpfen an der Frontier war es üblich, daß die getöteten Männer skalpiert und verstümmelt wurden. Aber was gab es für Gründe, toten Frauen die Geschlechtsteile rauszuschneiden und junge Mädchen zu kastrieren? Sie waren Frauen und keine Krieger.

Die Phantasien über Eva im Paradies fanden auf diese Weise ihr Ende, aber vollkommen ausgestorben sind sie noch nicht.

Eine bekannte Zielübung beim Gewehrschießen wurde in der U.S. Armee im Westen mit "Knieender Squaw" bezeichnet. Hundert Jahre später entdeckte Dr. George Magolis vom Dartmouth Medizincollege im Waffenarsenal der Nationalgarde von Bradfort/Vermont eine Zielfigur in der Form eines "Hippiemädchens". Die Soldaten hatten die Brüste der Figur mit Gewehrkugeln angefüllt und einige hatten auf ihren Kopf geschossen.

In dieser Machowelt des Westens wurden allmählich auch die Mythen über die Indianerinnen auf die weißen Frauen übertragen. Lehrerinnen und Huren traten an die Stelle der jungfräulichen "indianischen Mädchen" und "unzüchtigen Squaws". An der Frontier wurden die Frauen entweder auf ein Podest gestellt oder ihr Platz war in der Gosse; eine Doppelexistenz, die die weißen Frauen von den Mythologien ihrer Männer über Indianerinnen geerbt hatten.

Jede Frau, die sich in diese Männerwelt hineinwagte, ging ein großes Risiko ein. "Wyoming braucht dringend Frauen", schrieb der Herausgeber des *Boomerang* in Laramie/Wyoming, aber "es gibt noch wenige Haushalte hier, die sich einen Privatdichter erlauben können." Deshalb brauchte sich auch nur solch eine Frau im Westen blicken zu lassen, die in der Lage war, Knopflöcher zu nähen und nicht wie ein "schielendes Schwein" aussah.

Im Gebiet von Montana brachte seinerzeit der Historiker Thomas Dimsdale in typischer Weise die Einstellung der Männer zu den Frauen zum Ausdruck: "Eine Frau ist die Königin in ihrem Haus; aber wir benötigen sie nicht als

Schmied, Bauer, Soldat, Rechtsanwalt oder in sonst einem ähnlichen Beruf. . . Gott schütze uns vor diesen willensstarken Mannweibern!"

Aber in den Bergen und den Prairien des Westens verrichteten sowohl die eingeborenen als auch die weißen Frauen "Männerarbeiten". Wenn sie es nicht getan hätten, wäre es den weißen Männern niemals möglich gewesen, die Natur oder ihre eigene Romantik zu überleben. Obwohl im Westen nur 5% der Gesamtbevölkerung lebten, waren 15% der "Literaten und Wissenschaftler" Frauen, 10% der Frauen waren Ärztinnen und Journalistinnen und 14% Rechtsanwältinnen. Westlich des Mississippi gab es 452 Ärztinnen und weibliche Chirurgen. Ungeachtet dieser Fakten hat sich jedoch der Mythos des omnipotenten Mannes bis in die heutige Zeit hinein erhalten. Das zeigt sich daran, daß in den unzähligen Filmen, Romanen und Fernsehserien über den 'Wilden Westen' selten die Rede ist von den Ärztinnen, Rechtsanwältinnen, Journalistinnen und Wissenschaftlerinnen. Nach wie vor spielen in diesen Geschichten die Frauen entweder die Rolle der Dorfschullehrerin oder der Prostituierten. Aber selbst diese Frauen waren im Grunde genommen unwichtig, denn Evas Garten – dem Paradies für die Männer – wurde abgelöst durch Adams Garten, der gerade wegen des Nichtvorhandenseins der Frauen ein Paradies war.

Das Land des Cowboys war in den Legenden eine reine Männerwelt. Der berühmte 'Marlboroman' in der Zigarettenreklame symbolisierte die Veränderung: "Das Marlboro-Land ist und wird das Land des Mannes bleiben". Der Vizepräsident John Benson der Leo Burnett Werbefirma sprach es klar aus: "Wir haben darüber diskutiert, ob wir eine Frau in der Reklame erscheinen lassen sollen. Aber in dem Augenblick, in dem da so ein Mädchen auftaucht, wird aus dem Typen ein domestizierter Mann. Dadurch verliert er seinen geheimnisvollen Charakter."

War aus Amerika eher ein Vaterland als ein Mutterland geworden? Russel Baker schreibt darüber in der *New York Times*: ". . . ganz sicher ist die amerikanische Flagge ein Sexualsymbol. Die Männer prahlen damit, schlagen sich gegenseitig die Nase dafür ein, stolzieren damit herum, kämpfen, töten und sterben dafür . . . Philosophisch gesprochen, wäre im Grunde das männliche Geschlecht für die amerikanische Flagge passend. . . Und die Frauen? Die Vergnügen des Mannes und die Sorgen der Frau; es klingt wie eine alte Definition von Sexualität." Die Romanze des Westens bestand in der Verführung Amerikas. Ebenso wie die Frauen, so wurde auch das Land erobert, auf freundliche Weise, mit brutaler Gewalt, in Liebe und in Haß: was hier vor sich ging, war die Romanze einer Vergewaltigung.

Eines Nachmittags im letzten Winter sprach ich mit einem der reichsten weißen Händler für indianische Gegenstände. Er saß in seinem modernen Büro, umgeben von den Reliquien aus der Vergangenheit und machte auf mich den Eindruck eines knallharten Geschäftsmannes – bis zu dem Augenblick, als er anfing über Indianerinnen zu reden. Plötzlich wurde seine Stimme ganz sanft. "Sexualität! Hätte Freud jemals etwas über die Beziehungen zwischen Indianern und Weißen nachgeforscht, dann hätte er bestimmt die Sexualität allem zugrunde gelegt. Ich glaube das alles hat 'ne Menge damit zu tun. Im Süden hat doch auch jeder Plantagenbesitzer mit den gut aussehenden Töchtern seiner schwarzen Sklaven gebumst. Jeder, der drüber dalbert, daß er halb Cherokee oder halb Mohawk ist – oder was auch immer – hatte eine Ur-Urgroßmutter, die natürlich eine 'indianische Prinzessin' war. Der Ur-Urgroßvater war nie ein indianischer Mann. In Nord- und Süd-Dakota, Montana, Idaho und Wyoming gab es solche Feindseligkeiten zwischen Indianern und Weißen, daß man sie kaum für möglich hält. Ich bin zwar kein Südstaatler, aber ich glaube, es sind dieselben Gefühle, die ein Weißer im Süden gegen die Schwarzen hat. Irgendwie eine Mischung aus Liebe und Haß. Ich sag' ihnen eines: Die indianischen Frauen sind gar nicht so schüchtern, spröde und zurückhaltend, wie sie immer erscheinen. Jedenfalls nicht, was den Sex anbetrifft!

Ich hatte x-mal die Gelegenheit – obwohl ich sie nie ausgenutzt habe – hier im Laden Muscheln oder ähnliches Zeug gegen einen 'Fick' einzutauschen. Ich versichere Ihnen, daß ich an einem Tag vier verschiedene Frauen hätte bumsen können, entweder Indianerinnen oder weiße Hippiemädchen, die so taten als wären sie Indianerinnen. Ich hab' mich dann immer über sie lustig gemacht."

In dem Augenblick, als der Händler das zu mir sagte, klingelte sein Telefon. Seine weiße Frau rief ihn aus ihrem Haus im Vorort an und wollte wissen, wann er heute Abend zum Essen heimkommt. "Gerade wollte ich dich anrufen." Sein hinterlistiges Lächeln verschwand plötzlich aus seinem Gesicht. "Ja, Liebling. Natürlich, Liebling, ich komme gleich nachhause."

Es wäre wirklich interessant, wenn sich herausstellen würde, daß die Indianer nur ein „Schwindel" sind.

Manifest von Bob Ward, einem Händler, der im Indianergeschäft tätig ist.

Auf dem Schild stand geschrieben: "Der Original-Handelsposten, gegründet 1803. Händler: Bob Ward." An einem Sommertag in der Wüste machte der schwach beleuchtete Laden einen ebenso verstaubten Eindruck wie der Kramladen einer alten Geisterstadt. Es herrschte eine gedämpfte, entrückte, geheimnisvolle, verträumte, romantische, surrealistische, archaische und historische Atmosphäre. Aber es war genau die Atmosphäre, nach der die Städter mit ihren erwartungsvollen Augen und neugierigen Kameras im Westen suchten.

"Wir verkaufen hier Geschichte an Leute, die keine haben," sagte der Händler zu mir. "Diese Menschen sind mit ihrer eigenen Kultur unzufrieden, vielleicht auch ganz allgemein mit den Vereinigten Staaten. Sie wollen etwas anderes haben, etwas besseres." Der Laden war vollgestopft mit Vergangenheit. Die Schaukästen quollen über von alten Revolvern und modernem indianischen Schmuck. An den Wänden hingen Unmengen vergilbter Fotografien und sonstige Relikten des alten "indianischen Wegs"; von der Decke baumelten indianische Wiegen und Tierhörner. Dem abgetretenen Holzfußboden sah man an, daß über ihn schon Generationen von Pueblos gegangen waren, die ihr Erbe an die Händler verkauft hatten und ebenso Generationen von Touristen, die es dort erwerben wollten.

"Aber das alles haut nicht hin", erzählte der Händler. "Nachdem ich jetzt schon seit dreizehn Jahren in diesem Geschäft arbeite, habe ich herausgefunden, daß niemand sich dadurch den Indianern annähern kann, nicht einmal andere Indianer. Diese Leute könnten kaufen soviel sie wollten, sie werden dadurch niemals die indianische Kultur in sich aufnehmen."

Wie war es ihm mit dieser Einstellung möglich, mit indianischen Gegenständen Handel zu treiben? Bob Ward hatte die Eigenschaften eines alten Händlers. Er war nüchtern und zugleich ein Romantiker, der seine Überspanntheit pflegte; ein Einzelgänger in der Tradition eines Yankee-Hausierers. Ward besaß diese eigenartige jungenhafte Mischung aus Naivität und Gerissenheit, ein Charakteristikum all jener knausrigen, aufrechten und schlauen Männer, deren Art zu reden von einer blasphemischen Offenheit war. Ich kannte diese Typen von den Handelsposten entlang der Wanderstraße, die vom Nichts ins Nirgends führte und allgemein unter dem Namen "Bloody 66" bekannt war.

In jenen vergangenen Zeiten gab es noch keine Glasperlen, Made in Hongkong und italienische Mokassins. Wie viele junge Männer, die im "Indianergeschäft" tätig waren, so hätte wahrscheinlich auch Ward seinen Lincoln Continental Mark IV verkauft, um in die Wüste zu reisen bevor die Medien die "indianische Kunst ruinierten". Aber er war zu spät auf dieser Straße entlang gekommen.

Er hatte mir meine Frage, weshalb er mit indianischen Gegenständen handelte, noch nicht beantwortet.

"Ach, wissen Sie, ich halte nach einer Menge Dinge Ausschau und laufe vor vielen Dingen davon", sagte er zu mir. "Ich kam zum ersten Mal nach Arizona nach einem Desaster in meiner Ehe und in meinem Geschäft. Ich wollte einfach abhauen. Aber seit langer Zeit hatte ich bereits indianisches Zeug gesammelt, denn in Fresno in Kalifornien, wo ich aufgewachsen bin, gab es eine Menge Indianer. Seit meinem zweiten Lebensjahr war ich also ständig irgendwie mit Indianern zusammen, deshalb ist es ganz natürlich, daß ich in dieses Geschäft eingestiegen bin. Das Komische dabei ist, daß ich früher sehr kurzes Haar trug und sehr sauber war. Aber die alten erfahrenen Händler hatten damals lange Haare und waren ziemlich rauhe Burschen. Sie behandelten mich wie einen Hippie. Jetzt gehöre ich selbst zu einem der größten Händler im Indianergeschäft und habe genau dieselben Vorurteile gegen diese langhaarigen jungen Leute, gegen die Hippies und die "neuen Indianer."

"Yah! Angefangen habe ich als der größte 'Wohltäter der Indinader' in der Welt. Ich glaubte, daß man den Indianern das Land weggenommen hatte. Aber jetzt kaufen sie es systematisch zurück – mit Sozialhilfegeldern."

Sein Vater war ein kleiner Farmpächter und pflanzte Baumwolle und Trauben an, erzählte er mir. Als Junge hatte er "Baumwolle gepflückt", und solange er sich erinnern kann, mußte er immer ziemlich hart für sein Überleben kämpfen; für irgendwelche Ansprüche hatte er keine Verwendung, auch nicht für seine eigenen. Was ihn am meisten an der heutigen Zeit ärgerte, war die "Indianermode", die von den Medien so hochgespielt wurde. Er war wütend darauf, obwohl gerade er es war, der davon profitierte. Ich sagte ihm, daß er mir vorkäme wie ein Goldsucher, der mit seinen Zehen an Gold stößt und sich darüber ärgert.

Und das gab er mir zur Antwort:

Eine Erinnerung aus meiner Kinderzeit ist das Bild über meinem Bett. Der Mann dort oben sieht aus wie ein mexikanischer Edelmann. Er ist mein Urgroßvater. Nach unserer Familiengeschichte ist er vermutlich Cherokee. Einige ältere Verwandte haben mir erzählt, daß er auf dem Weg der Tränen dabei war.

Sein Vater gehörte zu einer der Gruppen, die sich von den anderen getrennt haben und nach Texas gingen.

Bis zu meinem zwanzigsten Lebensjahr habe ich nicht einmal gewußt, daß ich halb indianisch bin.

Ich wußte auch nichts von der Existenz dieses Fotos, weil es von dem Foto meiner Urgroßmutter verdeckt wurde, die irischer Abstammung war. Eines Tages wischte ich den Rahmen ab und nahm das Bild heraus. Dahinter entdeckte ich diesen Mann, der wie ein Mexikaner aussah.

Ich fragte also meine Mutter, wer er ist. Nun, sagte sie, er ist ein Vorfahre von dir. Mein Vater hatte ihr nämlich eingeschärft, niemandem zu erzählen, daß er ihr Großvater ist. Für ein Familienmitglied hatte er eine zu dunkle Haut, zu dunkle Haare und zu dunkle Augen. Schauen sie mich an: Ich habe blonde Haare und blaue Augen!

Aber ich bin ein halber Indianer. Das macht allerdings keinen großen Unterschied für mich.

Jetzt ist das modern. Ich frage mich, was passiert, wenn mal die chinesische Mode ebenso verbreitet sein wird wie die indianische. Was werden dann bloß die Leute anstellen, um behaupten zu können, daß sie halb chinesisch sind?

Ungefähr vor sieben Jahren haben die Medien damit angefangen, die 'indianische Welle' hochzuspielen. Die Händler und Sammler in New York wechselten damals direkt von der afrikanischen zur indianischen Mode über. Und das Komische dabei ist, daß die "afrikanischen Glasperlen" jetzt als indianische verkauft werden. Und nun gehen diese New Yorker, die bei jeder Modewelle immer die ersten sind, zur Chinawelle über. Wie sie das anstellen werden, weiß ich auch nicht.

Viele Leute, die in meinem Geschäft tätig sind, interessiert nur der Profit, und davon kann man hier eine Menge machen. Es gibt Händler, die haben Navajo-Silberschmiede und -Maler in ihren Läden angestellt und Hopis, die ihnen Kachinas schnitzen. Dabei handelt es sich um die Zusammenarbeit eines Mechanikers und eines technischen Zeichners. Der Indianer ist der Mechaniker und der weiße Händler ist der Zeichner, der zu ihm sagt: Okay! Ich möchte, daß du das als nächstes machst! Der Indianer könnte der beste Silberschmied der Welt sein, aber jetzt schafft er nichts eigenes mehr. Er ist nichts anderes als ein Zimmermann, der ein Haus baut, das von einem weißen Architekten entworfen wurde, und sich dabei Geld verdient bei irgendeinem weißen Unternehmer.

Niemand weiß, wieviele Millionen von Jahre es gedauert hat, bis die indianische Kunst geschaffen wurde, die wir heute kennen. In den letzten fünfzig Jahren hat sich ihre Kreativität zurückentwickelt. Und warum? Die Indianer haben es den Weißen erlaubt, ihre Talente für deren ökonomischen Profit zu manipulieren. Hier dreht es sich nur um den Profit. Wenn die Indianer doch nur ihre eigenen Fähigkeiten und ihre Kreativität für sich selbst nutzen würden!

Was ist ein guter Händler? Jemand, der nicht nur die Indianer achtet, sondern auch die Gegenstände, mit denen er Handel treibt. Klar ich habe auch einen neuen Continental Mark IV, ein neues Haus, einen Campingwagen, einen neuen Jeep und das ganze Zeug. Aber ich habe mir das erworben, indem ich der indianischen Kunst mit Achtung begegnet bin. Das ist ein großer Unterschied!

Was mich wundert, ist, daß die Indianer so wenig Abneigung gegen die Händler haben, die die größten Betrüger sind. Die Gründe dafür habe ich nie rausgefunden. Vielleicht handelt es sich dabei nur um eine Umkehrung eines gewissen Sinnes für Humor. Denn genauso verhandeln die Indianer mit mir. Sie versuchen alles, um dich zu betrügen, aber mit offenen Augen. Du weißt, was gespielt wird, und sie wissen es auch. Es ist o.k., wenn du auf ihren Druck mit Gegendruck antwortest, das gehört zu ihrer Art Humor. Sie erkennen das an, weil das ihrer Art zu denken entspricht. Daran kannst du nichts ändern und auch für dich keinen Vorteil daraus ziehen. Du mußt es einfach so nehmen wie es ist.

Ich weiß nicht, was Columbus entdeckt hat, aber ich vermute, daß die Indianer, die wir heute kennen, so ziemlich dieselben sind wie vor 500 Jahren, zumindest in der Art und Weise wie sie denken; und daraus ziehen sie noch immer ihre Vorteile.

Die Indianer sind Indianer wenn sie es wollen, aber auch Weiße, wenn es für sie nützlich ist, oder Chicanos, wenn es notwendig sein sollte. Sie werden sich so verhalten, wie es am günstigsten für sie ist.

Sie sind wirklich verdammt schlau!

Sind sie "wirkliche" Indianer? Ich glaube schon. Aber es wäre interessant, wenn sich herausstellen würde, daß es sich bei den ganzen Indianern nur um einen "Schwindel" handelt; wenn einige dieser "neuen Indianer" eines Morgens aufgewacht wären und gesagt hätten: Mein Gott! Ich bin ein Indianer! Es ist besser wenn ich anfange, mich so wie der alte Cochise oder Geronimo zu verhalten! Und mit einem Mal waren sie alle Indianer.

Viele dieser "Indianerwellen" sind für sie nur eine Gelegenheit, um die Öffentlichkeit auf sich aufmerksam zu machen. Diese Burschen mögen das Rampenlicht. Da können fünftausend Männer der Nationalgarde draußen sein mit Panzern und Gewehren, um sie wegzufegen. Trotzdem werden sie von sich reden machen und der Welt zeigen, daß sie da sind. Sie bringen es fertig, gleich mehrere Typen wie die eines Charles Manson aus dem öffentlichen Interesse zu verdrängen. Wenn man einem Indianer ein Mikrophon in die Hand gibt, wird man eine Menge Geschichten zu hören bekommen, die für niemanden eine Bedeutung haben. Deshalb wird auch so viel Mist und soviel Lügen in den Medien über sie verbreitet.

Bis vor zehn Jahren lebten die Indianer in den Reservaten, wie die Hopis und die Navajos, sehr zurückgezogen und waren für niemanden zugänglich. Selbst füreinander nicht. Und plötzlich sind sie ständig äußeren Einflüssen ausgesetzt: Indianern, die von den Universitäten kommen, weißen Touristen und Bücherschreibern. Ich fürchte, sie fangen jetzt an, "amerikanisiert" zu werden. Man hat ihnen vier Räder mit vierhundert Pferden vorgespannt und das wird ihr Leben auf eine schlechte Weise verändern. Diese verdammte Mobilität!

Es ist das Gleiche, das den Weißen im Westen passiert ist. Vom alten Westen ist nur noch wenig übriggeblieben wegen dieser verfluchten Mobilität, die die Welt zusammenschrumpfen läßt.

Vor fünfzig Jahren war es noch fast unmöglich, sich durch

den Schlamm hindurchzuarbeiten. Heutzutage kann man überall hinreisen. Das hat den "Westener" in einen anderen Menschen verwandelt. Und die verdammten Medien lassen uns nicht in Ruhe mit ihren Nachrichten über New York, Boston und Saigon. In den letzten vier oder fünf Jahren sind die Menschen aus anderen Gegenden des Landes und der Welt in den Südwesten gezogen.

Einige ihrer schlechten Eigenschaften haben auf uns abgefärbt und sich mit einigen von unseren schlechten Angewohnheiten vermischt. Das ist einer der Gründe, weshalb es hier nicht mehr so schön ist zu leben.

Und deshalb denke ich auch ernsthaft darüber nach, mich nach Alaska zu verziehen. Ja, ich verspüre ein starkes Bedürfnis danach. Man liest öfter darüber, daß da oben noch die letzte Frontier sein soll. Dort scheint es so zu sein, wie der Südwesten war, als ich zum erstenmal hierher kam, eine Art Wilder Westen, wo man für sich selbst sorgen muß und wo es noch viel weiten Raum gibt. Wenn ich tatsächlich nach Alaska ziehen sollte, werde ich wohl ins Eskimogeschäft einsteigen.

Der Untergang des weißen Mannes

Etwa zehn Meilen entfernt vom Reservat der Nördlichen Cheyenne gab es auf der einsamen kleinen Landstraße, die so friedlich zwischen den Hügeln neben dem Rosebudfluß entlang läuft, ein Denkmal, das dem Tod eines Mythos gewidmet war. Gemeint ist eine verwitterte Gedenktafel auf einem kleinen Felshügel, die darauf hinweist, daß sich die Siebte Kavallerie von General Custer an dieser Straße "ausgeruht" hat – zwei Nächte bevor sie ihr Ende bei Little Big Horn erlebte.

Selbst heute noch gibt es Leute, die der Meinung sind, daß diese Straße ins Verderben führt.

Am Ufer des Rosebudflusses – auf dem ehemals indianischen Land – standen vor noch nicht allzu langer Zeit Farmhäuser im Schatten alter Bäume. Wiesen und Felder waren grün und es herrschte eine friedliche Stimmung.

Montanas Prairien waren von unendlicher Weite und strahlten eine sanfte Ruhe aus. Einige Steine in diesen Tälern waren bereits 65 Millionen Jahre alt und einige sogar noch älter.

Im Vorgebirge wuchsen Salbeibüsche und es lebten dort Wachteln und Koyoten. In den Pinienwäldern verbargen sich Rehe, Hirsche und die schlauen Wildkatzen. Auf den größeren Straßen von Wyoming herrschten die Herden des Spitzhornschafes. Wenn sie mit gemächlichem Schritt über die Highways stolzierten, mußten die Autos anhalten. Aber in Montana waren die Schafe ängstlicher, und sie zogen es vor, sich hinter den Hügeln verborgen zu halten.

Vor hundert Jahren schrieb Edgar Beecher Bronson, ein Pionier im Gebiet der Nördlichen Cheyenne in Montana, daß dieses Land ein "wahres Paradies" sei. In seinen *Erinnerungen eines Farmers* schilderte er die Gegend in den buntesten Farben: "In den Ebenen leben Büffel und Antilopen und in den Bergen findet man Hirsche, Elche, Bergschafe und Bären. Die Flüsse sind angefüllt mit großen Fischschwärmen und überall wächst ein dichter Teppich von saftigem Büffelgras, das ihre (die Indianer) Ponies so dick macht wie Seehunde."

Es dauerte nicht lange, bis die Farmer in das indianische Land eindrangen. Die Büffel wurden durch die Rinder ersetzt. Und dann zogen die Minenarbeiter in das Farmland ein und die Planierraupen ersetzten die Rinderherden.

"Jetzt ist das Gras verschwunden", sagte ein Rancher zu mir. "Man hat daraus Elektrizität gemacht."

Bei dem Rosebudfluß, in Sichtweite der Custergedenktafel, hatte ein neuer Lokalkrieg begonnen: nur spielten diesmal die weißen Farmer die Rolle der Indianer. Aber der kampf schien ziemlich ruhig abzulaufen. Es gab keine Schießereien. Dennoch war im Wind eine sonderbare Bewegung zu verspüren. Die Antilopen witterten bereits in der Luft das Herannahen der Planierraupen.

In der kleinen Stadt Colstrip hatte man schon mit Kohlentageabbau begonnen. Es wurde sogar davon gesprochen, daß hier sieben Kraftwerke entstehen sollten. Ein Angestellter der örtlichen Elektrizitätsgesellschaft hatte Journalisten gegenüber etwas von dem angeblich größten Energieprojekt "der Welt" erwähnt, das der Erde zehn Millionen Kilowatt Energie entziehen soll; es würde weitaus mehr Energie verschwenden, aber davon sagte er nichts. Wenn diese gigantischen Kraftwerke gebaut werden, wird der Himmel über diesem Gebiet mit mehr Asche, Säuren, Chemikalien und sonstigen Schadstoffen vergiftet werden, als die gesamte Luft über Los Angeles, New York, London und Moskau.

Einige sprachen davon, daß man eine Stadt für mehr als 25 000 Menschen bauen würde, andere behaupteten, für eine geringere Anzahl. Aber das spielte letztlich keine Rolle, denn das friedliche Landleben würde ohnehin vernichtet werden, gleichgültig wieviele Wohnmobile und Cheeseburger-Buden die Weiden der Antilopen und jungen Ochsen verschandeln würden.

Eine 'Boom-Stadt' ist nichts weiter als ein Albtraum, stand in einem Bericht der Föderation der Rocky Mountain Staaten. In so einer 'künstlichen' Stadt wie Colstrip hatte die Kriminalitätsrate um 400 Prozent zugenommen; Nervenzusammenbrüche mit nachfolgender Klinikeinweisung waren um das Zehnfache angestiegen; die Selbstmorde waren sprungartig angewachsen, ebenso die Scheidungen. Bei jeder zweiten Ehe, die in diesem sozialen Chaos auseinanderbrach, lagen die Ursachen der Trennung in dem Nichtvorhandensein von stabilen Wohnverhältnissen; viele der Arbeiter lebten in Motels, wo sie sich für jeweils acht Stunden zum Schlafen ein Zimmer mieteten. Schulen gab es oft überhaupt keine, oder konnten nicht gebaut werden, aufgrund der schlechten finanziellen Lage der Kleinstädte auf dem Land. Außerdem mangelte es an so notwendigen Einrichtungen wie Abwasserkanälen, so daß einst klare Bergflüsse in vergiftete Senkgruben verwandelt wurden. Die Lebensbedingungen waren miserabel und die Folge davon eine berufliche Fluktuationsrate von 150 Prozent. Für die Freizeitgestaltung gab es nur Bars und Huren und der Alkoholismus war bereits so verbreitet, daß die örtlichen Gefängnisse "von den Ehefrauen oft als Zufluchtsort vor den Schlägen ihrer betrunkenen Ehemänner benutzt wurden".

Es gab "keine saubere Luft und kein weites Land mehr", stand in dem Bericht, und die "Auswirkungen auf die Natur waren katastrophal".

An der Straße nach Colstrip stand ein Schild mit der Aufschrift “Haltet eure Stadt sauber”. Hinter dem Schild ragte der riesige Schornstein eines Kraftwerks in den Himmel und stieß grauen Qualm aus. Das wenige Gras seiner unmittelbaren Umgebung würde auch bald verdorrt sein.

“Das Gras wird sterben. Und wenn es soweit ist, dann sterben auch die Farmen”, sagte ein Viehzüchter.

Und ein anderer meinte, “die Farmen werden ebenso wie die Indianer verschwinden. *Wir* sind die neue ‘untergehende’ Rasse.” In seinem Lächeln lag Bitterkeit. Einer dieser weißen Indianer war ein Farmer mit einem vom Wind gezeichneten Gesicht und von der Sonne gebräunter Haut. Er hieß Wallace McRae und strahlte eine gewisse Würde aus.

“Meine Großväter gehörten zu den ersten Siedlern”, erzählte er. “Vor der Jahrhundertwende waren sie bereits nach Montana gekommen, kurz nach der Schlacht bei Little Big Horn, als Custer bei dem Versuch starb, den Westen von der Roten Gefahr zu befreien.” In jenen Tagen “war Custer ein Werkzeug der Politik der Vereinigten Staaten, die behaupteten, daß die Indianer, ihre Büffel und ihre gesamte Lebensweise ein Hindernis für den Fortschritt seien. Weil der Indianer die wirtschaftliche Entwicklung aufhielt, mußte er beseitigt werden.”

Jetzt nahm er, Wallace McRae, die Stelle der Indianer ein. Er war jetzt ein Hindernis für den Fortschritt.

“Ich bin zu einem Indianer geworden”, sagte er. “Wie früher der Indianer, so stehe auch ich dem Fortschritt im Wege, weil ich auf einem Stück Land arbeite und lebe, das riesengroße Quellen an Brennmaterial enthält.”

“Aber ich werde Widerstand leisten.”

Seit vier Generationen hatte die McRae-Familie den steinigen Boden bepflanzt und ihn mit ihrem Schweiß bewässert, wenn es keinen Regen gab. Die Knochen seiner Vorfahren gehörten ebenso wie die Steine zu diesem Boden. Wie die Indianer, so betrachtete auch er sein Land mit Achtung und Demut. Und auch ihm wurde es weggenommen.

Die Liebe für das Land ist nicht das Gleiche wie ein Rechtsanspruch, sagten sie.

Und sie behaupteten, daß das Land, auf dem er stand, nicht das seine sei. Er besaß nur die Erdoberfläche. Das war alles. Aber die Erde unterhalb seiner Füße, die so reich war an Kohle, "gehörte" der Regierung. Bei den meisten dieser alten Homesteads "besaß" die Regierung die Rechte über die Mineralien.

Wenn du im Schlamm versinkst, kann es dir noch passieren, daß du wegen unbefugten Betretens verhaftet wirst, meinten einige der Viehzüchter. Die größten Gebiete unseres öffentlichen Landes lagen im Westen, etwa 725 Millionen Morgen, mehr als ein Drittel der gesamten Nation. Es handelte sich also dabei um ein riesiges Gebiet, das so groß war wie ganz Westeuropa. Und dieses Land wurde von der Regierung verwaltet. In einigen Staaten, wie z.B. in Wyoming, wurden 71 Prozent des Bodens durch eine einzige kleine Abteilung des Innenministeriums kontrolliert, durch das Bureau of Land Mangement. Keiner der Landbesitzer des alten Westens hatte jemals davon geträumt, soviel Land und Macht zu besitzen wie diese kleine Gruppe von Regierungsbürokraten. Auf dem Grund und Boden der Viehzüchter besaß die Regierung die Macht, die Kohle unter ihren Füßen und unter ihren Verandas und Schlafzimmern zu verpachten. Und genau das tat sie auch.

Einigen Nachbarn von Wallace McRae war es bereits so ergangen: Die Weiden eines Farmers wurden ausgewählt, um darauf ein gigantisches 1200-Megawatt-Kraftwerk zu bauen. "Er wußte überhaupt nicht, daß seine Farm davon betroffen war, bis er es eines Tages in der Zeitung las." Ebenso wurde die Farm einer anderen Familie aus der Nachbarschaft für den Kohlentageabbau ausgewählt. Aber weder die Kohlengesellschaft noch die Regierung hielten es für notwendig, den Farmer über die Auswirkungen dieses Vorhabens auf die Umwelt zu informieren. Er hatte also keine Ahnung davon, was seiner Ranch und seiner Familie passieren würde.

Auf vielen Weiden wurden einfach Probebohrungen durchgeführt ohne die Farmer vorher zu fragen. "Man ging einfach davon aus, daß sie die Bohrungen sowieso nicht verhindern könnten und es wurde auch nicht in Aussicht gestellt, daß zukünftige Bohrungen von den Farmern genehmigt werden müßten."

Als die wissenschaftlichen Experten der Westinghouse Corporation eine Untersuchung über den Einfluß des Kohlentageabbaus und der Kraftwerke auf das Farmleben im Rosebudgebiet durchführten, haben sie jeden und alles, was ihnen über den Weg lief, befragt. Aber es war "nicht ein einziger Rancher dabei," sagte McRae.

Im Powder River Valley in Wyoming, ganz nah an der Grenze zu Montana, drückte Roger McKenzie mit einer Mark Twainschen Ironie die Gefühle und Frustrationen der Viehzüchter aus: "Manchmal haben wir das Gefühl, daß wir bereits von der Industrie konsumiert werden, während wir noch dabei sind, herauszufinden, wann, wo und ob wir überhaupt konsumiert werden sollten."

Nachdem sie mit etwa 300 Ranchern in den Prairien von Montana und Wyoming geredet hatten, gab das Untersuchungsprojekt der Great Plains in Billings einen zusammenfassenden Bericht heraus: "Die Mehrzahl der Rancher in den Gebieten des Rosebud und Powder Flusses würden es begrüßen, wenn die Kohlegesellschaften für immer verschwinden würden. Sie sind Traditionalisten. Sie und ihre Farmarbeiter halten nichts von dem ganzen Geschäft. Sie wollen das Land und seine Unversehrtheit bewahren."

Nach Ansicht des Berichts war diese Einstellungsveränderung seltsam, denn "in der Vergangenheit hatten sie sich ziemlich stark mit dem Big Business identifiziert."

Weshalb waren sie mittlerweile so "ernüchtert" ?

"Einige Viehzüchter", so fährt der Bericht fort, behaupten, die Kohlen- und Energiegesellschaften, seien "unfair, nicht vertrauenswürdig und rücksichtslos ... betrügerisch und nur an Geld interessiert." Sie schicken Leute aus, die, ohne eine Erlaubnis dafür zu haben, bei den Ranchern Umfragen machen. Auf diese Weise setzen sie "Gerüchte" in die Welt, die die Bauern einschüchtern und sie zu einem Landverkauf bewegen sollen. Und dann fangen sie einfach auf dem Land irgendeines Bauern mit Bauvorbereitungen an, ohne sich vorher bei ihm oder bei der Regierung eine formale Erlaubnis geholt zu haben. Schließlich "argumentieren sie noch damit, daß man ihre großen Verpflichtungen anerkennen sollte." Die Rancher wundern sich über die Unmoral der Energiegesellschaften. Sie fühlen sich "in hohem Maße beeinträchtigt", weil für sie Glaubwürdigkeit, Vertrauen und Ehrlichkeit hohe Werte darstellen; mit den Taktiken der Gesellschaften umzugehen bereitet ihnen große Schwierigkeiten". Ihr Fehler ist es, "daß sie die Gesellschaften wie Menschen betrachten."

Die Rancher fühlen sich machtlos. "Sie wissen sehr wohl, welche Übermacht, sowohl finanziell als auch politisch gesehen, die Industriellen haben, die in der Lage sind, über Nacht ein landwirtschaftliches Projekt der Bauern lahm zu legen." Und weil sich die Leute darüber im Klaren sind, "glauben nur wenige daran, daß die Entwicklung des Kohlentageabbaus und die Farmen nebeneinander existieren können."

Viele der alten Rancher haben aus Verzweiflung ihr altes Land verkauft und sich der Hoffnung hingegeben, damit das Beste für sich erreicht zu haben. Auf der Quarter Circle V Ranch in Birney, Montana, sprach der betagte Besitzer Burton Brewster etwas verwundert über die Viertelmillion Dollar, die ihm als Kohleertragsanteile angeboten wurden für die 36 Morgen, die es bedurfte, um sich "eine Kuh zu halten". Brewster war offensichtlich hoffnungsvoll: "Die Viertelmillion Dollar, die diese eine Kuh erzeugen würde, würde lange halten ... Ich bin sicher, daß meine Enkelkinder mit diesem Geld eine bessere Ranch aufbauen können."

Aber Boyd Charter, ein anderer Farmer aus der alten Zeit, war sehr verärgert über Brewster: "Kannst du deinen Nachbarn überhaupt noch in die Augen schauen? Ich bin genauso alt wie du und war mein ganzes Leben mit der Viehzucht beschäftigt. So wie ich das sehe, ist es einfach unmöglich Viehzucht zu betreiben neben den Kohlentageabbauminen und den Kraftwerken. Willst du vielleicht auf deiner Ranch eine Tafel aufstellen, auf der zu lesen ist, daß du den Kohlentageabbau an diesem Platz befürwortet hast? Gott soll mich dafür strafen, wenn ich eine solche Tafel auf meiner Ranch haben wollte. Er soll uns beistehen."

Das Gefühl der herannahenden Vernichtung wurde in der

Denver *Post* zu einer Schlagzeile auf der ersten Seite verarbeitet: "Die Weststaaten blicken einer finsteren Zukunft entgegen." Der Mythos des alten Westens wurde wieder heraufbeschworen. "Alteingesessene Bewohner befürchten das Ende ihrer geliebten Lebensweise. Sie sagen, "*jetzt wissen wir, wie sich die Indianer gefühlt haben müssen.*"

Überall in den Prairien und auf den Bergen, von Montana bis nach Texas, waren die Sorgen die gleichen. Die Farmer verwendeten sogar dieselben Worte, mit denen sie jene Politiker verfluchten, die "ihr Landleben für einen Tod in der Stadt" opferten, sagte einer der alten Viehzüchter.

Auf seiner Ranch in Albany, Texas, fluchte Bob Green über das Eindämmen eines Prairieflusses mit dem Zweck, eine 50 Meilen entfernte Industriestadt mit Wasser zu versorgen. "Der Grund des Flusses war unsere Winterweide, die unsere Pferde ernährte. Jetzt müssen wir sie den ganzen Winter über selbst füttern, was ihnen lange nicht so gut bekommt. Das Ganze klingt wie *Begrabt mein Herz in Wounded Knee*. Die armen alten Indianer; sie müssen sich ebenso gefühlt haben, als wir sie vertrieben."

Er grübelte. "Ich glaube, wir werden nicht mehr lange in der Lage sein, über unser geliebtes Land mit unseren Pickup-Wagen (Kleintransporter) zu fahren." Die Landwirtschaft wurde immer "industrialisierter". Ursprünglich war sie mit einer Lebensweise verbunden, die jetzt vom Aussterben bedroht war und auch der Rancher gehörte einer aussterbenden Rasse an – wie früher die Indianer.

Ihr Gefühl, daß sie wie die Indianer behandelt wurden, entsprach vermutlich realen Tatsachen. Für viele Energiegesellschaften und Energieexperten der Regierung schien die Viehzucht ein nostalgischer Traum zu sein. Jene alten Homesteads* in den Prairien und das ländliche Leben insgesamt, standen dem Energiebedarf der Städte im Wege. Einige Rancher bezeichneten sich selbst als "Washingtons Weiße Mündel". Sie beschuldigten das BLM (Bureau of Land Management), sich wie ein "Weißes BIA" zu verhalten.

* öffentliches Land, das von der Regierung für Einzelpersonen oder Familien freigegeben wird zum Bau von Wohnhäusern und Farmbetrieben.

Die weißen Viehzüchter waren verwirrt darüber, daß die Regierung sie fälschlicherweise wie Indianer behandelte, die sie selbst ihr ganzes Leben lang verachtet, beleidigt und ausgelacht hatten. Doch es gab eigentlich keinen Grund, sich darüber zu wundern. Die Behandlung der Rancher als Bürger zweiter Klasse war das Ergebnis der Regierungspolitik während der Energiekrise. Sie folgte den Empfehlungen eines offiziellen Berichts, der von einem Kongreßausschuß 1970 herausgegeben wurde. Er trug den Titel *Ein Drittel des Bodens der Nation* und brachte sehr deutlich die beabsichtigte Politik im Bezug auf die Landgebiete im Westen der USA zum Ausdruck:

"Die Erforschung und Entwicklung der Mineralien soll gegenüber jeder anderen Verwendung unseres öffentlichen Grund und Bodens den Vorrang haben."

Die Energie des Grases war im Vergleich mit der Energie der Kohlenablagerungen sekundär. Der Bericht wies zwar darauf hin, daß "das Abmähen der großen Weiden schon immer Bestandteil der westlichen Szene gewesen ist, und auch die Viehzucht bei der Verwendung des öffentlichen Landes eine Hauptrolle gespielt hat"; aber diese Idylle aus Amerikas Vergangenheit war nichts weiter als Nostalgie und brachte keinen Profit. Es ging darum, den alten Westen gegen den neuen Westen auszutauschen, "denn die Produktive Entwicklung der Kohlenablagerungen ist die beste wirtschaftliche Nutzung des Landes." Die "primäre Nutzung" der Prairien und Wälder war fortan nicht mehr länger die Viehzucht, sondern der Kohlentageabbau.

Und damit begann das "Neue Zeitalter der Kohle", wie es die Zeitschrift *Fortune* ausdrückte. Unter den Weiden dieser Viehzüchter befand sich ein "Persischer Golf aus Kohle"; wenn man ihn in Elektrizität umwandelte, war er Billionen von Dollars wert.

Das Kohlenmeer würde die Prairien überfluten und mit einer riesigen Woge sämtliche ökologischen Gesetzmäßigkeiten hinwegschwemmen, die seit Generationen dieses Land beschützten. Die "Einschränkungen bezüglich der Verpachtung von Kohlenablagerungen auf öffentlichem Land" sollten "sofort aufgehoben" oder "modifiziert" werden, empfahlen die ungeduldigen Ausschußmitglieder. Nach ihrer Meinung "verlangt das öffentliche Interesse, daß einzelnen Leuten nicht nur die Erlaubnis erteilt, sondern daß sie zusätzlich ermutigt werden, auf öffentlichem Land nach Mineralien zu suchen." Und der Bericht wies mit Nachdruck darauf hin, "diese Entwicklung nicht mehr länger hinauszuzögern."

Nicht nur die Viehzüchter sondern die gesamte Natur – die Wiesen und Weiden, Berge und Wälder – bekamen im Hinblick auf die "primäre Nutzung" des Bodens durch die Entwicklung der Energiequellen eine sekundäre Rolle zugeschrieben. Die Kommission führte aus: "Wir sind der Meinung, daß man die Umwelt berücksichtigen soll; aber die Vorschriften sollten nicht willkürlich angewendet, sondern stets in Zusammenhang mit einer Gewichtung der nationalen Bedeutung der Mineralien gebracht werden." Die Landgebiete sind nach der Entscheidung für die Durchführung des Vorhabens wiederherzustellen, und zwar auf der Grundlage eines sorgfältig durchdachten Kostenausgleichs". Das heißt im Klartext, die Kosten werden in Bargeld und nicht in Gras abgegolten. Und außerdem bedeutet "Rehabilitation nicht notwendigerweise eine Wiederherstellung".

Fortune schrieb, "man müsse das Land abschreiben". Und was würde dann mit den Viehzüchtern geschehen? Würde man sie auch einfach "abschreiben"?

Mit ihrer Stellungnahme verbalisierten die Ausschußmitglieder letztlich nur die ohnehin schon seit Jahren praktizierte Politik. Denn der Kongreßausschuß war bereits 1964 einberufen worden, also schon bevor die sogenannte "Energiekrise" zu einem beliebten Konzept wurde. Diese Politik spiegelte die Meinung von einigen der einflußreichsten Männer in Washington wieder, wie z.B. die der Senatoren Henry Jackson und Clinton Anderson, des Kongreßabgeordneten Morris Updall und Wayne Aspinall und die des Repräsentanten der Großindustrie, Laurence Rockefeller.

Sie machten den Vorschlag, unsere nationalen Prioritäten und Geschäftspraktiken zur allgemeinen Regierungspolitik zu erheben. Doch für ihr unverhohlenes Vorgehen wurden sie von den Viehzüchtern und Umweltschützern angegriffen. Angus McDonald, der Direktor der Forschungsabteilung der nationalen Farmergewerkschaft, bezeichnete die Ausführungen des Ausschusses als einen "Entwurf, nach dem 724,4 Millionen Morgen Land, das jetzt dem Volk der Vereinigten Staaten gehört, gemeinsam von Regierung und Großindustrie in Besitz genommen werden sollen." Bei dieser Politik handelte es sich um einen "Ausverkauf der Landgebiete des Westens und ihrer Energiequellen." Es war einer der "historisch gesehen umfassendsten Vorschläge für einen Landraub" und läutete den Tod sämtlicher Landbesitzer ein. Von jetzt an mußte man ein "gigantisches Industrieunternehmen" sein, um ein "Stückchen Land produktiv zu nutzen".

Logischerweise hatte der Kongreßausschuß auch empfohlen, den Homestead Act zu widerrufen (Anm.: ein 1862 erlassenes Gesetz, nach dem einem Siedler von der Regierung der Vereinigten Staaten ein Stück Land übertragen wurde, das dieser für den Eigenbedarf bebauen und bepflanzen konnte. Das Gesetz beinhaltete auch, daß diese Landgebiete von Zwangsverkäufen zur Tilgung öffentlicher Schulden ausgenommen waren.) Damit fand die Ära der kleinen Bauernhöfe und Viehzuchtfarmen ein Ende.

Diese Homestead-Farmen und Familienhöfe waren zu einem "landwirtschaftlichen Mythos" geworden, meinte die National Water Commission. Von Jahr zu Jahr nahmen diese landwirtschaftlichen Familienbetriebe ab. Nach den Schätzungen des Landwirtschaftsministeriums lebten im Sommer 1973 kaum 5% der Bevölkerung auf diesen Farmen. Es gab weniger als drei Millionen Höfe dieser Art im Land. Und von ihnen wiederum waren zwei Drittel (64 %) nicht in der Lage, ausschließlich von ihren eigenen Erträgen zu leben. Sie waren so klein und so schlecht ausgerüstet, daß ihre jährliche Produktivität einem Betrag von weniger als 2500 Dollar entsprach, von denen der Farmer selbst nur ein paar hundert Dollar verdiente.

Zu ihrem Schaden bekamen die armen Farmer auch noch den Spott des Landwirtschaftsministers: "Sie sind zwar das Salz der Erde, aber sie tragen nur wenig dazu bei, die städtische Bevölkerung zu ernähren." Die Bauern waren nicht einmal in der Lage, sich selbst zu ernähren.

Farmer und Farmland verschwanden. Stattdessen "verschlangen" die Highways, die Vorstädte, die Kraftwerke und die Kohlentageabbauminen jährlich etwa 750 000 Morgen fruchtbaren Ackerlands. Nach den offiziellen Schätzungen würden um das Jahr 2000 ungefähr 60 Millionen Morgen guten Farmlands verschwunden sein und ebenso 300 Millionen Morgen Grasland. Das "Zusammenschrumpfen" der Anbaugebiete und der Städte und der Bevölkerung auf dem Land wird sich zu einer nationalen Katastrophe auswachsen, warnte bereits 1965 Leon Keyserling, der frühere Vorsitzende des Beratungsgremiums für Wirtschaftsfragen des Präsidenten. Das ländliche Leben wurde der städtischen Lebensweise geopfert. Diese Entwicklung hielt er für wirtschaftlich ungesund und unmenschlich. "Es ist nicht die richtige Methode, die Hälfte der Leute auf einem Schiff zu retten, indem man die andere Hälfte ins Meer jagt," meinte Keyserling.

Die zugespitzte Situation erforderte ein rasches Eingreifen, aber nichts geschah diesbezüglich. Mit leidenschaftlicher Rethorik hatte Lyndon B. Johnson, der selbst früher Rancher gewesen war, den Kongreß beschworen, "das Gleichgewicht zwischen dem Leben auf dem Land und dem Leben in der Stadt wiederherzustellen." Das Thema 'Zurück zu den Farmen' war bei sämtlichen Präsidenten vor und nach Johnson sehr beliebt, doch seine Aufforderungen waren wohl nichts weiter als eine persönliche Angst; er machte keine bedeutsamen Programmvorschläge. Und nichts ist seither geschehen.

Der stellvertretende Landwirtschaftsminister Charles S. Murphy, einer der engsten Berater Präsident Johnsons auf dem Gebiet der Farmentwicklung, nahm sich bei seiner Einschätzung der Verhältnisse kein Blatt vor den Mund: "Ich halte es für einen Fehler, die Leute auf den Farmen zu halten, wenn es wirtschaftlich gesehen unsinnig ist." Wir sollten dazu bereit sein, "die Tatsache zu akzeptieren, daß es immer weniger Leute geben wird, die sich ihren Lebensunterhalt durch die Landwirtschaft verdienen können ... Gegenüber kleinen Landflecken haben wir keine moralische Verpflichtung."

Das war eine eindeutige Stellungnahme. In unserer Gesellschaft, in der sich die Menschen und die Macht in den Städten konzentrieren, war zwar die Erinnerung an das Leben auf dem Lande süß und heimelig, aber in der Realität hatte sie nicht dieselbe "nationale Bedeutung" wie die Werbung für Deodorant-Stifte, Cornflakes, Paper Moon und John Wayne Filme. Der Marlboro-Mann war mittlerweile nur noch ein Mythos der Medien.

Aber je unbedeutender die Viehzucht wurde, desto mehr wurde sie mystifiziert. Je weniger freies Land übrigblieb, desto häufiger träumten die Menschen in den Städten davon, aufs Land zurückzukehren. Ebenso wie der Untergang des Roten Mannes, so wurde auch der Untergang des Weißen Mannes mehr und mehr zu einer beliebten romantischen Vorstellung, die in dem Maße zunahm, wie er selbst aus der Realität verschwand.

Dieses Phänomen war nicht neu. Auch der Cowboy wurde zum Volkshelden zu einem Zeitpunkt, "als er selbst keine Kühe mehr besaß" und nicht einmal mehr "den Geruch von Kühen an sich trug," bemerkte einst Frank Dobie. Vorher wurde er als dumm, ungewaschen, unzivilisiert, ungehobelt und ungebildet betrachtet. Denn mit den Kühen ließ sich nur wenig Romantik verbinden. Erst als die Weiden eingezäunt, die Rinderherden nicht mehr von einem Ort zum anderen getrieben wurden und der Cowboy sich dadurch zu einer Figur aus vergangenen Zeiten entwickelte, trat er erneut in den Buffalo Bills Wild West Shows auf. Bald würde er in der "Ruhmeshalle für Cowboys" verewigt werden.

Ebenso erging es dem modernen Viehzüchter. Das Fernsehen machte aus ihm einen Volkshelden, nachdem sein Leben auf den Weiden bereits vernichtet worden war – durch das Fernsehen.

Kuhscheiße zu schaufeln ist nicht sehr romantisch, sagten sie. *Es sei denn, man kann es aus der Entfernung betrachten.*

Der "Kuh-Historiker" Edward Everett Dale hatte unrecht, wenn er in seiner *Romantik der Weide* davon schrieb, daß das Land im Westen weiterhin den "Duft vom Märchenhaften" beibehalten wird, auch wenn man “die grünen Prairien einzäunen und die zarten Blumen ausreißen wird”. Die romantischen Bilder, die er entwarf, überlebten nicht trotz, sondern gerade wegen der Naturschändung, die er befürchtete. Sie tauchten erst zu einem Zeitpunkt auf, als die grünen Weiden bereits eingezäunt, die zarten Blumen ausgerissen und die Viehzüchter verschwunden waren.

Diese Entwicklung hatte schon in den “Guten alten Zeiten” eingesetzt. Der Viehzüchter wurde seinerzeit im gleichen Maße idealisiert wie er verachtet wurde. Er war keineswegs “besser als ein Indianer” und in mancher Hinsicht sogar noch schlimmer. Er hatte “halbindianische Verhaltensweisen” schrieb Constance Rourke in den *Wurzeln der amerikanischen Kultur*, und zeichnete sich durch Rückständigkeit und Radikalität aus. “Von Colorado bis zum Pazifik werdet ihr kaum eine Gruppe von Viehzüchtern oder Minenarbeitern finden, die nicht den Arbeiterslang von Denis Kearney sprechen oder die derben Späße von Robert Ingersoll und die sozialistischen Theorien von Karl Marx im Munde führen”, rief der Prediger Josiah Strong aus, eine Art Billie Graham des 19. Jahrhunderts. Er war der Leiter einer Missionarsschule und schickte seine Missionare aus, um diese “weißen Indianer zu retten”. Das war eine ebenso wichtige Aufgabe wie die Missionierung der “minderwertigen Eingeborenen-Stämme”, denn die Viehzüchter waren in gleichem Maße “vertiert”.

In seinen *Ungepflügten Pfaden* parodierte der Cowboy-Künstler aus Montana, Charlie Russell, diese Sichtweise vom Wilden Westen in einem Dialog:

“Mama, essen die Cowboys Gras?”

“Nein, Liebes, sie sind Halbmenschen.”

Ursprünglich war das ein alter Indianerwitz, den sich die Weißen gegenseitig erzählten. Man hatte nur die Namen ausgetauscht, denn “Cowboy” war ein Schimpfwort, das auf der gleichen Ebene lag wie “Wilder” zu den Zeiten der Frontier. Die Cowboys zogen es deshalb vor, “buckaroo” (Kuhhirte) genannt zu werden, was einer Amerikanisierung des spanischen *vaquero* gleichkam. “Cowboy” war eine Beleidigung und wurde als Synonym gebraucht “für eine Anzahl von Verbrechen", schrieb ein Chronist aus Texas im Jahre 1850; es bedeutete "Geächteter", "Bandit" oder "unzivilisiert".

Vieles aus dem Erbe der Viehzüchter und Cowboys des Westens ist in Vergessenheit geraten. Oder es wurde durch die Ironie der Geschichte ausgemerzt, beziehungsweise lächerlich gemacht.

Die Bauern und Viehzüchter waren eine so lange Zeit in den politischen Reden und in den Romanen und Western-Filmen romantisiert worden, daß sie anfingen, sich allmählich selbst für das Salz der Erde zu halten. In Wirklichkeit waren sie schon immer Bürger zweiter Klasse gewesen, "Weiße Inskes". Die Lebensbedingungen des ländlichen Westens spielten für die Bedürfnisse der Eisenbahngesellschaften, der Landspekulanten und der Minenbesitzer stets eine untergeordnete Rolle. Die Landbewohner wurden vom amerikanischen Kongreß meistens ignoriert, bis zu dem Zeitpunkt, als sie anfingen, in Form von "Bauernrevolten" aufzuheulen, die ebenso häufig waren wie die "Indianeraufstände". Aber selbst dann noch neigte die Regierung im Osten dazu, den Zorn der Farmer als etwas Archaisches und Exotisches zu betrachten. "Wenn die amerikanischen Bauern in Massen ihre Pflüge verlassen und bedrohlich auf die Politiker zukommen, dann werden sie als Schwachköpfe bezeichnet", kommentierte der Historiker Dale Kramer in seiner Chronik *Die wilden Schwachköpfe*.

In dieser Weise verhielt es sich während des Höhepunktes der Bauernaufstände, als noch viele Menschen auf dem Lande lebten. Einer der Pioniere auf dem Gebiet der Farmerorganisationen, Dudley W. Adams, ermahnte die Prairiebauern und Viehzüchter im Jahre 1872, ihren "Hirtenmythos" von sich selbst zu vergessen: "Die Politiker lobpreisen mit Stentorstimme die 'ehrlichen freien Bauern', die 'Seelen des Landes', und überschwemmen uns mit diesem widerlichen und unsinnigen Zeug ... Wir haben genug von diesem professionellen leeren Gerede", zürnte er. "Wir müssen etwas dafür tun, um die alten Vorurteile zu vertreiben ... Daß der Bauer nur ein Tier sei, ist eine uralte abscheuliche Verketzerung."

Doch auch zu jener Zeit, als Amerika noch vorwiegend ein

Agrarland war, hatten die Menschen, die auf dem Lande lebten, kaum mehr Einfluß als heute. “Schaut euch die Zentralregierung und die Regierungen der einzelnen Bundesländer an, denen wir eine so große Verantwortung übertragen haben . . . Rechtsanwälte, Ärzte, Pfarrer, Studenten, Kaufleute, fast alle sind sie dort vertreten – bis auf die Bauern ... Was wir wollen ist eine neue Unabhängigkeitserklärung. Laßt uns verkünden, daß unsere Wohnsitze nicht mehr weiterhin die ‘Wohnsitze überarbeiteter Sklaven’ zu sein brauchen.” Wessen Sklaven? Die “Wall Street” hatte das Leben der “Witwen und Waisen” verpfändet, stand 1873 auf einem Flugblatt einer Bauernorganisation. Die “Geldinteressen” waren der Hauptfeind.

Adams Rede war das Echo jener beliebten Ballade der ersten Bauernorganisationen:

Brüder am Pflug, die Macht steht auf eurer Seite.
Überall schleicht die Unterdrückung herum und es wimmelt von Monopolen.
Ihre großen Krallen greifen bereits nach den Bauern.
Wacht auf! Wacht auf! Die große Welt muß ernährt werden.
Und der Himmel legt die Macht in die Hände, die das Brot halten.

Doch die Granger, Populisten, Greenbackers *(Anm.*: Politische Organisationen in den USA im 19. Jh., die sich für die Belange der Farmer einsetzten) und die Farmergewerkschaften waren nie mehr als politische Dissidenten, deren Aufstände keine großen Veränderungen herbeiführten. Sie existierten nicht sehr lange und waren kaum dazu in der Lage, die sich ausbreitende Urbanisierung einzudämmen. Seit der Shays-Rebellion im Jahre 1787 hatten die Farmer mit ihren Aufständen immer Niederlagen erlebt; es war ihnen nicht möglich, die Machtkonzentration in den Städten aufzuhalten.

Bis heute hat sich daran nichts verändert. . .

In der Prairie von Laramie in Wyoming protestierten die Viehzüchter gegen die Hochspannungsleitungen, die “ohne ihre Zustimmung" über ihrem Land gelegt worden waren. Das Bureau of Reclamation (*Anm.:* eine Abteilung des Innenministeriums, die für die Urbarmachung des Landes zuständig ist) hatte ganz einfach ihr Land "beschlagnahmt". Bereits vor zehn Jahren hatten die Viehzüchter einen ähnlichen Kampf geführt und ihn verloren. Deshalb waren sie jetzt unerbittlich in ihrem Widerstand. Aber auch diesesmal erlebten sie eine Niederlage. In der Nähe von Gilette organisierten sich die Viehzüchter, um gegen den Bau einer Eisenbahnlinie vorzugehen, auf der jeden Tag achtundvierzig mit Kohle beladene Waggons mitten durch ihre besten Viehweiden befördert werden sollten. Sie schworen sich, daß keiner ein Stück Land verkaufen sollte, bevor nicht die Mehrheit von ihnen zugestimmt hatten. "Wir wollen überhaupt nichts verkaufen", sagte Earl Scott. Doch er mußte sich mit den Tatsachen abfinden: "Irgendjemand wird bei der ganzen Sache das Nachsehen haben." Und genauso war es. Sie konnten den Bau der Eisenbahnlinie nicht verhindern. . .

Im Rosebudgebiet schlossen sich verschiedene Farmer- und Viehzüchterorganisationen zusammen und reichten bei Gericht eine Feststellungsklage ein. Sie sollte eine Entscheidung darüber herbeiführen, ob die Energiekommission der Bundesregierung tatsächlich die Rechte über die Wassernutzung der Energieprojekte in Colstrip besitzt. Das Gericht entschied gegen sie . . . Im Tal von Sarpy Creek verlangten die Viehzüchter eine gerichtliche Verfügung, die den Kohletageabbau durch die Westmoreland Kohlengesellschaft verhindern sollte. Sie verloren. . .

Im ganzen Westen verhielt es sich ähnlich. Wenn es den Viehzüchtern und Stadtbewohnern einmal gelang, gegen die Zerstörung der Umwelt etwas zu unternehmen, dann meistens nur deshalb, weil bereits im Sitzungssaal irgendeiner Abteilung in der Bundesregierung oder einer Energiegesellschaft eingeschätzt worden war, daß das Projekt nicht genügend wirtschaftlichen Profit abwerfen würde. Die Belange der Bevölkerung spielten bei den Erwägungen keine Rolle.

Bisweilen kam es auch vor, daß sich die etwas konservativen Viehzüchter mit ihren umweltbewußten Söhnen und

Töchtern aus den Städten zusammenschlossen. Dann wurden sie mit häßlichen Aufklebern verunglimpft, auf denen geschrieben stand: "Laßt die Bastards im Dunklen erfrieren".

"Im Theaterstück *Lil Abner* von Al Capp kommt eine Szene vor, in der die Bundesregierung beschließt, daß Dogpatch die unbedeutendste Gemeinde in den ganzen USA ist", erzählte der Viehzüchter Wallace McRae. "Dieses Dogpatch-Stigma haftet allen ländlichen Gebieten an. Es besagt, solange dort nur wenige Menschen leben, sind sie relativ unwichtig."

Niemand hörte auf die Landbevölkerung. "In der Stadt kann man keine Rinder aufziehen", sagte McRae. "Und ich glaube, ihr solltet unsere Fähigkeit nicht unterschätzen, Rinder, Weizen, Mais und Pinien weiterhin auf dem Land aufzuziehen und anzupflanzen." In seinen Worten klang das Gefühl von Verlust mit, der so unvermeidlich zu kommen schien wie die Abenddämmerung.

"Nach beinahe einem Jahrhundert ehrlicher Arbeit bin ich jetzt zu dem Schluß gekommen, daß die Anstrengungen meiner Familie es nicht sehr weit gebracht haben", meinte McRae. Aber er kämpfte trotzdem weiter für das Land seiner Vorfahren. "Ich glaube, wenn diese Pflanzen einmal zu ihrer vollen Größe herangereift sind, dann ist die Zeit gekommen, wo wir hier in Montana auf eine vernarbte Landschaft unter einem schmutzigen Himmel blicken werden. Überall wird es ausgetrocknete Flüsse geben und das Gebiet wird bevölkert sein von herzlosen und sozial chaotischen Menschen. Dann werden wir uns Vorwürfe machen, welche Idioten wir doch waren, die Ausbeutung des Landes nicht verhindert zu haben, als wir noch die Chance dazu hatten. Ein französischer Philosoph namens Raynal hat einmal gesagt: 'Es gibt eine unendliche Menge von politischen Fehlern, die, sobald man sie einmal akzeptiert hat, zum Prinzip werden können.' "

Die Philosophie von Wallace McRae glich der von Jerry Simpson, einem Kongreßabgeordneten der populistischen Partei aus Medicine Lodge in Kansas, der vor langer Zeit einmal gesagt hat: "Der Mann, dem die Erde gehört, besitzt auch die Menschen." Er soll auch den Ausspruch gemacht haben: "Der Mensch muß die Verfügung über Grund und

Boden haben oder er ist ein Sklave". Genauso empfanden die Viehzüchter im Tal von Rosebud ihre Situation. Sie kannten die Bedeutung von Ralph Waldo Emersons Weisheit: "Wenn ein Mensch das Land besitzt, dann besitzt das Land ihn."

"In der Sprache meiner Nachbarn, der Cheyenne Indianer, ist die Bezeichnung für den Weißen Mann die gleiche wie für Spinne – veho", sagte McRae. "Wenn ich mir das Netz von Hochspannungsleitungen, Eisenbahnlinien und Tagebauminen betrachte und die ganzen Giftstoffe, die wir durch unsere Aktivitäten absondern und die von ihren Lebenssäften ausgesaugten Flüsse, dann muß ich oft an die Weisheit der Indianer denken, die uns diesen prophetischen Namen gaben. Ja, es ist wahr, wir vereinen wirklich alle Merkmale eines veho oder einer Spinne in uns."

"Vielleicht empfinde ich so, weil meine Ranch und meine Lebensweise gefährdet sind. Vielleicht bin ich selbstsüchtig und wünsche mir, daß die Welt einfach an mir vorübergeht."

In der amerikanischen Geschichte war das ursprüngliche Ideal einer demokratischen Organisationsform die Bürgerversammlung einer Kleinstadt auf dem Land. Früher glaubte man, daß die Natur unseres Landes und unsere Demokratievorstellungen untrennbar miteinander verbunden seien; man war sogar der Ansicht, die Demokratie an sich sei aus unserer engen Verbindung mit der Erde hervorgegangen. In diesem Sinne schrieb Frederic Jackson Turner: "Die amerikanische Demokratie ist das direkte Ergebnis der Erfahrungen, die die (weißen) Amerikaner im Umgang mit dem Westen gemacht haben." Nach seiner Meinung hatten sich die Demokratievorstellungen nicht in den städtischen Gebieten herausgebildet.

Doch diejenigen, die von einer menschlichen und das Individuum berücksichtigenden Demokratie träumten, wurden mit jedem Jahr weniger. Es war nicht einfach, weiterhin auf Jeffersons Vorstellungen von einer ländlichen Demokratie zu vertrauen, wenn gleichzeitig das Land Jahr um Jahr durch das Anwachsen neuer Städte verwüstet wurde. Einer der wenigen Menschen, die ihr Vertrauen nicht verloren hatten, war Dr. Paul Taylor, ein weißhaariger emeritierter Professor an der volkswirtschaftlichen Abteilung der Universität Berkeley und ein Befürworter der kleinen und demokratisch aufgebauten Familienfarm.

"Die Frage, wem der Grund und Boden gehört, ist in unserer Nation nicht trivial. Sie ist vielmehr entscheidend für das Verständnis unserer Gesellschaft, unserer Wirtschaftsform und unseres politischen Systems. Unsere Vorfahren aus New England glaubten daran, daß eine weitgestreute Verteilung des Landbesitzes notwenig sei für die Art von Gesellschaft, die sie schaffen wollten. Und darum geht es hier in unserem Land," meinte Taylor.

Doch die meisten Menschen wußten nichts mehr von diesen Ideen, die früher einmal eine wichtige Rolle gespielt hatten und von denen der alte Mann jetzt sprach. "Aber sie werden wieder dahin zurückfinden. Sie fangen bereits an aufzuwachen. Dieses Thema hat mit unseren urbanen Problemen mehr zu tun als viele Leute glauben wollen," sagte Taylor. "Die Überbevölkerung und andere soziale Probleme, die unsere Städte belasten, stehen im Zusammenhang mit einem landwirtschaftlichen System, das viele Familien von ihren Farmen vertrieben hat." Und er betonte noch einmal den Gedanken, "daß das Land von denjenigen bepflanzt werden sollte, die darauf leben", andernfalls wird die ursprüngliche Bedeutung Amerikas verloren gehen.

Hier zeigte sich das Paradox: Wenn der Energiehunger der Städte den ländlichen Gebieten die Probleme aufzwang, dann würden notwendigerweise die Schwierigkeiten vom Land in die Städte zurückwandern, mit der Folge, daß dort die urbanen Probleme und der Energiehunger verstärkt werden. Das Problem resultierte also gerade aus seiner eigenen Lösung.

In den Ebenen und auf den Bergen des Westens konnte man das Gemurmel abweichender Meinungen vernehmen; noch war es so leise wie das sanfte Rauschen der Grashalme. Gouverneur Thomas Judge von Montana warnte davor, den Westen in eine "Kolonie" der Ostküste umzuwandeln. Colorado soll kein "Kongo" werden, sagte der Gouverneur Richard Lamm. Die Rethorik traf die Wirklichkeit sehr genau.

Es herrschte ein "feindliches Klima" gegenüber dem Osten

der Vereinigten Staaten. Das könnte möglicherweise "zu einer Verzögerung oder vielleicht auch Verhinderung der Entwicklung neuer Energiequellen führen", berichtete das Office of Budget Management *(Anm.:* eine Abteilung im Weißen Haus, die für die Verwaltung des Staatshaushaltes zuständig ist) dem Präsidenten. Und die Energiekommission der Bundesregierung fügte dem hinzu: "Nach der Ansicht einiger Leute wird der Westen für den Energiebedarf der restlichen Nation 'mißbraucht' ". Diese Einstellung der Staaten im Westen der USA könnte möglicherweise zur Folge haben, daß "dadurch die Erreichung unserer nationalen Ziele bezüglich der Energiegewinnung verzögert, wenn nicht gar untergraben wird."

In einer recht ungewöhnlichen Konfrontation mit dem stellvertretenden Innenminister äußerte der Gouverneur von Colorado schwerwiegende Anschuldigungen: "Ihr verplant den Westen! Eure Entscheidungen verplanen ihn bereits! Ihr bestimmt darüber, an welcher Stelle neue Städte entstehen und wo die alten Städte sterben sollen. Ihr verplant den Westen!" Gouverneur Ed Herschler aus Wyoming stimmte ihm zu: "Ihr fangt erst an mit uns zu reden, nachdem ihr in Washington bereits eure Entscheidungen getroffen habt." Und Gouverneur Judge fragte hinterlistig: "Was passiert wenn wir nein sagen?" Ein anderer Gouverneur aus dem Westen stellte etwas traurig die Frage: "Wieviel Zeit gebt ihr uns noch?"

Für viele Viehzüchter und Farmer war es bereits zu spät. Ein Gefühl von Hoffnungslosigkeit verdunkelte wie eine Wolke die Prairien und Berge der westlichen Staaten. J. Homer Jackson, der Eigentümer einer kleinen Bank in Rifle, Colorado, die sich auf Darlehen für landwirtschaftliche Betriebe spezialisiert hatte, meinte dazu: "Niemals zuvor hat es in der Geschichte dieser Nation eine Zeit gegeben, in der das wirtschaftliche Überleben der Bauernfamilien gefährdeter war als jetzt." Ökonomisch und politisch betrachtet, ist die Landbevölkerung von der Ausrottung bedroht. "Wir sind am Ende".

"Es waren die Farmer und die Geschäftsleute in den

Kleinstädten, die Amerika zu einer starken Nation gemacht haben", fuhr er fort. "Aber wenn sich der Reichtum in der Wall Street konzentriert und die Populisten kein Geld verdienen können, wird es zu einem Auseinanderbrechen der Nation kommen."

Er selbst war vor siebzig Jahren unter freiem Himmel auf der Prairie geboren worden. "Ich habe schon viele Veränderungen erlebt", sagte er. Aber jetzt schienen die Nachkommen der Pioniere an der Frontier am Ende der Straße angelangt zu sein. Und das wußten sie. "Wenn sie nicht mehr weitergehen können, verkaufen sie alles, was sie besitzen. Viele von ihnen werden wegziehen müssen."

Die neue Einwanderungswelle von Flüchtlingen aus den sterbenden Städten an der Ostküste in den Westen war ein weiteres böses Vorzeichen auf den herannahenden Tod. Sie kamen bereits als Leidtragende und schleppten ihre Särge mit sich. Fast alle von ihnen waren Städter und besaßen dementsprechende Bedürfnisse. Deshalb ließen sie sich auch vorwiegend in den urbanen Gegenden nieder. "Die sonnigeren Gegenden müssen sich jetzt mit dem Abwanderungsboom aus dem Osten auseinandersetzen – mit der Umweltverschmutzung, dem Verkehrschaos, den sozialen Spannungen und der anwachsenden Kriminalität", kommentierte die *Washington Post* die Entwicklung. Denn "die letzten Frontiergebiete fangen an übervölkert zu werden" von Stadtmenschen, "die sich auf den Weg in die Berge machen". Diese neue Wanderungsbewegung war weniger eine Wiederbelebung des Westens als vielmehr eine Art Begräbniszug.

Die kleinen Farmer- und Viehzuchtstädte starben eine nach der anderen aus; sie zogen weiter wie die Jahrmärkte auf einer Landstraße. In den Prairien waren die Hauptverkehrsstraßen leer. An dem alten Gemischtwarenladen stand ein Schild, auf dem für einen neuen Supermarkt in einem viele Meilen entfernten Einkaufszentrum geworben wurde. Die Bank machte den Eindruck eines muffigen Antiquitätenladens und das kleine Filmtheater war schon seit langem abgerissen worden und an seiner Stelle ein Parkplatz entstanden.

Selbst die alten Bahnhöfe waren mit Brettern verriegelt.

Wer benutzte sie schon, wenn ohnehin so viele Leute weggezogen waren und nicht mehr wiederkamen?

In dem Cafe in der Stadt Ashland in Montana, die inmitten der Kohlentageabbauminen gelegen war, heulte aus einem Radio ein 'Western-Klagelied' aus dem Musical The Fifth Dimension.

Sie machen die Straßen kaputt in denen ich aufgewachsen bin.
Als ob man Brandy in eine Feldflasche schüttet,
so pflastern sie Teile von mir mit Zement zu.
Aber für das Töten von Erinnerungen gibt es keinen Richter.

Ein Cowboy schaute verbittert von seiner Kaffeetasse auf. Er starrte das Radio an als wäre es sein Todfeind. Dann senkte er wieder seinen Kopf und schüttete seinen Kaffee runter. Er wußte genau, wenn er aufstehen würde und die Musikbox zertrümmern, wären die Worte des Liedes immer noch in der Luft:

Asche zu Asche, Staub zu Staub,
So wurde der Westen erobert.

Wenn wir sterben, stirbt Amerika

Manifest von Boyd Charter, Farmer in Montana.

Der alte Boyd Charter war ein "gestandenes Mannsbild". Er war einer der letzten jener altmodischen Farmer, die noch mit beiden Beinen auf der Erde standen und wußten, was sie wollten. Und er gehörte zu jenen Männern, die so autonom und selbständig wirken, daß es schon fast unwirklich erscheint, aber er war alles andere als unwirklich. Vielmehr war er der drahtige, unverwüstliche, aufrichtige, freimütige, zähe, jungenhaft höfliche und scheue Mann, der zusammen mit anderen den Westen zu dem gemacht hatte, was er einst war.

Er gehörte zu dem Schlag von Männern, die immer einen vier Tage alten Bart im Gesicht zu haben scheinen.

Einige würden ihn wohl als Relikt aus einer unmöglichen Vergangenheit bezeichnen, so verdammt konservativ wie nur irgendetwas, mit Ideen, die so hart wie Stahl waren, mit einem Gesicht, das so zerfurcht wie ein alter lederner Sattel war, der Züchter von Rodeo-Pferden und amerikanischen Träumen, dessen Äußerungen beißend und scharfzüngig waren, und dessen Blick stahlhart erschien.

Es stimmte auch, daß er noch vor wenigen Jahren ein "Theodore Roosevelt-Republikaner" gewesen war; bis er dann herausfand, daß die "verdammten – man möge mir diesen Ausdruck vergeben – Republikaner gar keine echten Konservativen sind". Nein, das sind sie wirklich nicht; sie glauben nämlich, daß es fortschrittlich sei, wenn sie unser Land ausbeuten und durch den Kohleabbau zerstören – und damit verhalten sie sich ebenso wie alle anderen".

"Wenn du mit diesem alten Soundso redest, dann kannst du nur hoffen, daß das, was er sagt, nicht zu bissig und scharf ist; falls das doch der Fall ist, dann kann ich dir nur wünschen, daß du genügend Wasser zum Hinunterspülen dabei hast", hatte mir Cliff Hansen gesagt. Senator Clifford P. Hansen aus Wyoming hatte in seiner Jugend auf der Farm seines alten Nachbarn Boyd Charter als Cowboy gearbeitet.

Seine Worte waren nicht nur scharf, sie waren beißend.

Hier ist, was er mir sagte:

Mein Vater spannte die sechs Pferde hinter unsere Wagen; dann trieb er sie zusammen mit meinem Onkel inmitten des Flusses stromabwärts, gefolgt von der Viehherde. Damals gab es keine Straßen; und auch keine guten Wege für die Wagen. Es gab kaum Städte. Wir waren eine der ersten Familien, das heißt "weißen" Familien, die sich in jenem Teil von West-Wyoming ansiedelten, der heutzutage Jackson Hole heißt.

Als wir dorthin kamen, trafen wir das Land genauso an, wie die Indianer es verlassen hatten.

Das Gras stand hoch. Die Städte waren größtenteils nur wegen der Rinder und Cowboys gebaut worden. Die Cowboys arbeiteten meistens auf den offenen Weiden. Das Land war schön, noch viel schöner als man es sich vorstellen kann. Wir hatten reine Luft, reine Menschen, saubere Politik. In jenen Tagen stand ein Mann zu seinem Wort, das er einmal gegeben hatte. (Seine Frau flüsterte mir über den Küchentisch hinweg zu, daß dies vor allem unter Freunden so sei.) Sagen wir zum Beispiel, ein Mann hielt sich nicht an sein Wort; die Leute würden deshalb nicht etwa mit ihm streiten. Nein – vielmehr gingen sie einfach hin, um ihn zu erschießen. Ich glaube, das war eine ganze Ecke besser, und ehrlicher. Auf diese Weise würden einige der Politiker, die da in Washington sitzen, nicht einen einzigen Nachmittag hier draußen im Westen überlebt haben.

Derjenige, der mit der Erde in so enger Verbindung lebte, mußte auch so aufrichtig wie diese Erde sein.

Ich erinnere mich, wie ich als junger Mann im gesamten Gebiet von Wyoming Wildpferde zusammentrieb. Und überall waren riesige Herden. Im ganzen Bundesstaat gibt es kaum einen Farmer, den ich von jenen Tagen her nicht persönlich kennen würde. Kaum ein Tal, einen Berg oder einen Canyon, der mir nicht vertraut wäre. Ich durchritt dieses Land auf dem Rücken meiner Pferde, als es noch ebenso frei und unberührt erschien wie an jenem Tag, als es erschaffen und geboren wurde. Jede einzelne Meile dieses Landes habe ich gekannt. – Das ist nun alles vorbei.

Wenn ich daran denke, was sie in Wyoming angerichtet haben, ist mir nach Weinen zumute. Das ganze Land ist von Zäunen durchzogen. Das ganze Land ist übersät mit Straßen und Autobahnen, Tankstellen, Einkaufszentren und übertriebenen Hotels für Sommerfrischler, Touristen und deren Eigentumswohnungen mit x Stockwerken. Ich kann kaum weiter davon erzählen. Mir ist, als müßte ich etwas Verlorengegangenes beweinen.

Sie pflügten unsere Prairien um. Sie fällten unsere Bäume. Sie erstickten das Gras unter Beton. Sie verschmutzten unser Wasser. Es betrübt mich zutiefst, zu sehen, was heutzutage mit unserem Land los ist und wie die Rockefellers und wie sie alle heißen, Jackson Hole zerstört haben. Es betrübt mich einfach, wenn ich das so sehe. Deshalb verkaufte ich die Farmen meines Vaters und haute ab. Er hatte mir drei gute Farmen unten in Jackson Hole hinterlassen. Nun, ich haute ab und zog nach Montana, um in Ruhe gelassen zu werden. Aber sie lassen einen nicht in Ruhe.

Und jetzt beginnen sie mit dem Kohleabbau in Montana.

Jeder hat Angst vor der Kohle.

In alten Zeiten war es noch so, daß, wenn zum Beispiel ein Nachbar zu Besuch kam oder man einen Farmer, den man kannte, in der Stadt traf, man sich dann mit ihm zusammensetzte und über dies oder jenes redete – über den Preis von Kälbern in Chikago, ein Pferd, das man soeben gekauft hatte, darüber, welchen Schaden der Wind dem Dach zugefügt hatte und über die Familie – man redete eben über Familienangelegenheiten. Und das war ein so gutes Thema, daß man immer darüber reden konnte. Wenn dagegen heutzutage die Farmer zusammenkommen, dann ist ihr einziges Thema die Kohle.

Kohle! Diese verdammte Kohle! Diese gottverdammte Kohle! Mir hängt es so zum Halse raus, dauernd über Kohle, Kohleabbau und Kraftwerke zu reden!

Eines Nachmittags saß ich hier in meinem eigenen Haus, als dieser Kerl von einer dieser Energiegesellschaften an die Tür kam. Er wußte, daß ich Gegner des Kohletagebaus war. Und er sagte zu mir: Wieviel soll ich dir geben, damit du den Mund hältst?

Sie sind der Überzeugung, daß sie alles und jeden mit ihrem Geld kaufen können. An diese Kohle ist so viel Geld geknüpft, wie es sich der Durchschnittsbürger überhaupt nicht vorzustellen vermag.

Ein gutes Beispiel dafür ist meine Farm, die aus mehreren Parzellen besteht, von denen jede 640 Morgen groß ist. Und ich besitze schon etliche Parzellen und meine Farm ist recht groß. Ja nun, unter jeder Parzelle befindet sich eine drei Meter starke Kohleschicht, die damit allerdings im Durchschnitt weniger umfangreich als andere Kohleschichten im Westen ist. Ich beauftragte einige Leute, die sich damit auskennen, herauszufinden, wieviel die Kohle unter einer Parzelle den Kohlegesellschaften wert ist. Und sie rechneten aus, daß die Kohle unter dieser einen Parzelle 170 Millionen Dollar wert ist.

Das bedeutet 170 Millionen für jede Parzelle – und wie ich schon gesagt habe, besitze ich etliche davon.

Wenn man jetzt diese 170 Millionen mit den Millionen Parzellen der Farmen multipliziert, die in Montana, Wyoming,

Nebraska und Dakota liegen, dann kommen zum Schluß Billionen von Billionen Dollars heraus.

Das ist genau der springende Punkt von Watergate, meine ich. Wenn nur jemand die Mittel hätte, um herauszufinden, wieviel Haldeman, Ehrlichman, Nixon und die gesamte andere Rotte mit der Genehmigung zum Kohleabbau zu schaffen haben! Dabei könnte sich vielleicht herausstellen, daß die Energiekrise das größte politische Glanzstück aller Zeiten ist – das dazu dient, Leute zu Millionären zu machen. Ich meine, daß sich dabei weiterhin zeigen würde, daß die gesamte Watergate-Rotte bis über beide Ohren in diesen Kohle- und Energiegeschäften steckte. Ich glaube, daß in dem Versuch, die Watergate-Affäre geheim zu halten, auch der Versuch steckt zu verbergen, daß die Regierung ihr eigenes Land an Unterhändler und Planer verscherbelt hat.

Im Vergleich dazu macht sich die Teapot-Dorne-Affäre nur sehr gering aus. Da ging es um Millionen, aber hier um Billionen. Einige der Kohle-Leute behaupten, wir Farmer seien deshalb gegen den Tagebau, weil unser Landbesitz ja nicht gleichzeitig das Recht auf die unter der Erde liegenden Bodenschätze beinhalte. Darauf kann ich aber nur erwidern, daß sie die größten Lügner sind, die die Vereinigten Staaten jemals hervorgebracht haben.

Es würde für mich keinen Deut Unterschied ausmachen, ob ich dieses Recht auf die Bodenschätze hätte oder nicht, denn niemand wird mir mein Land nur wegen dieses verdammten Geldes zerstören. Jeder, der darin anders denkt, weiß nicht, wie wir Farmer denken. Viele Farmer haben Angebote ausgeschlagen. Ich selbst habe eben in diesem Jahr einen Öl-Vertrag abgelehnt.

Zugegebenermaßen sind viele Farmer in Montana und Wyoming Schwindler und Betrüger – große Gesellschaften aus den Oststaaten sind das, die das Land aufkauften und jetzt achtlos damit umgehen. Das einzige, was sie achten, ist Geld. Der waschechte Farmer dagegen, der mit seinem Land seinen Lebensunterhalt bestreitet, der Schafe oder Rinder hält, Weizen anbaut oder sonst etwas macht, ist alles andere als ein Betrüger. Er versucht vielmehr, seine Lebensart zu bewahren, und sein Land zu retten.

In der Vergangenheit ist es immer so gewesen, daß selbst wenn man auch die Erde ausgebeutet hatte, dennoch immer wieder die Chance einer Wiedergutmachung bestand. Es mag manchmal Jahrhunderte gedauert haben, bis das Land wieder in seinem ursprünglichen Zustand war, aber wir brachten es dennoch fertig. Wir hätten auch den Büffel wieder hier beheimaten können, wenn wir es nur gewollt hätten. Und wenn wir gewollt hätten, hätten wir das Land auch wieder auf den Stand bringen können, in dem es die Indianer zurückgelassen hatten.

Jetzt bin ich jedoch skeptisch geworden ...

Wenn sie wirklich das durchziehen, was sie beabsichtigen – das heißt, im ganzen östlichen Teil der Rocky Mountains Kohle abbauen, zum Zwecke des Exports unser gesamtes Waldgebiet abholzen, all unser Wasser für ihre Kraftwerke aufbrauchen, all unsre Bergluft verunreinigen und verpesten – dann meine ich, daß dies unsre letzte Chance ist, etwas zur Rettung Amerikas zu tun. Dieses Land wird so sehr zerstückkelt und zerstört werden, daß letztendlich nichts mehr übrigbleibt, was es zu retten gibt.

Warum können zumindest wir als Bürger diesem verdammten Prozeß nicht Einhalt gebieten! Bevor es zu spät ist! Bevor Amerika in Trümmern liegt!

Auf meiner Farm ist noch alles so, wie es eh und je gewesen ist. Hast du je den Film "Little Big Man" gesehen? Einen Teil davon drehten sie auf meiner Farm. Der Regisseur erzählte mir, daß sie ganz Montana nach einer Farm abgesucht hatten, die genauso wie vor hundert Jahren aussah, als Custer hier durchzog. Eine Gegend, wo das Büffelgras noch hüfthoch stand, wo noch alles echt und authentisch war. Meine Farm war der einzige Ort, auf den das zutraf. Und ich bin stolz darüber.

Wir leben in einer Blockhütte, und du denkst vielleicht, daß das ganz schön primitiv ist. Ich aber meine, daß wir wieder lernen müssen, zu leben, uns selbst um all unsere Angelegenheiten zu kümmern, unser Leben selbst in die Hand zu nehmen, auf unserem Land zu leben und Achtung davor zu haben.

Manchmal fragen mich die Leute: Wirst du vielleicht wie die Indianer?

Ich antworte darauf: Was soll falsch daran sein? Die Indianer hatten die richtigen Vorstellungen und wir die falschen.

Ich weiß nicht, ob du das hier jetzt hören willst. Wenn ich sage, was ich sagen werde, bevor ich noch meine Rede beende, kann es sein, daß du es nicht hören willst. Aber ich werde es trotzdem sagen: Ich bin ein so anständiger und aufrechter Amerikaner wie nur irgendwo einer in den Vereinigten Staaten. Aber wenn, wie es in unserem Land geschehen, alles von unehrlichen Politikern zerstört und ausgebeutet wird, so glaube ich, daß diese Regierung, so wie sie ihre Geschäfte derzeitig betreibt, gestürzt werden sollte.

Der Ausdruck "die Regierung sollte gestürzt werden" klingt zugegebenermaßen recht drastisch, und ich bin alles andere als ein Kommunist. Ich will damit auch nicht ausdrükken, daß sie gestürzt werden soll, um sie dann in ein kommunistisches, sozialistisches oder irgendein anderes System umzuwandeln. Vielmehr meine ich damit, daß sie in der Form, wie sie heutzutage operiert, gestürzt werden und wieder zu dem gemacht werden soll, was in der Verfassung geschrieben steht.

Ich behaupte, daß die Verfassung das großartigste Schriftstück ist, das je in der Geschichte unseres Landes entstanden ist. Aber die Regierung der Vereinigten Staaten operiert auf alle nur erdenkliche Arten, bloß nicht gemäß der Verfassung der Vereinigten Staaten. Wenn ich deshalb sage, daß man die Regierung zusammen mit den verantwortlichen Leuten stürzen sollte, meine ich damit, daß man Leute an die Regierung bringen sollte, die gemäß der Verfassung arbeiten.

Ich behaupte, daß wir erst einmal anhalten und stillstehen müssen. Und für die Erhaltung Amerikas kämpfen müssen. Wir haben keine andere Wahl. Wir stehen mit dem Rücken zur Wand. Falls wir verlieren, werden wir die letzte Generation sein, die der Westen gesehen hat. Nirgendwo mehr werden sich neue Wege eröffnen. Nirgendwo, wo wir hingehen könnten. Nirgendwo, wo wir uns hinflüchten könnten. Nirgendwo, wo wir uns verstecken könnten.

Wenn wir sterben, wird Amerika sterben.

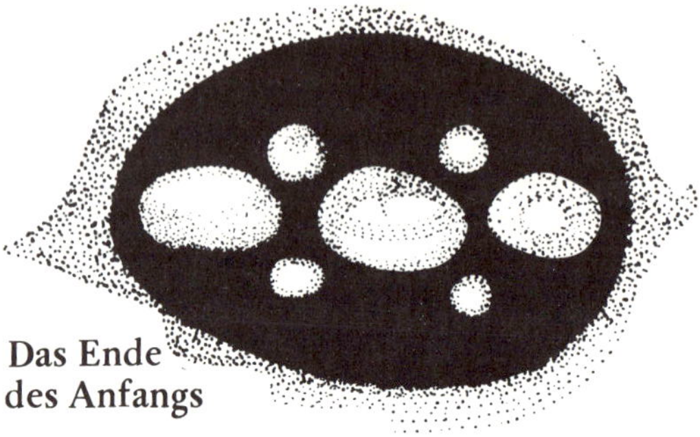

Das Ende des Anfangs

Nicht der Mensch bewegt sich im Raum; vielmehr ist es der Raum, der sich im Menschen bewegt.

Was bedeutet das?

Des Menschen Flug ins Weltall ist sehr gefährlich.

Warum?

Es liegt nicht im Ermessen des Menschen, den Raum, in dem er sich befindet, zu überwinden. Er selbst ist Raum. Und wenn er in den Himmel eindringt, wird der Himmel in ihn eindringen. Und er wird ein anderer Mensch werden.

Wer wird er dann sein?

Der Mensch hat schon in verschiedenen Welten und unterschiedlichen Erscheinungsformen gelebt. Ich glaube, daß ihr Wissenschaftler das nicht versteht. Sie sehen nicht, wie Veränderungen vor sich gehen.

Der Mensch weiß erst dann, daß er altert, wenn er alt geworden ist.

Es schien, daß der alte Mann wirklich alt war. Vielleicht erschien er auch durch das, was er sagte, älter. In jenem Jahr hatte man den ersten Sputnik ins All geschossen, und jeder redete davon und fragte sich, was es wohl zu bedeuten hätte. Der Hopi war auf seine ruhige Art und Weise beunruhigt; er hatte auf seiner Reise in die Stadt von diesem Ereignis gelesen, und je mehr er jetzt darüber nachdachte, desto mehr beunruhigte es ihn.

Beunruhigt es dich sehr?

Die Menschen, der Weiße Mann, wird zum Mond gehen. Und wenn er dort oben angelangt ist, wird er dann den Mond genauso wie die Erde durchwühlen? Wenn ja, wird der Mond dann vom Himmel fallen und verbrennen? Es kann schon sein, daß der Mensch das fertigbringt.

Aber warum?

Der Mensch weiß, gemessen an dem vielen, das er tut, zu wenig. In jenen Tagen waren die Straßen, die zu den Dörfern der Hopis führten, noch nicht gepflastert. Ein Regensturm war in den Bergen niedergegangen und hatte eine Brücke, die über eines der großen Flußbette führte, weggefegt. Deshalb mußten die Autos hinunter in dieses Flußbett und über den Sand fahren, um zur anderen Seite zu gelangen. Einige taten das auch, und so war es eben, in jenen Tagen. Nicht etwa, daß es irgendjemand etwas ausgemacht hätte – denn es gab sowieso wenig Autos. Auf den Mesas, wo die Hopis lebten, gab es keine Elektrizität, kein Telephon, keine Wasserleitungen, kein Fernsehen, kaum Radios. Aber es gab endlosen Raum und endlose Zeit.

Und so ließen wir uns unter einer Pappel inmitten der Sommerhitze und dem Staub aus dem Dorf nieder und unterhielten uns über das Vorhaben der NASA und sowjetischer Forscher, ins Weltall vorzudringen, und was geschehen würde, wenn es wiederum in sie vordringen würde.

Der alte Mann sagte:

Der Mensch sollte den Mond nicht betreten. Und wenn er es trotzdem tut, dann bedeutet das vielleicht, daß damit der menschlichen Zivilisation ein Ende gesetzt ist.

Er schwieg für einige Zeit.

Und vielleicht, fuhr er fort, beginnt dann eine andere.

Ich habe seither oft darüber nachgedacht: In seinem Drang, die Welten anderer zu erobern, verliert der Mensch die Fähigkeit, mit seiner eigenen in Einklang zu leben. Und mit sich selbst in Einklang zu leben. Vielleicht war er der Überzeugung, die Welt besiegt zu haben, aber vielleicht hat die Welt ihn besiegt. Der Mensch bewegte sich in seiner Unwissenheit und seinem Hochmut so weit über die Grenzen seines mageren Wissens über das Leben hinaus, daß er dabei Kräfte entfesselte, die er weder begriff noch in seine Kontrolle bringen konnte. Und am Ende wurde er von seiner eigenen Arroganz gedemütigt. Der Erfolg und die Herrlichkeit seiner Zivilisation wirkten sich letztendlich zerstörerisch auf die Zivilisation selbst aus.

Der Kreislauf allen Lebens – dem Menschen ist darin nur ein Augenblick zugeteilt.

Genügt das nicht?

Der Mensch steht auf der Stufe eines Tieres.

Zivilisationen wachsen und vergehen mit den Jahrhunderten. Die Schöpfungen und Erfindungen des Menschen sind sehr leicht vergänglich. Gleichgültig, wie majestätisch seine Königreiche, wie gründlich durchdacht seine Vorstellungen von ewigwährenden Städten und wie göttergleich seine Wissenschaften und Religionen sind – die Errungenschaften des Menschen scheinen nicht länger zu überdauern als die der kleinsten Insekten. Vielleicht sogar weniger lang. Die Grashüpfer und Schmetterlinge in Rom haben sicherlich die Caesaren überlebt.

Aber obwohl jedermann weiß, daß Zivilisationen kommen und gehen, so scheint doch der Mensch im Westen zu glauben, daß ihm so etwas niemals passieren wird. Er wird alle Zeiten überdauern. Er wird so unsterblich wie der besagte Grashüpfer sein.

Die Ruinen des römischen Reiches, der Mayas, Byzantiner, Ottomanen, Inkas, des islamischen und ägyptischen Reiches, von Ghana, Nigeria, Spanien, der Azteken, Engländer, Griechen und Perser und die mongolischen Zivilisationen der großen Khane – sie alle sind sichtbare Zeugen für uns. Ist es etwa irrig zu behaupten, daß die Kultur des Weißen Mannes in Westeuropa, die während vierhundert Jahren über so weite Teile der Erde geherrscht hat, auf dem besten Wege ist, eine ebenso prachtvolle Ruine zu werden? Ihre Zeit auf der Erde hat sie vielleicht nicht deshalb verwirkt, weil sie es versäumt hat, ihre Ziele zu erreichen, sondern viel eher, weil sie zu großen Erfolg dabei hatte.

Obwohl es scheint, daß die meisten Kulturen es zu spüren scheinen, wenn der Augenblick ihres Untergangs gekommen ist, so scheinen doch nur wenige wirklich zu begreifen, was sie spüren. Von denen wiederum sind es noch weniger, die akzeptieren, was sie begreifen.

In den unwegsamen Bergzügen der Wüstengebiete von Chihuahua im nördlichen Mexiko findet sich solch ein Zeugnis, das die Weigerung des Menschen symbolisiert, das zu begreifen, was er sieht – ich meine damit die Stadtstaaten von Casa Grandes. Einen davon errichteten um das Jahr 900 die reichen Handelsherren der Tolteken oder Azteken. Er existierte etwa vierhundert Jahre, bis ca. 1340 die Herrscher die Stadt verließen und die Bewohner aufs Land flohen. Dabei gingen die Geschäftsviertel zugrunde, sämtliche Produktionsstätten gingen bankrott und die gesamte Kultur ging mit solch einer Geschwindigkeit unter, daß es bis zum heutigen Tage noch in vielen Teilen rätselhaft erscheint.

Die "Puchtecas", das Nahuati-Wort für "Kaufleute" hatten die Leute aus dem umliegenden Land und den Stämmen in die Stadt abgeworben, wo sie dann in einer für sie völlig unnatürlichen Umgebung, das heißt in mehrstöckigen Stadthäusern, lebten. Die maßgebenden Baumeister entwarfen für die Menschen Wohnungen mit eingebauten Betten, Kochstellen, Fenstern und Türen. Auf diese Weise blieb den Leuten, die bisher immer selbst ihre Umwelt gestaltet hatten, nichts anderes übrig als zu arbeiten. Und das taten sie dann auch. Es heißt, daß diese Art zu arbeiten ihre Familien und ihren eigenen Charakter zerstörte. Aber Hand in Hand mit dem Wachstum dieser Handelskultur ging auch das Wachstum der Stadt.

Und damit war der Anfang für ein eigenartiges Phänomen geschaffen. Die Handelsstadt, die ein wirkungsvoller und erfolgbringender Bestandteil der Kultur war, zerfiel auf Grund ihres Erfolges. Die dreistöckigen Häuser auf dem großen Marktplatz stürzten ein. Die Leute, die nur Pächter der Häuser waren, machten nicht einmal mehr den Versuch, den Schutt und die Toten zu beseitigen. Anstattdessen "lebten sie einfach oben auf dem Gipfel der Zerstörung".

Diese Aussage stammt von dem Anthropologen Charles

Di Peso, dem Leiter der Amerind-Stiftung unweit von Tucson in Arizona. Sein Archäologenteam hatte die Ruinen von Casa Grandes untersucht. Er meinte, daß "der physische Druck eigentlich hätte massenweise psychischen Druck erzeugen müssen, der wiederum zur Selbstzerstörung hätte führen sollen, aber es schien, daß dies nicht der Fall war". Der rein physische Zusammenbruch stellte offensichtlich keine Unterbrechung im künstlerischen Schaffen in der Klasse der Handelsleute dar. Und tatsächlich "verlor der künstlerische Stil nicht einmal an Niveau".

Es scheint gerade so, als hätten die Techniker und die Arbeiter, die Intellektuellen und Herrscher von Casa Grandes völlig unbekümmert bis zum letzten Augenblick weitergearbeitet. Niemand wußte, daß eines schönen Morgens im Jahre 1340 die Stadt verlassen sein würde.

Dieses Ereignis trat häufig am Ende einer Kulturepoche ein. Im 14. Jahrhundert, als die Epoche der Feudalherrschaft in Europa mit der Pest und dem hundertjährigen Krieg seinem Ende entgegenging, kam es, wie von der Historikerin Barbara Tuchman bemerkt, zu einem ganz ähnlichen Phänomen: "In der Periode des Niedergangs erstrahlte das höfische Leben in seinem hellsten Glanz; niemals vorher waren seine Zeremonien prächtiger, seine Lanzenturniere und sportlichen Turniere kämpferischer und mutiger, die Kleidermode glanzvoller, die Umgangsformen spielerischer und liebevoller, die Vergnügungen ausgelassener, die Selbstverherrlichung mit mehr Beredsamkeit ausgeführt. Gerade weil sämtliche Institutionen ringsherum am Zerbröckeln waren, entwickelte der Adel die Formen des höfischen Lebens zu ihrer höchsten Blüte." Somit feierten möglicherweise die Feudalherren Europas genau wie die Künstler von Casa Grandes mit alten Erneuerungsriten die Geburt einer neuen Kultur am Totenbett der alten.

Es ist schon eigenartig, daß die Pest der Feudalherrschaft Europas um das Jahr 1340 zum Verhängnis wurde, also just zur selben Zeit, als Casa Grandes in Amerika zusammenbrach. Währenddessen begann im Jahre 1342 mit der großen Hungersnot auf der anderen Seite des Erdballs, in China im

Reiche Kublai Khans, das große Sterben.

Anscheinend verläuft der Tod einer Kultur weniger unter Gewinsel, Gewimmer oder mit einem großen Knall, als eher unter einem letzten Auflodern all ihres Glanzes und ihrer Herrlichkeit. Totenwacht und Wehklage über den Untergang dieser Kultur sind dabei wahrscheinlich beim Tod eines Familienangehörigen ähnlich. Unter Beschwörung der Geister und ekstatisch-sinnlichen Gefühlsäußerungen wird dabei aus dem Tod neues Leben geboren.

Schon häufig ließen sich Männer in Büchern über das Jüngste Gericht bzw. über solche Zeiten des Niedergangs aus; dabei stellten sie sich vor, daß es sich nicht nur um das Ende ihrer speziellen Kultur handle, sondern um das Ende jeglicher Zivilisation schlechthin. In diesen Einbildungen sind Optimisten als auch Pessimisten Spiegelbilder voneinander; beide meinen sie nämlich, daß der Mensch Gott sei und somit entweder als Erschaffer oder Zerstörer des Lebens auftritt. Der Mensch ist jedoch weder das eine noch das andere. Die einfachen Leute sind da in ihren Auffassungen vielleicht bescheidener und weiser, aber sie haben ja auch niemals ein Buch über das Jüngste Gericht geschrieben. Auch kenne ich kein solches Buch, das je von einer Frau geschrieben worden wäre.

In unserer Zeit ist wieder einmal Weltuntergangsgeschrei zu hören. Blutige Szenen apokalyptischer Katastrophen sind inzwischen zur beliebten Unterhaltung geworden; dabei ist jedoch festzustellen, daß dieser "von oben gesandte" Untergang weniger von Naturkatastrophen verursacht wird als vielmehr von Schöpfungen aus Menschenhand – zum Beispiel einem Wolkenkratzer, einem Ozeandampfer, riesigen Flugzeugen. Und das Buch über das Jüngste Gericht verwirklichte sich nicht auf dem Weg über religiöse Prophezeiungen, sondern in den recht fruchtbaren Zukunftsentwürfen weißer Malthusianer und unkonventioneller Wissenschaftler, die den Glauben an die menschlichen Wissenschaftsgötter und auch an den Menschen selbst verloren hatten.

"Der Mensch an sich ist ein wunderbares Wesen, aber angenommen, man setzt ihn in ein Auto oder einen B-52 Jagdbomber, dann nimmt sich das Verhältnis zwischen seinen

Hirnwindungen und seinen Muskeln recht gering aus", meinte Georg Wald, Nobelpreisträger in Medizin und Physiologie und Harvardprofessor für Biologie. "Der Mensch hat die Kontrolle über seine physischen Kräfte verloren, und wie man sieht, fällt er mit rasender Geschwindigkeit tiefer und tiefer." Mit dieser Verzweiflung über den Verlust an Kontrolle gibt Wald die Hoffnung für das Leben an sich auf. "Wir befinden uns am Rande zu einer Katastrophe. Alles geht mit immenser Geschwindigkeit den Bach hinunter."

In dem "Bulletin of Atomic Scientists" betete der Physiker Bernard Feld wieder einmal die Litanei herunter, die allmählich mehr und mehr den Charakter eines Lobliedes auf den Glauben des Menschen an seine eigenen Errungenschaften angenommen hatten: "Die Welt geht gefährlichen Zeiten entgegen, vielleicht sogar dem gefährlichsten Zeitabschnitt in seiner gesamten Geschichte" – der Mensch würde wahrscheinlich seine eigene Wissenschaftstechnologie dazu benutzen, um damit seine Kultur zu zerstören.

Manche waren der Ansicht, daß er schon damit begonnen hatte.

"Mit unserer Kultur geht es abwärts", sagte Lewis Mumford. "Unserer Technologie, mit der wir immer die Hoffnung verbanden, daß sie den Menschen zu mehr Glück und Erfolg verhelfen und ihnen mehr materiellen Besitz zusichern würde, droht die Gefahr, das genaue Gegenteil zu bewirken." Selbst ein so beharrlicher Optimist wie Norman Cousins, der Herausgeber der "Saturday Review", drückte seine Befürchtungen aus: "Es gibt starke Anzeichen dafür, daß sich die Menschheit in einem Stadium allumfassenden Niedergangs befindet." Das bedeutete nichts anderes als den "Zusammenbruch der industriellen Zivilisation auf dem Planeten", meinte Alvin Toffler, der Autor von "The Future Shock". Kein Wunder, wenn der Anthropologe Leslie White deshalb schrieb: "Wir befinden uns am Rande zum Chaos – und zwar jetzt im Augenblick."

Im 14. Jahrhundert waren es die Mönche und Priester, die den Aufstand gegen die feudalherrschaftlichen Religionen führten, von denen sie glaubten, daß sie nicht gottgefällig seien. Und im 20. Jahrhundert waren es die Wissenschaftler und Intellektuellen, die den Aufstand gegen die Wissenschaft anführten, von der sie wußten, daß sie von ihr in die Irre geleitet worden waren. In seiner Bestürzung darüber verkündete Philip Handler, der Leiter der Nationalen Akademie der Wissenschaften, in einem Ton voller Zweifel, der eher zu einem empörten Papst aus der Renaissance gepaßt hätte: "Ganz offensichtlich stehen Wissenschaft und Technologie unter starkem Beschuß." "Die Bemühungen unserer Nation im Bereiche der Wissenschaft haben drastisch abgenommen", sagte er. Und ganz offensichtlich waren es Wissenschaftler, die diesen "Feldzug" begonnen hatten. Hierbei befand er sich jedoch im Irrtum. Nicht die Wissenschaft als eine Form der Wissenserweiterung war unter Beschuß geraten, sondern die Arroganz des Menschen, vor allem der Wissenschaftler unter ihnen, die sich für Götter hielten und somit außerhalb aller Gesetze der Erde stellten. In ihrem Versuch, die Erde unter ihre Kontrolle zu bringen, hatten sie den Kreislauf des Lebens durchbrochen. Ihr Hochmut war es, der eine Bedrohung für die gesamte Menschheit darstellte.

Sobald eine Kultur, die sich auf die Überzeugung gründet, daß der Mensch die Fähigkeit besitzt, das Leben zu beherrschen, diesen Glauben an die Göttlichkeit des Menschen einmal verloren hat, gibt es keinen Ersatz dafür. "Ein Gefühl von Hilflosigkeit tritt dann ein", sagte Georg Wald, "weil der Mensch zuerst alle Dinge beherrscht", und dann die "Kontrolle verloren hat". Wenn es keinen Glauben an die Sonne, die Erde, den Himmel, den Geist, sondern nur ausschließlich den Glauben an den Menschen gab – was geschah, wenn es mit diesem Glauben vorbei war?

"Wenn unsere Gegenfrage auf die Frage, ob es noch Hoffnung für den Menschen gäbe, lautet, ob es denn möglich sei, den Anforderungen der Zukunft gerecht zu werden, ohne einen erschreckenden Preis zahlen zu müssen – dann muß die Antwort lauten, daß es keine Hoffnung mehr für den Menschen gibt", schrieb der Historiker Robert Heilbroner in "An Inquiry into the Human Prospect" (Eine Untersuchung über die Zukunft des Menschen).

Eigenartigerweise waren die Prophezeiungen dieser Männer ähnlich denen unserer Vorfahren. Allerdings unterschieden sich die beiden in einem entscheidenden Punkt. Die Weissagungen unserer Vorfahren drückten zwar Schmerz aus, aber kein Gefühl des endgültigen Untergangs. Zu allen Zeiten bestand der Glaube an eine Wiedergeburt.

Als sich lange vor dem Jahre 1500 der Stammesrat der Creeks versammelte, erzählte man sich, wie der "vierbeinige" Mensch, der Weiße, "aus dem Meer käme, mit Augen aus Gold, einem Herzen aus Gewehrpulver und Whiskey in den Adern". Und er würde ihr Volk "beinahe" zerstören. Wenn er dann den ganzen Schaden angerichtet hatte, würde er zurück ins Meer kehren. Und ihr Volk käme dann wieder zurück. Und sie würden "bis in alle Ewigkeit am Leben bleiben."

In seiner Prophezeiung "The Warrior of the Rainbow" beschrieb der Eskimo William Willoya, wie die Indianer von den Weißen unterworfen wurden, "aber wie die lebensbejahenden Indianer alter Zeiten, werden die Indianer der Neuzeit ihrem eigenen Volk als auch anderen Rassen ihre unumstößlichen Werte wie Kameradschaft, Güte und Freundlichkeit zurückbringen. Wie sie zusammen tanzten. Wie sie gemeinsam in liebevollem Einklang ihre Mahlzeiten einnahmen! Wie sie voller Freude gemeinsam beteten und sangen! Dies alles wird auf eine noch bessere Weise in der neuen Welt wiederkommen."

Und der weise Mann der Lakotas, Lame Deer, sprach, nachdem er von dem Leid erzählt hatte, das der Weiße Mann über sein Volk gebracht hatte: "Wir Indianer sind es, die die Friedenspfeife haben. Wir müssen versuchen, die Pfeife für die ganze Menschheit einzusetzen, die sich auf dem Wege der Selbstzerstörung befindet. Wir müssen versuchen, den Weißen Mann vor sich selbst zu erretten."

Und die Hopi-Ältesten schrieben an Präsident Harry Truman, nachdem er die Massenvernichtung in Hiroshima gebilligt hatte: "Was ist nur aus deiner Religion geworden?" Trotzdem der Weiße Mann zum "Mörder und Zerstörer" geworden war und auch trotz seiner "wilden und rücksichtslosen Abenteuer, von denen wir wissen, daß sie uns in den totalen Zusammenbruch treiben werden", appellierten sie an ihn. "Wir sind niemandem feind." Alle Menschen waren einst Brüder. Obwohl die Zivilisation der Weißen viel zu kriegerisch war – "denn welche Nation, die zu den Waffen greift, brachte jemals seinem Volk Frieden", meinten die Ältesten – so waren es trotzdem die "Weißen Brüder". Wenn er schon seine eigene Zivilisation zerstört hat, dann wird er möglicherweise auch andere zerstören. Deshalb sprachen die Ältesten, "beeilen wir uns, und laßt uns all unsere Angelegenheiten regeln, bevor es zu spät ist."

Und in New York City sagte die Irokesenfrau Doris Melliadis: "Jetzt kommen sie, um sich im Angesicht der herannahenden Katastrophe zu versammeln; sie werden erleben, wie sich der Weiße Mann selbst zerstört durch seine eigenen fortschrittlichen technologischen Errungenschaften – und nur die amerikanischen Indianer können dieses Schicksal abwenden. Die Zeit ist jetzt reif dafür – und nur die Indianer kennen ein Heilmittel und vermögen, diesen Fluch abzuwenden. Und dieses Mal wird das Unsichtbare sichtbar und das Schweigen gebrochen werden. Und man wird uns sehen, und man wird uns nicht vergessen."

Keine der Prophezeiungen sagte einen Kampf zwischen den Indianern und diesen Weißen voraus – kein biblisches Armageddon, bei dem sich die technologischen Gesellschaften und die Stammesgemeinschaften gegenseitig abschlachteten. Es waren nicht die Stämme, die sich zu rächen gedachten, sondern die Natur rächte sich, indem sie versuchte, Harmonie und Gleichgewicht im Kreislauf des Lebens wiederherzustellen. Meiner Meinung nach zeugt diese Auffassung von einem viel tieferen Verständnis vom Aufstieg und Niedergang der verschiedenen Kulturen, als es sämtliche Geschichtsbücher an den Tag legen, die von diesen Kulturen nur auf dem Wege von Sieg und Niederlage in den eintönigen und unmenschlichen Kriegen, die die Menschen untereinander führten, berichten.

Es gab einige Völker auf dieser Erde, die die Wende im Kreislauf des Lebens bewußt guthießen, da sie unausweichlich erschien und da sie wußten, daß menschliche Kulturen keinen Ewigkeitswert besaßen. Sie wußten dies, weil sie nicht vergessen hatten, daß ihre Vorfahren aus der Erde hervorgegangen waren. Und somit war ihnen auch in Erinnerung geblieben, daß sie selbst Teil der Erde waren.

Sie wußten, daß das Ende einer Kultur nicht das Ende des Lebens bedeutete. Menschliche Kulturen hatten sich entwikkelt und waren wieder untergegangen, ebenso wie die Kreisläufe der Erde und des Universums. Neue Lebensarten entwickelten neue Lebensformen und diese neuen Lebensformen entwickelten neue Arten zu leben. Und sie hatten keine Angst davor.

Die vier Welten und die vier Richtungen, in denen sich die Alten bewegten, bevor sie zu Menschen wurden, waren einst als Entstehungsmythen abgetan worden. Jetzt bestätigen aber berühmte Archäologen der Weißen, die Leakeys, mittels sogenannter wissenschaftlicher Analysen, was die Alten gesagt hatten: "Der Mensch hat sich aus dem Staub der Erde nicht in einer einzigen Entwicklungslinie entwickelt, sondern in vier verschiedenen Richtungen." Der Stammbaum des Menschen besaß vier Äste, von denen sich drei, verkörpert durch Robustus, Africanus und Ancestral, nie wirklich bis zur Spezies Mensch weiterentwickelten: in den Entstehungsmythen war dies seit Urzeiten stillschweigend bekannt.

In der Vergangenheit waren Wissenschaftler häufig "versucht, über die alten Philosophen und die Weisen der Stämme nur herablassend zu reden", schrieb Dorothy Vitaliano in "Legends of The Earth; Their Geological Origins". Es ist an der Zeit, "die Beobachtungsgabe längst vergangener Völker zu würdigen", meinte sie, da es durchaus möglich ist, daß Geologie und Mythologie viel enger miteinander "verknüpft" sind als sich weiße Wissenschaftler jemals vorgestellt hatten. Und die sogenannten Mythen der Alten konnten somit als "tatsächliche Begebenheiten in der Umwelt angesehen werden, von denen Menschen Augenzeugen geworden waren". Und dies traf nicht nur auf biblische Fluten, die Erschaffung von Meeren und Vulkanausbrüche zu. Das Erinnerungsvermögen der Stammesvölker ging weit über die Grenzen des nur sehr beschränkten Wissens, das sich die Menschen, die nicht mehr in Stammesverbänden lebten, mit ihren Wissenschaften geschaffen hatten, hinaus – es übertraf das Wissen derer, die

die Wurzel ihrer Geschichte vernichtet und somit auch ihre Vorfahren und deren Land vergessen hatten.

Manchen Leuten mag dieser Kreislauf des Lebens als vollendeter Kreis, als etwas, das auf ganz einfache Weise erfahrbar war, erschienen sein. Er wirkte wohlgeordnet und in sich geschlossen. Es schien, als wären die einzelnen Lebensprozesse in vollkommenem Einklang untereinander verzahnt, so wie in einer chemischen Formel. Und so kam es auch, daß sich die Wissenschaftler diesen Kreislauf im Modell einer Nahrungskette, einer Helix, einer Doppelhelix, einer Spirale, und letztendlich im linearen Verlauf der Evolutionslinie vorstellten, wo alles harmonisch zusammenpaßt und Anfang und Ende besitzt. Man konnte verfolgen, wie sie, ihren Ursprung in den urzeitlichen Sümpfen nehmend, allmählich weiterführte über das Stadium der Fische und Meere, aus Urschlamm zu den noch immer recht primitiven Schädeln der Affen leitete und letztendlich in der "größten Errungenschaft" der Natur —nämlich dem Menschen – ihren Höhepunkt erreichte.

War dem wirklich so? Die Ältesten wußten es anders.

Zum einen war der Kreislauf allen Lebens unendlich. Er begann nirgends und konnte überall enden; er hatte keinen Anfang und kein Ende. Er lief dort hin, wohin er sich wendete. Mit den Menschen verhielt es sich ebenso; sie gingen dort hin, wohin das Leben ging. Der Anthropologe Carles Di Peso hatte dies auch in den Ruinen von Gran Chichimeca gesehen: Kulturen stiegen auf und gingen wieder unter "ganz abrupt und plötzlich, selten jedoch, falls überhaupt, in Phasen, die den natürlichen Kreisläufen entsprochen hätten", ein historischer Ansatz sollte niemals nur von einer gesellschaftlichen Betrachtungsweise oder rein von der Kultur ausgehen", da alles Leben Teil allen Lebens ist. Dies bedeutete, wie Di Peso sagte, daß "es im Fortgang der Geschichte keine Unterbrechung gibt, sondern nur ein Wechsel in den Reihen der zur Verfügung stehenden Akteure, eine kleine Veränderung beim Gang des Menschen durch Zeit" und Raum.

Und so wie es bei den Menschen war, verhielt es sich mit allen Dingen. Alles hing miteinander zusammen. Selbst die Steine wußten dies.

Der Hopi Banyacya drückte es folgendermaßen aus: "Viele unserer Alten erzählten uns, daß wir irgendeine Gabe oder Kraft erhalten hätten, die Vögeln und Tieren innewohnt." Er selbst hatte den Namen von Mais und Wasser erhalten, was bedeutete, daß sie jetzt Teil von ihm waren. "Alles Lebende in der Natur – Vögel, Tiere, Pflanzen – sind Schwestern und Brüder. Man hat uns gelehrt, daß wir mit allem um uns herum verwandt sind. Und wenn du in einige der Zeremonien eingeweiht wirst, dann wirst du damit zum Vater aller Dinge – des Volkes, der Familie, neuen Lebens, der Tiere – alles ist Teil von dir."

"Ich bin sicher, daß unsere spirituellen Leute Recht haben, wenn sie sagen, daß irgendwie alle Völker zu spirituellen Dingen zurückkehren werden. Und hier haben wir sie. Wir sind bereit, dieses Wissen an viele Völker und Nationen weiterzugeben, in der Hoffnung, daß irgendjemand auf dieser Welt verstehen wird – vielleicht. Unsere Weißen Brüder, die bei uns sind, verstehen es jetzt noch nicht. Aber später wird sich etwas ereignen."

"Deshalb folgen wir dem spirituellen Kreislauf", sagte er.

Mehr und mehr erwacht das Interesse an dieser lange währenden Weisheit der Alten, der Heiterkeit und Menschlichkeit, die für das friedfertige Armageddon (Endschlacht in der Bibel) vorausgesagt sind. Das Interesse wird immer stärker, weil sich die Technologie des Weißen Mannes in verstärktem Maße als grundlegender Irrtum erweist, und weil seine Taten immer gewalttätiger und immer vergeblicher werden. Deshalb hat man intensiv damit begonnen, nach dem Wissen und den Weisheiten der Vorfahren zu suchen. Die Suchenden kommen jedes Jahr in großen Wallfahrtszügen hierher.

Diese Suchenden spüren, daß es nicht um das Ende der Zivilisation geht, sondern um einen neuen Anfang. Ihre Suche wird von Demut und Bescheidenheit begleitet, in ihrer Verzweiflung spiegelt sich Hoffnung. In seinem Versuch, eine Darstellung der Zukunft zu liefern, sagte der Historiker und Autor von "The Myth of The Machine", Lewis Mumford, den Beginn eines "dunklen Zeitalters" voraus. Aber "unter der Oberfläche bildet sich möglicherweise ein neues Leben heraus", meinte er, "das immer noch darum kämpft, seinen Weg zu finden."

Wohin würde es führen? Er war der Meinung, daß "das, was sich in unserer Zeit ereignet, sehr viel Ähnlichkeit besitzt mit den Ereignissen während der Zeit des Übergangs vom römischen Reich zur christlichen Ära, und daß diese Epoche ebenso wie die unsere geprägt war von hochgradiger Organisation und Zielvorstellungen wie Macht, Produktivität und Prestige. Die Christen schlossen sich in kleinen Gruppen zusammen. Sie begannen, sich von der Gesellschaft zurückzuziehen und bekannten sich zur Armut. Auf diese Weise gaben sie ihrem Leben eine spirituelle Grundlage, die ihnen wiederum die innere Kraft gab, das römische Imperium zu übernehmen." Heutzutage gab es auch wieder diese kleinen Gruppen und Stämme, die, wie Mumford sagte, "das Saatbeet der Zukunft" ausmachen. Sie sind dabei zu lernen, wie man leben kann, ohne das Leben zu zerstören, und das an Energie der Erde zurückzugeben, was man ihr genommen hatte. Mumford behauptete, daß es "beschämend einfach sei", "die Energiekrise" zu lösen, und damit "die Erde zu retten". Auf recht merkwürdige Art und Weise fand die neue Suche Ausdruck im Werk des geschätzten Historikers westlicher Zivilisation, Lord Arnold Toynbee. In seinem Monumentalwerk "Study of History" hatte er in 10 Bänden Aufstieg und Niedergang 21 verschiedener Kulturen aufgezeichnet. In einer pontifikalen Abhandlung, "Civilization on Trial" schrieb Toynbee: "Wenn unsere weltliche westliche Zivilisation zugrundegeht, ist möglicherweise zu erwarten, daß das Christentum dies nicht nur überdauert, sondern durch die Erfahrung dieser weltlichen Katastrophe an Größe und Bedeutung zunimmt."

Und somit würde, obwohl die westliche Zivilisation möglicherweise ihrem Ende zuging, ihre spirituelle Kraft zunehmen. Das war zumindest die Meinung der vorigen Generation.

Leute, die ihre Zweifel an diesem euphorischen Glauben an die weiße Zivilisation hegten – wie zum Beispiel "die Leute aus den Appalachen", die das melancholische Schaustück eines Volkes darboten, das einst eine Kultur besessen und dann wieder verloren hatte – diese Leute, meinte Toynbee, seien "nichts weiter als Barbaren". Und falls es sich dabei um Weiße handelte, dann waren es "weiße Barbaren der letzten Tage".

Dies war im Jahr 1948 geschrieben worden. Im Jahre 1974 angelangt, hatte Toynbee damit aufgehört, Lobpreisungen auf die spirituelle Kraft des Westens zu singen, auch konnte er keine Hoffnung mehr für dessen allesüberdauernde Existenz voraussehen. Das "große Leiden der modernen Welt", erklärte er jetzt, liegt darin, daß sie "in spiritueller Hinsicht krank" ist. Wir leiden daran, daß wir unsere Seelen verkauft haben, um ein Ziel zu verfolgen, das sowohl in spiritueller Hinsicht falsch als auch in der Praxis unerreichbar ist" – nämlich "das kontinuierliche Wachstum an materiellem Reichtum". In Worten, aus denen die Weisheit eines alten Mannes sprach, erzählte der Historiker westlicher Zivilisation von allem, was er in der modernen Welt gesehen und gelernt hatte. Toynbee sagte: "Die Menschheit ist augenblicklich dabei, das zu führen, was man tatsächlich als Dritten Weltkrieg bezeichnen kann. Wie gewöhnlich versuchen die Beteiligten, ihre unmenschlichen Taten ihren Mitmenschen gegenüber durch das Schwingen ihrer ideologischen Banner zu rechtfertigen. Die dabei geäußerten Ideologien der Kontrahenten sind ihrer Absicht nach miteinander unvereinbar, aber gleichzeitig auch eine Täuschung: In den Zielen der miteinander Kämpfenden besteht kein Unterschied, ebensowenig in ihrem Verhalten.

Das gemeinsame Ziel ist der kontinuierliche Zuwachs an materiellem Reichtum ..."

Und genau das war es, was "in spiritueller Hinsicht falsch und in der Praxis unerreichbar" war. Es war ein Akt der "bewußten Zurückweisung der Lehren der größten Seher in der Geschichte der Menschheit – von Buddha bis zu Franziskus von Assissi. Diese Seher haben in übereinstimmender Weise erklärt, daß die Maximierung materiellen Reichtums nicht richtig ist und von daher für den Menschen auch kein Ziel sei, das ihm letztendlich Befriedigung verschafft."

Toynbee glaubte, daß es auf der Erde einen Ort und ein Volk gab, das Hoffnung versprach – in Amerika:

"Es ist noch ein Volk übrig, die Pueblo-Indianer, deren Lebensart genau die Antithese zum Leben des modernen hochtechnisierten Menschen darstellt. Die Pueblo-Leute sind genau wie wir bestrebt, ihren Lebensunterhalt sicherzustellen, wonach sie jedoch nicht streben, ist die größtmögliche Anhäufung kollektiven oder individuellen Reichtums. Die Einwanderer Amerikas, die Europäer, die Russen und die Japaner sollten sich daraufhin einmal fragen, welche dieser beiden Lebensarten die bessere und glücklichere ist: die der Pueblo-Indianer oder die des modernen hochtechnisierten Menschen? Wer ist in dieser modernen Welt wirklich frei?

Der Lebensraum des Menschen ist auf die dünne Schicht aus Erde, Luft und Wasser beschränkt, die unseren Planeten überzieht. Wenn die Menschheit ihren Fortbestand auf Erden so lange wahren will wie die Oberfläche der Erde bewohnbar ist, dann werden wir unser materielles Leben auf den stabilen Stand der Pueblo-Indianer bringen müssen. Wir werden von unserem gegenwärtigen Ziel, unseren materiellen Reichtum auf ein Maximum anzuhäufen, abgehen müssen".

Buddha und der heilige Franziskus würden sagen, daß die Pueblo-Leute mit den Schätzen der Erde vorsorglicher gehaushaltet haben. Der Mensch lebt nicht vom Brot allein. Die Einfältigen und die Seher werden sicherlich das letzte Wort haben.

Man könnte sagen, daß Toynbee gemäß seiner eigenen Definition ein "weißer Barbar" geworden war.

Es war Abend geworden in den Bergen der Hopis. Der Himmel war der Erde nähergerückt. Und die Sonne war vom Himmel heruntergekommen. Sie hüllte die Berge in den Abend ein und schloß dem Tag die Augen.

Dunkelheit senkte sich auf das Stammesbüro von Alvin Dashee, dem Ex-Marineinfanteristen und Mitglied des Sonne- und - Adler-Clans, derzeitiger Vizepräsident der Hopis. Er schaltete die Neonbeleuchtung an und sprach darüber, wie das Ende der Prophezeiungen der Alten lauten könnte:

"Die Ältesten sagen: Es gibt eine Zeit, um geboren zu werden, eine Zeit um zu lernen, eine Zeit, um geliebt zu werden.

Und dann, sagen die Ältesten: Es gibt eine Zeit, um sich zu verheiraten, eine Zeit, um Kinder zu haben, eine Zeit, um die Kinder zu erziehen und sich an ihnen zu erfreuen. Und dann, sagen die Ältesten: Es gibt eine Zeit, um ein erfülltes Leben zu leben, eine Zeit, um alt zu sein, eine Zeit, um umsorgt zu werden, eine Zeit, um sich an den Enkelkindern zu erfreuen, dann wenn man seinen Teil im Leben beigetragen hat. Und dann, sagen die Ältesten: gibt es eine Zeit, um zu sterben."

"Und dies sind die vier Lebenspfade. Jeder von uns wird sie leben. Dies sind die Pläne für das Leben hier auf dieser Erde. Diese Dinge sind heilig.

Und was ich damit sage, ist, daß dies die Stadien sind, durch die auch die Erde geht. Sie wurde geboren. Sie hatte ihre Jugendtage. Sie hatte ihre Tage voll Arbeit. Sie ist alt. Mutter Erde hat ihre besten Jahre hinter sich. Gewissermaßen liegt sie jetzt im Sterben.

In den Prophezeiungen der Alten heißt es: Am Ende wird der Weiße Mann zu uns kommen. Er wird uns befragen, so daß er ausziehen kann, um andere Weiße Männer zu unterrichten. Damit kann er versuchen, sie zu retten. Einige der Weißen Männer werden dazu erwählt sein. Sogar unter uns wird es nur einige wenige geben, die dazu auserwählt sind.

Diese Weißen Männer werden versuchen, wie die Hopis zu sein. Wir können das schon jetzt beobachten. Wir müssen vorsichtig mit ihnen sein. Wir müssen das Verhalten mancher Weißer Männer kritisieren, wenn sie zu uns kommen.

Und wir wissen, was geschehen wird. Wenn diese Zeit kommt, werden wir dem Ende nahe sein.

In der Prophezeiung heißt es: Unsere Religion wird zu einem Schaukasten werden. Wenn diese Zeit kommt, werden wir es nicht erlauben. Manchmal haben wir das Gefühl, in einen Zoo verwandelt zu werden. Ich glaube, aus diesem Grund erlauben manche Hopis einigen Weißen Männern nicht mehr, bei unseren religiösen Zeremonien gegenwärtig zu sein.

In der Prophezeiung heißt es: Wir sind die Auserwählten. Es wird der Tag kommen, wo wir wieder einzigartig sind.

Ich glaube, sie meinen damit alle ethnischen Völker. In der Sprache der Hopis heißt das, daß alle dunkelhäutigen

Völker damit gemeint sind – die Völker der Sonne – jene mit brauner Haut. Die Prophezeiung spricht dabei vom Zusammenschluß zu einer großen Familie, glaube ich. Wir rükken dieser Vorstellung immer näher.

Wir müssen in einer einzigen großen Familie leben – genau dies ist der richtige Weg."

Und so war am Ende der Anfang. Es war das Ende des Anfangs.

Wohin wird uns unser Weg führen?

Manifest von Gerald Wilkinson,
Direktor, National Indian Youth Council

Die Menschen werden nicht nur mittels Worten den Sinn des Lebens begreifen. Möglicherweise weiß der Weiße Mann deshalb so wenig, weil er so viel studiert. Und möglicherweise ist dies auch der Grund dafür, daß seine Kultur untergehen muß, bevor er noch begreift, wie ihm geschieht. Aus eben demselben Grund kann oder will er vielleicht seine Lebensart nicht aufgeben, bis seine Art zu leben ihn ändern wird. Er meint, daß er sein Leben ändern kann, indem er das, was er sagen will, in andere Worte kleidet.

Und genau hierin liegt vielleicht seine Heuchelei.

Stammten diese Aussagen etwa von alten Männern, die gerade über den Sinn des Lebens sinnierten? Weit gefehlt – es waren vielmehr die Gedanken eines jungen Mannes. Er trug eine alte Armeejacke. Einst hatte er an der Sorbonne in Paris studiert, und jetzt fuhr er einen rasanten, aber heruntergekommenen Mustang von der Art, wie sie in Detroit von den Nachkommen Henry Fords gebaut wurden. Der junge Mann hieß Gerald Wilkinson und war der Leiter des National Indian

Youth Councils, und er war ein Cherokee.

Im Augenblick saß er in einer Ecke einer Cafeteria eines Motels auf der Central Avenue in Albuquerque in Neu-Mexiko und philosophierte, während er seinen geeisten Tee schlürfte. Er war gerade von einer erneuten Reise nach Washington D.C. zurückgekehrt, wo er wieder einmal als Zeuge vor dem Kongreß aufgetreten war. Er fragte sich, ob seine Worte überhaupt irgendeine Bedeutung für diese "Fremden" gehabt hatten.

Wir sind keine Götter, aber der Weiße Mann betrachtet allzu gerne seine Worte als Götter. Vielleicht hat ihn die Erde aus diesem Grund verstoßen.

Der Europäer ist in diesem Land hier ein Fremder. Er war der Meinung, daß er der Schöpfer Amerikas gewesen war. Aber er war es nicht. Er war der Meinung, daß er selbst Amerika sei. Aber er war es nicht. Und immer noch sucht er nach dem Sinn und der Bedeutung Amerikas. Bisher war seine Suche vergeblich, und sie wird immer vergeblich bleiben.

In diesem Land wird er immer ein Fremder bleiben.

Darüber hatten wir schon häufig geredet – so häufig, daß es uns nicht mehr möglich war, auseinanderzuhalten, welche dieser Worte seine und welche meine waren. Während so vieler Jahre hatten wir zu zweit oder zusammen mit anderen in so vielen Gesprächen Worte und Gedanken ausgetauscht, daß es nicht mehr so sehr darauf ankam, wer was zu wem sagte.

An besagtem Tage in der Cafeteria sagte deshalb einer von uns zum anderen:

Es ist schon eigenartig, daß der Weiße Mann aus Europa auf dieser Erde immer noch so rastlos ist. Warum nur ist er so einsam? So entwurzelt? So verloren? So gewalttätig? Warum nur ist er so, wie er ist?

Darüber hatten die Eingeborenen schon seit über fünfhundert Jahren geredet. Von dem Augenblick an, als die fremden Weißen in ihr Land gekommen waren, hatten sich die Eingeborenen über deren Verhalten gewundert. Dabei hatten sie am Anfang noch leise und nur wenn sie unter sich waren, darüber geredet; inzwischen sagten sie es aber den Weißen schon ins Gesicht.

Begonnen hatte es kurz nach 2. Weltkrieg. Einige Philosophen der Hopis waren gemeinsam mit den religiösen weisen Männern zu dem Schluß gelangt, daß der Weiße Mann wohl seine eigene Kultur zerstöre. Das Zeichen dafür war, wie sie sagten, die Atombombe. Von dem Zeitpunkt an hatten die Indianerbewegungen ihrer Befürchtung darüber, daß der Weiße Mann seine eigene Kultur zerstöre, lauter und mit wesentlich größerem Nachdruck Ausdruck verliehen. Gleichzeitig taten sie ihre Hoffnung auf eine Erneuerung des Lebens in Stammesgemeinschaften kund. Unter den ersten, die sich dafür aussprachen, befanden sich die jungen Leute des National Indian Youth Councils, das sich an einem heißen Augusttag des Jahres 1960 in einem staubigen Raum des Gallup Indian Centers in Neu-Mexico versammelte. Und hier an dieser Stelle war es auch, daß ein ruhiger, gelehrter junger Navajo, Herbert Blatchford, ein Abkömmling von Manuelito, der ein großer Führer seines Volkes gewesen war, zum ersten Mal die Äußerung machte, daß sie möglicherweise "zum Überbleibsel einer kriegerischen Gesellschaft" degradiert würden. "Und wenn dies wirklich der Fall sein sollte," meinte Blatchford weiter, dann "macht euch auf und beeilt euch. Unsere Leute brauchen uns" – wobei er mit dieser Äußerung wohl viel zu bescheiden war; denn Amerika brauchte sie ebenfalls. Amerika lenkte ebenfalls ihr Augenmerk auf sie. Einige von ihnen wurden wirklich zu Kriegern. Einige von ihnen machten sich erneut auf, um Wounded Knee zu verteidigen. Einige von ihnen gingen nach Washington D.C., um unter Ausnützung der Taktiken der technologischen Gesellschaft wieder Stammesgemeinschaften aufzubauen, oder es zumindest zu versuchen. Und manche von ihnen taten alle diese Dinge, um sich damit Rechte innerhalb ihres Lebens im Alltag zu verschaffen.

Einer von jenen, die das alles versuchten, war Gerald Wilkinson. Deshalb fragte ich ihn:

Wohin wird der Weg Amerikas führen? Wohin wird uns

unser Weg führen? Wohin wird euch euer Weg führen?

Hier ist, was er mir sagte:

Als die Europäer in dieses Land kamen, begannen sich die Dinge zu ändern. Ihre Verwurzelung mit ihrer Kultur begann mehr und mehr zu zerreißen und sich aufzulösen. Die letztendliche Zerstörung des Stammeslebens, die schon in Europa begonnen hatte, wurde hier vollends abgeschlossen. Die Wurzeln des Weißen Mannes wurden entzwei geschnitten.

Und es ist schon eine grausame Sache, sich von seiner Kultur einfach abzuschneiden.

In Amerika begannen sich die Europäer dann nach etwas anderem umzuschauen, und dieses Dokument, dieses Stück Papier, das sie "Bill of Rights" (verfassungsmäßig garantierte Grundrechte) nennen, bestimmte das Bild, das sie sich von sich selbst machten. Sie haben es zu ihrem Leben gemacht. Und es handelt sich dabei schon um ein eigenartiges Lebenskonzept, das sich dieses Volk zu eigen gemacht hat.

Genaugenommen ist Amerika für die meisten Weißen kein echtes Vaterland; und was den Begriff der gemeinsamen Kultur angeht, so ist Amerika für sie keine wirkliche Nation. Für die meisten Weißen ist Amerika nicht mehr als ein Gedankengebilde, eine Art Konzept, ein Dokument, ein Stück Papier, gleichbedeutend mit der Verfassung der Vereinigten Staaten. Vielleicht verkörpert es den Gedanken des materiellen Wachstums, eine Ideologie der materiellen Dinge.

Indianer haben andere Anschauungen. Sie betrachten sich nicht als gedankliche Konstrukte. Vielmehr sehen sie sich als ein Volk, das in einem bestimmten Raum lebt, auf einem Stück Land, wo schon ihre Vorfahren begraben liegen. In diesem Raum ereignet sich etwas, eine Kultur lebt auf und entwickelt sich, weil ein Volk dort lebt. Und genau das ist es, was ihnen Amerika bedeutet. Für Menschen, die sich selbst nur als Gedankenkonstrukte zu sehen vermögen, ist es sehr schwierig zu erkennen, wo Amerika wirklich ist. Auch ist es schwierig für uns, ihnen verständlich zu machen, was der Grand Canyon bedeutet.

Angenommen, ich löschte dieses theoretische Konstrukt,

das Vereinigte Staaten heißt, aus, womit es wohl nicht mehr existent wäre! Dann würden die weißen Amerikaner nämlich von sich meinen, daß sie kein Vaterland mehr besäßen – weil nämlich das Stück Papier, von dem sie sich hatten lenken lassen, nun verschwunden wäre. Die gedankliche Vorstellung von ihrem Land wäre damit zerstört.

In einem Indianerreservat würden wir das überleben. Bei uns gibt es Stammesführer, die Kommunisten nahestehen, und solche, die eher in der Nähe von Faschisten sind, dazwischen tummeln sich noch sämtliche Schattierungen politischer Gruppierungen und Ideologien. Das hält uns jedoch weder aufrecht noch zerstört es uns. Was uns aufrecht erhält, ist unsere Kultur. Und diese wiederum erhält sich dadurch aufrecht, daß sie ein Teil der Erde ist; sie kommt von der Erde. In dieser Auffassung liegt das wahre Amerika begründet. Und die Weißen besitzen diese Kraft nicht; sie sind schwach. Das bedeutet, daß wir es mit Leuten zu tun haben, die Angst haben, die geistesgestört sind, weil sie kein Land, kein wirkliches Vaterland besitzen. Man kann wohl behaupten, daß wir es mit einer Nation unreifer Jugendlicher zu tun haben, die nie richtig erwachsen geworden ist, die große Macht, aber keine wirkliche Stärke besitzt, die vorgibt, aus erwachsenen Männern zu bestehen, die in Wirklichkeit jedoch Kinder sind. Das ist traurig. Es macht mir Sorgen. Und es ist sehr eigenartig.

Die Entwurzelung und Auflösung der Stammesgemeinschaften in Europa beinhaltete eine endgültige Verleugnung von 99 % der menschlichen Vergangenheit. Die meisten Leute hier finden das gut. Und genau das ist es, was sie so gefährlich werden läßt. Seine Stammes-Vergangenheit zu zerstören, bedeutet dasselbe, wie sich daranzumachen, die Bücher sämtlicher Bibliotheken zu zerstören, alle Zeugnisse und Dokumente der Vergangenheit. Die Weißen haben schon eine unbändige Angst vor ihrer Abstammung und ihren Vorfahren. Und wenn man einmal seine Wurzeln zerstört hat, kann man dann jemals wieder lernen, sie auf der Basis einer Ideologie neu entstehen zu lassen?

Nein.

Niemand ist imstande, eine Kultur künstlich wieder aufzubauen. Man kann eine Nation nicht künstlich erschaffen, genauso wenig wie einen Stamm. Sie wird vom großen Geist erschaffen. Sie entsteht, indem Menschen zusammenleben, weil sie überleben müssen. Das ist es, was eine Kultur, eine Nation, einen Stamm ausmacht: somit ist es wie ein Geschenk, das man erhält, und das man einfach annimmt; man stellt es nicht selbst her. Was ist ein Stamm? Sicherlich besteht er nicht aus Bräuchen und Ritualen, sondern aus den Beziehungen der Menschen untereinander, die ihr Leben gemeinsam miteinander verbringen, und deren Form des Zusammenlebens sich aus der Selbstverwirklichung des Einzelnen ergibt. Und wenn du nichts bist, kannst du alles sein.

Die Stammesgemeinschaften sind nicht auf eine Entwicklung in die Zukunft hin gerichtet. Sie sind darauf ausgerichtet, im Hier und Jetzt zu existieren. Und das ist etwas, das der westliche Mensch nicht besitzt – die Fähigkeit 'zu sein'. Vielleicht haben die Indianer mit Hilfe ihrer Spiritualität eine Möglichkeit gezeigt, die Erde doch noch zu retten, nämlich dadurch, daß man einfach 'ist'.

Einfach nur 'zu sein' ist sehr, sehr schwierig ...

Der "Indian way" ist sehr schwierig. Selbst wenn es gelänge, alle Armut und Unterdrückung abzuschaffen, wäre es immer noch ein schwieriger Weg.

Einige der Weißen, die sagen, sie möchten so wie die Indianer leben, sind vielleicht dazu fähig – aber nur sehr wenige. Die meisten Weißen haben nur eine romantische Vorstellung davon. All die Weißen, die zu den Indianern kommen, weisen eine starke Ähnlichkeit in ihren Weltanschauungen auf. Grundsätzlich gesehen sind sie alle dieselben Menschen.

Mir scheint, daß die Indianer während Hunderten von Jahren die Opfer westlicher Weltanschauungen waren. Zuerst kamen die Conquistadoren und rafften alles an sich. Ihnen folgten die Missionare auf dem Fuße. Die sagten, daß sie die Indianer retten würden, wenn diese nur ihre Religion aufgäben. Dann kamen die U.S.-Armee und das Bureau of Indian Affairs daher und meinten, daß sie uns retten würden, indem sie ein Kolonialsystem errichteten. Und heutzutage kommen die

Weißen in unsere Reservate, um uns zu erzählen, daß sie uns mit diesem oder jenem Programm retten würden, wenn wir nur erst Sozialisten oder Kapitalisten geworden sind. In der Vergangenheit wurden wir schon häufig in die ideologischen Auseinandersetzungen anderer Leute hineingezogen. Deshalb gelangen wir mehr und mehr dazu, uns so wenig wie möglich um westliche Ideologien zu kümmern. Seit jeher mußten wir nämlich die Hauptlast dieser Ideologien tragen, sei es von der rechten oder von der linken. Und wenn wir uns jetzt, bei unserem Kampf ums Überleben, die Welt betrachten, dann erkennen wir mehr und mehr, daß für uns sowohl Kapitalismus als auch Kommunismus nur der linke und der rechte Arm ein und desselben Biestes Europa ist.

Ich erinnere mich noch an den Tag, als wir eine Protestversammlung im White Mountain Apache Reservat in Cibique abhielten. Ich war ziemlich früh aufgestanden und ging hinunter zum Cafe. Die Zeugen Jehovas übertrugen gerade einen Sonntagsgottesdienst über den Lautsprecher. Im Cafe selbst waren zwei Burschen, die miteinander in der Sprache der Apachen stritten. Ihr Streit wurde hitziger und hitziger, und dann gingen sie miteinander vor die Tür. Einige Minuten später hatte sich das Ganze zu einem riesigen Kampf, zu einer wüsten Schlägerei ausgeweitet.

Deshalb fragte ich dieses Apache-Mädchen: Weshalb kämpfen diese Jungen?

Oh, sie hatten einen Streit über Religion, antwortete sie. Sie stritten sich darüber, ob eine Erlösung durch Glauben oder durch Taten zu verdienen sei!

Zwei Apachen!

Und das machte mir vollends deutlich, wie uns von außen kommende Ideologien entzweien, und wie unsere Leute damit enden, sich gegenseitig zu bekämpfen. Genauso läuft es in vielen dieser militanten Aktionen ab, auf die sich Außenstehende stürzen, nur um sich mit ihren eigenen ideologischen Anschauungen einzubringen und sich als Sachverständige in einem Kampf aufzuspielen, den wir jedoch auszutragen haben. Manchmal ist es wahrhaftig schwierig, diesen Leuten klar zu machen, daß wir nicht ihr Lumpenproletariat oder irgend ein anderes ideologisches Gedankengebilde, das sie in ihrem Kopf umhertragen, sind. Wie einst die Conquistadoren stellen sie erneut die Vorstellung von der westlichen Überlegenheit unter Beweis.

Zur Zeit geben sie uns mit ihrer Ökologiebewegung eins über den Schädel. Wir haben bis jetzt zwar alle anderen Bewegungen überlebt, aber ich bin mir nicht sicher, ob wir die hier auch überleben werden.

Warum?

Sie haben in jeder Hinsicht versucht, uns zu zerstören. Dabei haben sie versucht, ihren Haß einzusetzen. Sie haben es mit Völkermord versucht, und mit Sklaverei. Aber selbst das haben wir überlebt. Das einzige, was ihnen noch übriggeblieben ist, ist, es mit Liebe zu versuchen. Es kann sein, daß uns die Ökologiebewegung um die Ecke bringt, indem sie uns zu Tode liebt. Und gegen Liebe zu kämpfen ist sehr schwierig.

Mir ist aufgefallen, daß die Ökologiebewegung auf keiner spirituellen Grundlage basiert. Und ich frage mich, wie jemand die Erde retten will, der in keiner spirituellen Verbindung mit ihr steht. Die Betreffenden können die Erde doch gar nicht richtig lieben. Und selbst wenn sie davon reden, dies oder jenes zu retten, wie z.B. den Grand Canyon, so wissen sie eigentlich nicht wirklich, warum gerade der Grand Canyon gerettet werden sollte. Und das ist sehr beunruhigend, und es ist reines Gerede, wobei die Erde als intellektuelle Abstraktion zu Tage tritt, aber keine bis in die Eingeweide spürbare Teilnahme sichtbar wird.

Für mich bedeutet diese Erde zu retten dasselbe, als wenn ich ein Feuer, das in deinem Haus ausgebrochen ist, lösche. Die Erde ist keine abstrakte Vorstellung: die Erde ist ganz einfach dein Zuhause.

Was unter anderem sehr eigenartig an diesem Land hier ist, ist, daß es sich immer noch nicht als ein Platz, ein Stück Raum auf der Erde betrachtet; und es sieht sich nicht als ein Volk, das auf diesem Stück Land lebt.

Aber selbst wenn dem so ist, so sagen uns doch unsere Alten, daß wir diese Weißen nicht hassen sollten; weil wenn du jemand haßt, läßt du dich von ihm beherrschen. Eine recht seltsame Art von Beherrschung ist das.

Und sie sagen uns auch, daß wir sie nicht lieben sollten. Wenn du nämlich jemand liebst, setzt du dich derselben Art von Beherrschung aus.

Deshalb raten uns die Alten, gegenüber diesen Weißen indifferent zu bleiben. Wenn wir ihnen gegenüber keine Beziehung entwickeln, können wir auch nicht von ihnen beherrscht werden. Und es gibt inzwischen eine sehr große Anzahl von Indianergemeinschaften, die auf diese Art und Weise überlebt haben. Sich jemandem gegenüber indifferent zu verhalten, kommt wohl der größten Beleidigung gleich.

Was das indianische Volk derzeit erkennt, ist, daß der Weiße Mann in seiner eigenen Welt keine Zukunftsperspektiven mehr hat. Er merkt nicht, das es zu Ende geht. Um das herannahende Ende sehen zu können, muß man schon einen Schritt zurücktreten, den nötigen Abstand haben, durch den man erst den Kreislauf in seiner Gesamtheit erkennt.

Die meisten Menschen haben entschieden, Teil dieser Welt des Weißen Mannes zu sein. Sogar die Nationalisten wollen Teil von ihr sein, wollen ein Stück von ihr abhaben. Alles was sie wollen, ist ein einzelnes Stück. Die Indianer hingegen haben bis zum heutigen Zeitpunkt selbst nicht einmal die grundlegendsten Auffassungen aus der Welt des Weißen Mannes anerkannt. Auch selbst wenn sie an ihr teilnehmen, so sind sie doch niemals Teil von ihr. Dies wiederum gibt ihnen den Blickwinkel, aus dem heraus sie die Welt des Weißen Mannes so zu sehen vermögen, wie sie in Wirklichkeit ist.

In Mexiko sagte einst ein eingeborener Maya-Priester zu mir: Alles bewegt sich in einem Kreislauf. Die Tolteken kamen, und das war ein Kreislauf. Die Azteken kamen, und das war ein Kreislauf. Die Conquistadoren kamen, und das war ein Kreislauf.

Jetzt warten sie auf den nächsten Kreislauf, sagte er. Und der Kreislauf wiederholt sich. Deshalb wird der Weiße Mann genau denselben Weg gehen, den die Tolteken gegangen sind. In der Sprache der Mayas, sagte er, gibt es kein Wort mehr für die Tolteken. Möglicherweise wird es einmal kein Wort mehr für den Weißen Mann geben, mit Hilfe dessen man sich an ihn erinnern könnte. Was bleiben wird, ist vielleicht ein wissenschaftlicher Name, wie dies bei einem ausgestorbenen Vogel der Fall ist. Die Stämme wissen das, und wir wissen, was sich ereignen wird. Es ist wie bei einem Stamm, der schon tausend Mal gestorben ist, und der nicht existieren darf.

Wenn man lange genug am Rande des Untergangs gelebt hat, gewöhnt man sich an den Gedanken des Todes. Und das ist es, was uns geholfen hat, mit unserem Tod zurecht zu kommen – und mit unserer Wiedergeburt.

Jetzt geht die ganze Sache ihrem Ende zu. Möglicherweise kommt es dabei zu einer Massenvernichtung, vielleicht auch nicht. Die Art, wie die Menschen damit umgehen, wird darüber entscheiden, auf welche Art und Weise die Welt wieder aus ihren Einzelteilen zusammengesetzt wird.

Wenn man von der Zerstörung der Erde spricht, spricht man über die Zerstörung von Staaten, politischen und gesellschaftlichen Systemen und Verhaltensweisen. Man spricht nicht von der Zerstörung und vom Ende des Lebens. Einige Menschen werden übrigbleiben, die wieder lernen werden, zu leben.

Und wer wird es sein, der überlebt? Menschen, die unserer Erde nahestehen, die Beschützer und Verwahrer dieser Erde sind, die von ihr gelernt haben, Weisheit von ihr erworben haben, und die dabei gelernt haben, zu überleben. Und sie werden überleben.

Es hat wenig Sinn, so abstrakt über die Zerstörung der Erde zu sprechen. Die Bauern auf den Feldern werden dir das nicht abnehmen. Sie werden weiterhin ihren Mais anbauen.

Die Mayas haben während Tausenden von Jahren ihren Mais angepflanzt. Für sie ist es unbegreiflich, daß es nicht mehr zu jeder Zeit irgendwo und irgendwann Mais anzupflanzen gibt. Die Schönheit des Lebens liegt darin, daß es immer weitergeht. Und es ist kein Gefängnis, wie der Weiße Mann meint, sondern eine sehr befriedigende Art zu leben für die Mayas – das Wissen um das Leben hat es ihnen ermöglicht zu überleben.

Es scheint, daß der Weiße Mann eine andere Vorstellung von der Welt hat – eine selbstzerstörerische. Wie eine Prophezeiung, die sich eines Tages von selbst in die Tat umsetzen wird. Und wenn wir darüber reden, was es bedeutet, in einer Welt zu leben, die ihrem Ende zugeht, dann müssen wir dabei auch gleichzeitig sehen, was für eine Art Welt es ist, die da ihrem Ende zugeht. Einer Perversion des Lebens wird ein Ende gesetzt, einem Krebsgeschwulst. Zu manchen Zeiten müssen manche Dinge, die die Erde zerstören, selbst zerstört werden, um damit die Erde zu retten. Das ist ein natürlicher Vorgang, und weder du noch ich können etwas daran ändern. Wenn eine Gesellschaft zu krank oder einfach zu müde zum Leben wird, stirbt sie. Genau wie es eine Pflanze tut.

Niemand kann wissen, was geschehen wird, nachdem dieses Gebilde auseinandergefallen ist. Selbst die Weissagungen geben darüber keine Auskunft. Und es ist ja nicht so, daß man dabeistehen und zuschauen kann. Alles, was wir wissen, ist, daß zu dieser Zeit dann unsere Leute als ein Volk zurückkehren werden.

Und vielleicht können wir dadurch eine neue Welt erschaffen, eine Welt mit menschlichen Wesen. Es gibt eine andere Welt. Eine andere Welt wird kommen.

FRAUEN LIEDER BUCH
Hsg. von Barbara Brasse und Ellinor Lau
HEXEN-LIEBES-VOLKS-UND WIDERSTANDSLIEDER
mit Noten und Griffen, Dokumenten Kommentaren und Bildern. Frauen suchen nach ihrer verlorenen Geschichte: Lieder sind dafür eine Fundgrube.
192 Seiten · DM 19.80
Mein Name ist
Jch lebe
Indianische Frauen in Nordamerika
von Ursula Wolf
Ein Buch über die Tradition der indianischen Frauen und über ihr gegenwärtiges Leben: für den Kampf der Indianerinnen in Nordamerika und den Kampf um ein anderes Leben hier.
223 Seiten DM 19.80
Frauenbuchverlag
8000 München 2
Kreittmayrstr. 26
Telefon 089/192970

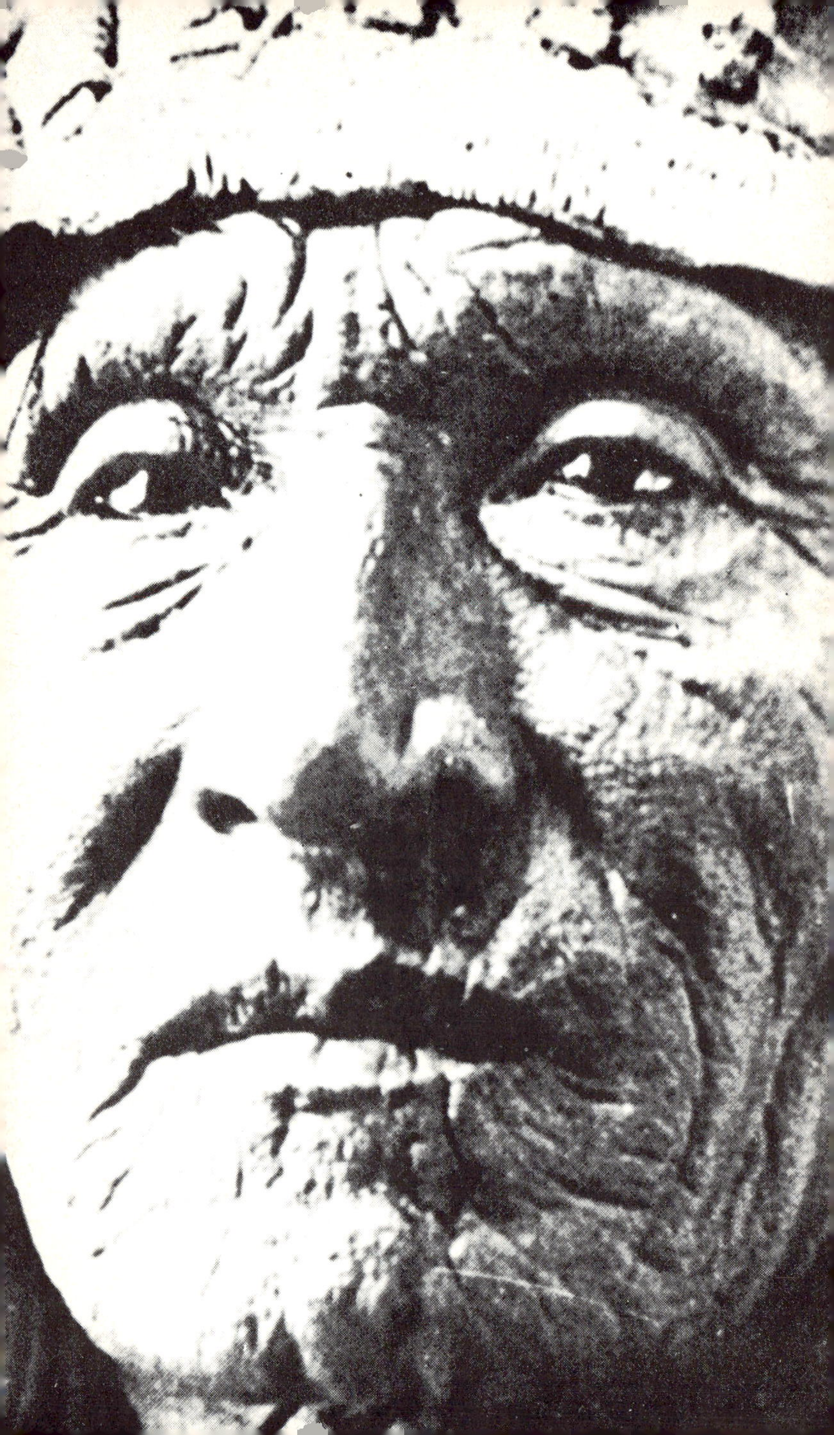